Amour-Hatscher

Besuchen Sie uns im Internet unter: amalthea.at
© 2016 by Amalthea Signum Verlag, Wien

Lektorat: Martin Bruny
Buchgestaltung, Herstellung und Satz: Peter Duniecki

Printed in the EU
ISBN 978-3-99050-047-7

Polly Adler

Amour-Hatscher

Best of **chaos** DE LUXE

AMALTHEA

Beziehungsarbeit

Ach, die Frauen …

Rätselrallye Mann

Bootcamp Alltag

»Den ganzen Irrsinn frisch sortieren«

von Marga Swoboda (1955–2013) *

Du kennst Polly? Persönlich? Erzähl mir von ihr. Muss ein tolles Weib sein. Ist sie so ... oder eher ein bisschen ... Nein, ist sie nicht. Woher kenne ich sie überhaupt? Wir hatten keinen Anfang. Sie lacht wie ein Orkan, davon haben die Leute geredet. Keine Ahnung, wann der Orkan das erste Mal über mich kam. Mit Sicherheit mochte ich das Lachen sofort. Wer das nicht mag, hat ein Problem. Mit sich.

Zurückgeblättert, so weit ich kann; das allererste Polly-Bild ist ganz still. Sie hatte den Führerschein gemacht. Vor dem Café Korb in der Abschleppzone stand ein winziges Auto. Zum ersten Mal wollte sie weiter als um den Häuserblock fahren. Angie, dieses Auto ist nicht so robust wie du. Ruf an, wenn du angekommen bist, Angelika. Bis dahin alterte ich sorgenvoll vor mich hin. Duhu, es ist alles gut gegangen. Nur ein kleiner Blechschaden.

Sie hat damals noch bei der Firma Schinderhannes gearbeitet, praktisch Tag und Nacht, mit einer kleinen Bettstatt neben dem Schreibtisch. Immer fünf Geschichten zugleich im Rohr und niemals eine fertig. Stell dein Cockpit auf Autopilot und komm auf eine Erfrischung in den Engländer, sagte ich oft. Weil es geht mir so gut. Oder so schlecht. Beides ist immer leichter zu packen mit ihr. Da wehte sie dann herein, mitten durch die Frischgeföhnten mit den ekelhaft schönen Schals und Taschen, bei denen noch der Dümmste merken musste, worauf sie hinauswollten. Süße, solche wie wir werden nie eine große Yacht entern, klirrte sie durchs Lokal, und dafür empfanden wir dem Schicksal gegenüber große Dankbarkeit, und dazu tranken wir mehrere Erfrischungen.

Als Stella noch mit den Mücken flog, wie man so sagt, sagte Angelika immer: Einem Kind mein Chaos antun, das geht doch nicht. Stella ließ diesen Unsinn nicht durchgehen. Dieses Kind hat einfach begriffen, wie kostbar dieses Chaos ist. Mit zärtlicher Strenge schaut Stella in Angies Leben nach dem Rechten. Die ganze Mutter ist wie eine Lehrwerkstatt. Zerlegbar. Ein Baukasten der Liebe. Auch wenn manchmal ein Klötzchen verlegt wird.

Wie die Dummheit den Leuten aus allen Poren spritzt, wenn sie so nachsichtig über Pollys Chaos in der Handtasche, auf den Autositzen oder in ihrem Kopf reden. Jeden Tag den ganzen Irrsinn frisch sortieren, was für ein Kunststück! Nie vermodern die Gedanken. Nie werden sie alt und kalt. Da muss man schon sehr aufgeräumt sein im Schädel, um dieses Chaos flakonweise in Kolumnen abzufüllen. Und dann noch diese Milde mit dreifachem Boden: Ich kenne Tussen, die schneiden aus, was Polly über Tussen schreibt.

Wie ich einmal Angelika und dann wieder Polly schreibe: Ich weiß selber nicht, wie ich das sortieren soll. Weil sie meint das mit dem Namen ja nicht so wie manche Männer, die sich beim Schreiben Pseudonyme wie Cowboy-Stiefel anziehen. Es ist eher so eine Ordnungs-Frage. Ein aufgeräumter Kopf, eine Zweitwohnung für die Gedanken. Das ist chaos DE LUXE. Andere Leute müssen den Verstand verlieren, um das zu können.

Und dann dieses Herz. Luft anhalten. Es wird rührselig. Polly hat kein Zweitherz. Wenn ihr einer wehtut, dann kommt echtes Blut. Kann aber über Nacht abheilen. Und dann, am Morgen danach, kann es sein, dass sie Sachen erzählt, von denen man gelernt hat, dass man davon eigentlich rot werden müsste. Dann wieder dieses infernalische Gelächter. Da verzieht sich jede falsche Scham. Schweigen ist nicht ihr Ding. Aber sind die Leute nicht selber schuld, wenn sie ihr alles erzählen? Tratschen ist Pollys natürliche Mülltrennung. Sie müsste ja sonst ersticken an dem ganzen Abfall. Wenn ich aber ein echtes Geheimnis hätte, eine Bank überfallen, mit Johnny Hallyday das Durchbrennen plante, dann würde diese Frau halten. Alibi inklusive.

Alle lieben Polly; jetzt. Ich kann sagen, ich habe sie schon gekannt, als sie noch sagte: Mausilein, meinst du nicht, man müsste diesen ganzen Wahnsinn aufschreiben, damit man ihn packt. Das hat sie dann Gott sei Dank getan, und seit es Polly gibt, packen wir alle den Wahnsinn ein bisschen besser. Und weil man diese zierlichen Flakons mit den Polly-Kolumnen so leicht verlegt und dann wieder im größten Schmerz-Chaos oder bei euphorischer Verwirrung der Gefühle nicht findet, ist es gut, dass dieses Buch endlich Ordnung schafft. Es gehört ins Notfallpaket wie Riechsalz und solche Sachen.

* Dieses Vorwort schenkte mir die Journalistin, Kolumnistin und Autorin Marga Swoboda für das erste Polly-Adler-Buch »Chaos de Luxe« (2001). Sie war für mich eine große Lehrmeisterin, als wir uns noch nicht kannten. Ich riss ihre Texte aus den Magazinen, als ich meine ersten Schreibversuche unternahm – in der Hoffnung, ihre unangestrengte Genialität und zärtlich scharfe Beobachtungsgabe würde auch ein wenig auf mich abfärben.
Später wurden wir Freundinnen. Auf unsere Art. Danke, Marga!

Viel richtig gut falsch gemacht
Dankeschön, es war und ist bezaubernd ...

Bei der Arbeit an diesem Buch watete ich über Wochen knietief durch mein Leben, vulgo durch mehr als 1000 Kolumnen, die ich im »Freizeit«-Magazin des »Kurier« absondern durfte. Danke an Michael Horowitz, den Gründer dieses Magazins, der mir diese geldscheingroße Spielwiese im Frühsommer 1996 erstmals zur Verfügung gestellt und nie auch nur irgendeine Verbotstafel an deren Rändern errichtet hatte.

Warum ich mir damals ein zweites Ich gebastelt habe? Nun, zuallererst, ja, der Horo hat es wie so oft gnadenlos richtig erfasst: »Hagerin, so hast du die Chance, einmal richtig gut auszusehen.«

Für eine Pointe haben wir zwei schon immer alle nahen und oft besser entfernten Verwandten verkauft. Das musste nicht belabert werden, das war einfach so. Ein Motiv für die Gründung dieser Ich-Filiale war natürlich auch, dass ich mich nicht selbst auf den Wühltisch legen wollte und mithilfe dieser schwarz bebrillten Stuntfrau mich ungestraft schlecht benehmen konnte.

Dem Archiv entnehme ich, dass der Horowitz seine neue Kolumnistin im »Intro« am 18. Mai 1996 mit folgenden Worten angedonnert hatte: »Weiters neu in Ihrem Heft: ›Im Namen der Liebe‹ – satirische Anmerkungen über das oft komplizierte Zusammenleben von Mann und Frau. Jahrelang beobachtet und jetzt beschrieben von Polly Adler. Der renommierte Maler Peter Sengl wird die Abenteuer aus dem weiten Land der Seele illustrieren.« Manchmal sogar leider selbst erlebt, lieber Horo!

Der erste Text mit dem Titel »Ein Mann zum Beben«, bei dem es um den Pendelstress zwischen einem Fixgatten und einer Affäre ging, endete mit dem Satz: »Auf alle Fälle ist es wunderschön, dass jemand da ist, wenn man nicht nach Hause kommt.«

Zwei Männer, die man unter einen Hut zu bringen hatte! O tempora, o amore – das waren damals tatsächlich noch goldene Zeiten. Im Zuge des Reifungsprozesses wurden sie dann doch deutlich härter. Derartigen Luxus konnte man sich später mit Jolly-Stiften an die Wand pinseln.

14 Und natürlich gab es auch einen dritten Beweggrund für die Errichtung der Polly-Klinik: Die Protagonistin führt ein viel glamouröseres, actionreicheres und deswegen auch unterhaltsameres Dasein, als es mir selbst vergönnt war. Obwohl, ich darf mich nicht beschweren: Mein journalistisches Leben

bei »Basta« in meinen Anfängen und nun schon seit über 20 Jahren bei »profil« hat mir Begegnungen verschafft, von denen Fräulein Polly durchaus profitiert hat: Von Hansi Hinterseer (»Ich blondiere seit 1975«) bis Jack Nicholson (»Es ist völlig egal, ob man die Frauen betrügt oder nicht – sie verdächtigen einen sowieso«), von Falco (»Mei Oide sagt, ich bin ein Ganztagsjob«) bis Hildegard Knef (»Ich hatte den schönsten Körper Europas«), von Niki Lauda (»Die Frauen sind vor mir niedergekniet …«) bis Norman Mailer (»Ja, ich habe meine Frau niedergestochen«) – unter dem Schutzbefehl dieser Magazine konnte man Vollbäder in Biografien nehmen, zu denen man sonst nie auch nur den Zutritt bekommen hätte. Ich danke meinem »profil«-Herausgeber Christian Rainer auch dafür.

Warum eigentlich Polly Adler, haben mich viele gefragt. Na ja, der Name klingt ja auch schon viel frivoler, verruchter und frecher als mein eigener. Polly Adler war übrigens im richtigen Leben eine legendäre Bordellbesitzerin im New York der 1920er-Jahre gewesen; ihre Memoiren »A House Is Not a Home« geben Aufschluss darüber. Ich hatte sie aber vor allem deswegen ins Herz geschlossen, weil sie meiner vergötterten Dorothy Parker, der Königin der Schnellschuss-Pointe, und deren ebenso scharfzüngiger Buben-Gang in den harten Zeiten der Prohibition im Hinterzimmer ihres Puffs starke Getränke in dickwandigen Kaffeetassen gereicht hatte. Atmosphärisch erstehen diese wilden Zeiten, durch die auch das Parfüm der Verzweiflung wehte, in dem Krimi »Mordfall für Dorothy Parker« von George Baxt wieder auf. Ihr Liebesleben bilanzierte Mrs. Parker im hohen Alter übrigens mit dem schlichten Satz: »I loved them, until they loved me.« Und natürlich galt auch der exakte Umkehrschluss – darin sind sich die in ihrem gnadenlosen Witz unerreichbare Dotty und ihre so hingebungsvolle Schülerin Polly schmerzhaft ähnlich. Literarisch und beziehungstechnisch gehören beide der Species der Sprinterinnen an. »Das Leben ist einfach zu kurz, um einen Roman zu schreiben«, seufzte die wunderbare Mrs. Parker gegen Ende ihres Daseins. Zwei Mal habe ich dieses Gebot, mit »Venus im Koma« und »Wer jung bleiben will …«, dennoch gebrochen.

Der Löwenanteil der Polly-Kolumnen wurde dem Tretminenfeld Liebe, Beziehung und Zweisamkeit gewidmet. »Sie dämliche Möchtegernemanze, bei Ihnen ist alles so negativ«, kritisierte eine Leserin per Elektropost einmal. Gnädigste, Glück zu beschreiben, ist doch auf die Dauer so langweilig. Denken wir nur an Madame Bovary, die Kameliendame, die Bergman in »Casablanca«, Anna Karenina oder Marge Simpson. »Vielleicht ist ja nur das die Wahrheit zwischen Männern und Frauen«, flüsterte Marilyn Monroe einmal ihrem Psychiater zu, »dass es zwischen den beiden einfach nur eine Reihe von Anschlussfehlern gibt.«

Natürlich musste auch meine arme Polly durch jede Menge Tragödien gehetzt werden und lag dann schnappatmend in den Trümmerfeldern diverser Beziehungen. Doch im Notfallpaket hatte sie immer die Charlie-Chaplin-Formel eingepackt: Tragödie + Zeit = Komödie.

Was für ein Luxus, was für ein Geschenk, die armen, unschuldigen Leser über eine so lange Zeit allwöchentlich in einer Länge von 1878 Zeichen mit seinen Befindlichkeiten torpedieren zu dürfen. Heuer wird die Tante mit der schwarzen Brille schon 20 Jahre alt. Und sieht auch keinen Tag jünger aus. Wir haben viele Kilometer auf dem Lebens- und Liebenstacho absolviert, wir zwei kleinen Luder. Sogar zu einem Film (»Eine Frau sieht rosa«) und einer TV-Serie haben wir es im Doppelpack geschafft. Die wunderbare Burgschauspielerin Petra von Morzé lieh Polly Adler ihr Gesicht, und ich bin ihr noch heute dankbar, mit welcher Grazie sie auf dem haarschmalen Grat zwischen Tragödie und Komödie dabei gestöckelt ist. Und weinen konnte die Petra – besser als alle anderen in echt. Es sollte uns dennoch nur ein kurzes TV-Intermezzo vergönnt werden. Die Quoten waren dann doch nicht so berauschend, wie wir uns alle erhofft hatten. Aber auch an dieser Niederlage sind wir nicht gewachsen. Danke an Kathrin Zechner, die mit mir damals dieses Abenteuer entwickelte und viele Gefechte schlug.

Auf alle Fälle möchte ich hier eine Fünfstern-Entschuldigung deponieren an die, deren persönliche Tragödien im »chaos DE LUXE« (ab 21. März 1998 war das die Titelflagge der Kolumne – bedauerlicherweise aus Platzgründen nicht mehr mit dem grandiosen Sengl) fürs Komödienfach recycelt wurden. Es war einfach stärker als ich. Erstaunlicherweise habe ich noch immer ein paar Freunde: Und die paar, die mir geblieben sind, werden immer wichtiger. Der Journalist Dieter Chmelar, bei dem ich in meinen Zwanzigern während meiner Zeit beim Monatsmagazin »Basta« eine Art Nahkampf-Kindergarten des Schmähs besuchte und das Pointenschleudern erlernen durfte, schrieb im Vorwort zum vergriffenen Band »Auch Luder brauchen Liebe«: »Was für eine fintenreiche Ladendiebin des Schicksals! Gern taxiert sie ihre engsten Vertrauten wie eine Unfallärztin frisch eingelieferte Organspender.« Er lag mit dieser These nicht daneben.

Und ein Danke, hoch wie der Steffl, an Anni Josef, die Gralshüterin der Deadline in der »Freizeit«, die immer wieder so getan hat, als ob sie all meine geschmacklosen Ausreden auch wirklich glauben würde. Und ja, Anni, ich fürchte, es wird wieder vorkommen.

Das Wühlen in den Kolumnenbergen und damit in der eigenen Vergangenheit wurde natürlich auch zu einer Via dolorosa. Man wurde wieder zum Zaungast von Liebesgeschichten, deren Treibstoff die Aussichtslosigkeit war. Man wusste es wahrscheinlich von Anfang an, hat jedoch einem Lemming gleich trotzdem weitergemacht. Aber wie zum Scheitern verurteilt manche dieser Amouren waren, konnte stellenweise Triple-A-bezaubernd sein. Ich tauchte tief in das analoge Zeitalter, als man sich schon wie ein hochgestellter NASA-Mitarbeiter vorkam, wenn man seine Manuskripte per Elektropost verschickte. Wenn ein in Aussicht gestellter Anruf von jenem Mann, in den man gerade »verpischt« (© Wien) bis zur Würdelosigkeit war, nicht eintraf, konnte sich damals nur das Festnetztelefon wie Clint Eastwood benehmen: so schweigsam wie gnadenlos. Dank des technischen Fortschritts kann man ja heute auf so vielen Kommunikationskanälen ignoriert werden: Facebook, Tinder, WhatsApp etc.

So gesehen hat dieses Buch auch eine Art Zeitreisencharakter. Unlängst saß ich in einem Café, in dem eine Tafel mit der Aufschrift stand: »Stellt euch vor, es ist 1992. Unterhaltet euch einfach miteinander, so als ob WLAN noch nicht erfunden wäre. Man nennt das Gespräch.«

Dass das Fortpflänzchen so auf Schiene ist, ein bisschen sehr frech, aber auch empathisch in die Welt schaut, sollte bei dieser Mutter sowieso auf den katholischen Wunderindex.

Danke, Stellusch, dass du für mich eine gewisse Nachsichtigkeit (oder war es doch resignative Müdigkeit?) entwickelt hast. Ich habe als Mutter manchmal richtig gut versagt, und du hast es mir verziehen.

Unlängst wollte ich das Kind wieder einmal an die Wand fahren: Eine meiner vielen großzügigen Freundinnen schenkte mir ein sehr heißes, nicht ganz altersadäquates Paillettenteil. Das Kind hob das »petit rien« spitzfingrig hoch und sagte: »Na ja, wenigstens gibt es noch einen Menschen, der an dich glaubt.« Und dann musste ich lachen wie ein Hutschpferd auf Prozac. Und dachte mir: »Danke, du deppertes Leben! Viel falsch gemacht – geschenkt! –, aber es fühlte sich oft richtig gut an.«

Für Marga

1955–2013

»Die Sehnsucht, oh die Sehnsucht! Warum haben
wir die eigentlich? Wer hat uns die heimlich in
die Westentasche gesteckt? Vielleicht ein Engel
oder sonst eine trübe Null?«

Robert Walser

Wien ist reich an Menschen, die »Schmäh führen«
können, denen Pointen und Wortwitz im Café,
beim Heurigen, auf der Straße nur so rausrutschen.
Zu diesen Personen gehört die Hager / Adlerin.
Aber sie gehört eben auch zu den ganz wenigen, deren
Schmäh den Transport ins Manuskript überlebt.
Ohne Produktionsverkrampfung. Ohne Reibungs-
verlust.
Was Männer betrifft, fühle ich mich befugt, einen Rat
zu geben: Freunde, haltet euch von Polly Adler fern!
Es ist imagemäßig existenzgefährdend, ihr zu nahe zu
kommen. Ich empfehle nur, sie zu lesen. Da kann
einem nichts passieren. Außer, dass man lachen muss.
Oft und sehr.

Werner Schneyder
Autor und Kabarettist

Beziehungsarbeit

»Zu einem Unfall gehören immer zwei.«
F. Scott Fitzgerald, *Der große Gatsby*

Misfortune-Cookies

Ich saß solo bei einem Chinesen in den Außenbezirken. Rund um mich drei abendfein aufgebrezelte Pärchen, sonst gähnende Leere. An einen Tisch servierte ein Kellner jetzt – mit verheißungsvoller Miene – ein Tellerchen mit den sattsam bekannten Glückskeksen.

Er: »Oh, wie nett! Die haben wir ja gar nicht bestellt.«

Der Kellner deutet der Dame (Hairstyling frühe Farah Fawcett, ledriger Teint) mit strenger Miene, eines der Glückskekse zu nehmen. Als sie auf das offensichtlich falsche greifen will, zeigt er nahezu herrisch auf ein in rotes Seidenpapier gewickeltes Fortune-Cookie. Erwartungsvoll bricht sie es auf.

»Nein«, quiekt sie jetzt ehrlich überrascht, »ein so schöner Ring! Gertschi, ein Traum, ein Märchen! Dass ich von dir noch einmal einen Antrag erleb ... Schluchz!« Sie springt auf und jagt dem sichtlich verdutzten Gertschi ihre Zunge gleich einer frisch gefangenen Forelle in den Rachen.

Jetzt wird auf Tisch 2 eine gewisse Unruhe bemerkbar. Der dortige Herr scheint nervös. Er springt auf, geht zu Gertschi und Farah: »Verzeihung, haben Sie auch einen Zweikaräter in einem Keks bestellt? Weil, wenn nämlich net, dann ist das original meiner ...«

»Danke, supa«, sagt Gertschi jetzt. »Vollsupa nämlich! Wie soll ich jetzt je wieder aus der Nummer auße kommen, ha?«

Der Kellner wirft sich in den Staub, er checkt, dass er mit seiner Zustellungs-Verwechslung ein Desaster ausgelöst hat.

Farah, jetzt voll in der Krise, gellend: »Der war gar nicht für mich! Gertschi, wie kannst du mich nur hier vor allen Leuten so demütigen!« Sie verlässt schluchzend das Lokal.

Der Ringkavalier wird jetzt von seiner vielleicht doch nicht Zukünftigen angeschnauzt: »Helmut! Wie blöd muss man eigentlich sein, um selbst so was Simples wie einen depperten Heiratsantrag zu verhauen ...«

So kann's gehen, wenn man Kontemplation an Glutamat in den Außenbezirken sucht. Dieser »Ring« hatte in jedem Fall mehr Pepp als der von Richard Wagner.

Jetzt kommt Kurt

F braucht dringend unseren Beistand. Denn der Augenblick, auf den niemand von uns mehr zu hoffen gewagt hat, ist eingetreten: Kurt hat seine Frau verlassen. Ja, Sie haben richtig gehört. Gestern ist er spätnachts ins ansonsten so lauschige Liebesnest eingefallen. Das Rollen seines kleinen Stewardessenkoffers scheuchte die Anrainer nachhaltig auf. Da stand er an der Tür, unter dem Arm trug er ein Glas, in dem »Rambo«, sein geliebter japanischer Zierfisch, noch munter tollte. Seine zukünftige Ex hatte ihm das scheußlich-schillernde Tier zu seinem vorigen Namenstag geschenkt. Damit Kurt endlich einmal lernte, Verantwortung zu übernehmen. Die Frau besitzt definitiv lobenswerten Humor.

F konnte ihr plötzliches Glück gar nicht fassen. Während Kurt auf der Couch kauerte und Sätze wie »Ich kann nicht mehr mit der Lüge leben« oder noch poetischer »Das Doppelleben hat mir die Seele aufgefressen« von sich schoss, verkroch sich F in einem Eimer Hochprozentigem. Mit glasigen Augen sah sie zu, wie Kurt ihre Dessous aus dem Schrank fegte, um Platz zu schaffen. »Am Wochenende, mein Liebeling«, sagte er mit einem drallen Lächeln im Gesicht, »werden wir hier alles ein bisschen umstrukturieren und uns ein richtig schönes Heim machen.« Dann nahm er sie in die Arme und flüsterte: »Wir beide müssen jetzt ganz stark sein.« Schon am Sonntag sollte sie seine Mutter bei einem ungezwungenen Stefaniebraten kennenlernen.

Als Kurt, erschöpft von seiner radikalen Lebenswende, entschlummert war, rief sie mich an. »So war das alles nicht ausgemacht«, gellte sie in den Hörer. »Ich hasse Alltag. Ich brauche den Touch des Verbotenen, die Lüge, all das Heimlichgetue …« Dann explodierte sie in kleine, trockene Schluchz-einheiten: »Unsere Beziehung funktionierte nur deswegen so prinzenmäßig, weil seine Frau nichts davon wusste. Sie eine Art Schattengewächs war. Jetzt ist alles im Eimer.«

Fürwahr: Wie konnte Kurts Gattin F das nur alles antun. Ich hatte nichts anderes im Talon als eine Weisheit meines Chefs, der gerne zu sagen pflegt: »Tja, das Glück kennt eben keinen Rabatt.«

Romantik-Terrorismus

Ich finde, dass ich die Disziplin Männerfreundschaften lange sträflich vernachlässigt habe und versuche das jetzt wettzumachen. Und zwar nicht nur wegen der zwischenmenschlichen Wärme, sondern auch aus hinterhältigen Forschungszwecken. Denn rund um mich nichts als zerrüttete Damen, denen die Psyche des Mannes zunehmend zur Rätselrallye verkommt.

Nach mehreren Abendessen verdichten sich folgende Verdachtsmomente zur betonharten Gewissheit. Männer hassen Romantikterror. Sie wollen nicht rund um brennende Duftkerzen, die in Herzform arrangiert sind, sinnlos verträumt schauen und dann zu Paolo-Conte-Brunftgesängen, vielleicht noch auf viereckigen Designertellern, winzige Fischfilets auf Chili-Schokofond mümmeln müssen. Das finden sie »totally nono«, wie der Fortpflanz zurzeit radikale Verneinung verbalisiert.

Apropos: Sie können es auch nur schwer verkraften, ständig die Ohren vollgesudert zu kriegen, wie stilgebildet und verständnistriefend die schwulen besten Freunde ihrer Frauen denn nicht sind.

»Ich habe nun einmal eine Zierkissen-Allergie«, verriet mir einer, »und muss schreien, wenn ich lachsfarbene Wände sehe. Ist denn das wirklich so primitiv?«

Sie finden auch diese ständigen Jubiläums-Beharrlichkeiten (Tag des ersten Parkbank-Gezüngels, des ersten gemeinsamen Ikea-Besuchs etc.), an denen Frauen so äffisch hängen, echt enervierend. Sie wollen nicht jede Bewegung melden (»Geh jetzt grad für kleine Königstiger, Mausi, und danach ins Schraubenparadies«) und sieben Mal am Tag per SMS den Zuwendungsnachweis erbringen müssen (»Hab dich lieb, bis zur Sonne und zurück!«). Sie wollen auch morgens nach dem ersten Augenaufschlag nicht mit Fragen à la »Woran denkst du gerade? Und warum nicht mich?« oder »Schon einmal über Paartherapie nachgedacht?« oder »Wann verlässt du endlich deine Frau?« nervlich aufgerieben werden. Aus Platzgründen müssen die folgenden 47 Punkte auf andere Gelegenheiten vertagt werden. Wir bedauern…

Der Fluch des Leopardenslips

»Ha«, johlte das Nougatauge (jener Mann, der mir sehr lange sehr nicht wurscht werden sollte – was nicht nur an seinen wunderschönen Augen lag) bei seiner ersten Begehung meiner Wohnung, als wir im Badezimmer angekommen waren: »Was kann denn dieses Ding?« Er fischte sich das Ding vom unvorsichtigerweise nicht abgeräumten Wäscheständer. Das Ding war ein in munterem Leopardenmuster gehaltener G-String, dessen Vorderseite von dem Konterfei eines grimmig blickenden Raubtiers inklusive des Imperativs »CATCH ME, IF YOU CAN!« gekrönt war. Idiotischerweise wurde ich jetzt scharlachrot und piepste: »Der gehört mir nicht, ehrlich nicht!«

»Ja, ja, sicher«, sagte er, »wahrscheinlich hat ihn dein transsexueller Installateur bei seinen letzten Wartungsarbeiten einfach so vergessen. Wenn du nicht ganz honigkuchenlieb bist, verrat ich's jetzt denen da draußen, und zwar flächendeckend.« Er begann am Fenstergriff zu nesteln.

»Du bist soho gemein. Der gehört unserem Au-pair- Mädchen. Ich trage schwarzen Satin.«

»Schon Karl Kraus«, warf sich der personifizierte Sargnagel jetzt in Pose, »sagte, man solle Frau nicht nur nach ihrem Äußeren beurteilen, sondern auch nach ihren Dessous.«

»Gilt das auch für Männer und ihre Socken?«, fragte ich und deutete auf sein mit einem grinsenden Hummer besticktes Beinkleid.

»Ein Geschenk von meiner Nichte aus Boston«, motzte er zurück. »Man kann sich seine Verwandten nicht immer aussuchen, und außerdem ist meine Waschmaschine zurzeit indisponiert. Es war das letzte Paar im Schrank.« Dann betrachtete er das Bücherregal in meinem Schlafzimmer, auf dem das Elefantenpaar Celeste und Barbar, der Bär Paddington und das Häschen Peter Rabbit, alles in Plüsch gehalten, thronten. »Aha«, flötete er, »so sieht also das Boudoir einer der angeblich größten Zynikerinnen dieser Stadt aus.«

»Ich musste sie retten«, schluckte ich. »Meine Tochter wollte sie schon ins Integrationshaus schleppen. Ich bin eben noch nicht bereit, ihrer Kindheit adieu zu sagen.« Und dann heulte ich los. Einfach so. Und musste an Konstantin Wecker denken, der mir in einer rotweinschweren Interviewnacht den Satz geschenkt hat: »Am Ende des Tages ist man nicht annähernd so besonders, wie man immer geglaubt hat.«

»Muss ein Luli machen!«

»Genug trinki-trinki g'macht, ich muss jetzt heidi gehen«, gähnte B. Ich sah sie an wie etwas, was die Katze von sehr weit draußen reingebracht hat: »Brauchst du Hilfe, professionelle Hilfe?«

»So redet der Mann mit mir seit Neuestem, und zwar auch schon in bebautem Gebiet. Die ganze Zeit dieser Babytalk… grauenhaft!«

Der Mann war der »Kümmerer«, wie wir ihn nannten, und Neuland in B's Beziehungsbiografie. Anfangs, wie so oft, hatte sich die Sache prächtig angelassen. Endlich einer, der einem morgens einen brasilianischen Fair-trade-Kaffee mit Schaumhäubchen ans Lager brachte. Oder einem flugs ein Kaschmirplaid über die Schulter warf, wenn man ein bisschen fröstelte. Der selbst an den Herd schritt, um eine Wok-Raffinesse »fürs Mädeli« zu zaubern, und vorher eingehende Erkundigungen bezüglich etwaiger Lactose- und Fructose-Intoleranzen eingezogen hatte. Wir an zwischen-geschlechtliche Kargheit gewöhnten Daheimgebliebenen waren da fast ein bisschen neidisch geworden.

Und jetzt? Schon wieder ein Happy End weniger. Denn B hatte beschlossen, dass ein Mann, der sich morgens mit den Worten »Muss schnell ein Luli machen, Häselchen« aus dem Bett stahl und bei Spaziergängen immer »Fredi«-Kekse dabeihatte, die er ihr in den Mund stopfen wollte, in die grausame Rubrik »Unfuckable material« rutschte. Das musste auch angesichts einer mehr als tristen Marktlage drinnen sein.

»Was ist das für eine Welt«, seufzte B und machte dann doch noch ein großes Trinki-Trinki. »Man wird von einem Typen wie ein zurückgebliebenes Kind behandelt, von seinem Chef wie eine lästige Laune der Natur und vom eigenen Sohn wie eine menopausale Stalkerin! Irgendwas läuft hier böse, böse!«

»Das Leben imitiert nicht die Kunst, sondern schlechtes Fernsehen«, antwortete ich. »Ist leider nicht von mir, sondern von Woodily Allen, dem Schlaubärli.«

»Hast du mich noch lieb?«

Ich habe mir ein Strafausmaß von zwei Wochen Facebook-Verbot und Erstellung eines Petit-Point-Zierkissens bei trübem Licht zugedacht, sollte ich sie noch einmal einem Mann stellen, diese Frage. Die da lautet: »Hast du mich noch lieb?«

Erstens klingt das Wort Liebhaben nach etwas, was man für Haustiere und Landstriche anwendet – aber Alternativen drängen sich nicht gerade auf. »Liebst du mich noch?« hat so einen melodramatischen RTL-Passion-Touch. »Verspürst du noch ausreichend Zuneigung für mich?« bringt's mit seiner Hausbackenheit schon gar nicht.

Und zweitens, jetzt einmal abgesehen von Formalismen: Die Frage, die der Überprüfung der emotionalen Zugewandtheit eines Lebensabschnittspartners dient, kommt in jedem Fall der Eröffnung einer Schlacht gleich, die nicht zu gewinnen ist. Für uns Damen nämlich.

Denn in der Regel lieben wir bedingungs- und hemmungsloser, als Männer es imstande sind. Und wollen damit verbal auch überhaupt nicht hinterm Berg halten. Der Mann an sich findet, dass seine Anwesenheit ohnehin schon Liebesbeweis genug ist. Was muss da noch groß die Farbkarte der Zuneigung bebrabbelt werden? Man isst, schläft und streitet sich gemeinsam um die Fernbedienung. Eine Frau, die einen dabei mit Fragen wie »Schmeckt's dir auch?«, »Hättest du mich auf der Titanic in die ersten Rettungsboote geschubst?« oder eben »Hast du mich noch lieb?« enerviert, kann da nur stimmungstötend wirken.

Dabei wären wir selbst durch mittelklassige Gefühlsbekenntnisse wie zum Beispiel ein schlichtes »Schön, dass es dich gibt« schon so was von korrumpierbar und streichfähig. Es muss ja nicht immer gleich den Tatsachen entsprechen.

Wie verriet mir einmal Maximilian Schell, ein erwiesener Kenner des weiblichen Gemüts, im Zuge eines Interviews: »Im Leben eines jeden Mannes kommt der Moment der Wahrheit, und dann heißt es: Lügen, lügen, lügen.«

Und alle Beteiligten hätten was davon.

Geranien von gestern

Marcel Proust hätte mich in meinem jetzigen Zustand so beschrieben:
»Sie sah aus wie eine Geranie von gestern.« Bestenfalls. Ich schwächelte
grippal. In Umarmung mit einem Topf Hühnersuppe sah ich fern, bis mir
schlecht wurde. Unter dem Vorwand, den volksbildnerischen Crashkurs
»Rätsel Mann – so nah und doch so fern« zu absolvieren, pfiff ich mir alle
Folgen »Monaco Franze« rein.

»Haben Sie sich meiner Frau aus purem Leichtsinn genähert«, fragt den
Monaco da ein entnervter Ehemann, dessen Gattin fünf Jahre nach ein
paar schönen Sekunden in den Armen des Stenz noch immer an einer
Franze-Besessenheit litt.

»Leichtsinn?«, antwortet der, »Na wirklich net! Es war der pure Trieb, Sie,
da brauchen Sie überhaupt nicht eifersüchtig sein.«

Ich Vollidiotin! Ich hatte all die Jahre so viele Dinge persönlich genommen,
die überhaupt nichts mit mir zu tun hatten. Der Mann an sich sah die
Sache mit den Frauen nämlich vorrangig unter einem sportlichen Aspekt.
Nicht der Besitz war das Ziel, sondern der Weg dorthin. Die Eroberung
war ihm von ungleich aphrodisierenderer Wirkung, als der Einmarsch in
das frisch besetzte Gebiet selbst.

Ich erinnerte mich an ein Interview, das ich mit einer amerikanischen
Emotionsforscherin gemacht hatte. »Es geht vor allem um den Tanz und
nicht um den Tänzer«, hatte Helen Fisher ihre Erläuterungen über
die Erkenntnis geschlossen, dass die romantische Liebe ein Trieb, ident
konzipiert wie Hunger, Durst oder Sex sei. Und Triebe gehören eben von
Zeit zu Zeit befriedigt. Ziemlich ernüchternd, denn gemäß dieser Theorie
kann quasi ein jeder kommen, falls die innere Bereitschaft vorhanden
ist. Das wollte ich dem Sargnagel nicht vorenthalten. »Nougatino mio«,
zwitscherte ich, »die wirklich gute Nachricht zum heutigen Tag: Wir
sind nicht füreinander bestimmt. Es ist alles nur Triebbefriedigung, du
musst es überhaupt nicht persönlich nehmen, denn es könnte quasi ein
jeder kommen.«

Er schoss in der Sekunde mit einem »Faust«-Zitat zurück: »Mich deucht,
die Alte spricht im Fieber.«

Und flugs war mir der ganze Wissenschaftsunsinn wieder so herrlich und
einzigartig egal.

Das Trockenfischchen

»Ich muss los, zu meiner Oma! Sie will mir ihr neues Glück vorführen!«, vermeldete C.

»Was für neues Glück? Einen Kanarienvogel mit Turboantrieb, oder hat die Azalee antizyklisch geblüht?«

»Anschnallen, Schatzi! Alter ist nämlich die neue Jugend. Die Oma hat sich von den Antillen einen Milchkaffee mitgebracht.«

»Bitte wie?«

»Ein quirliges Kerlchen, keine 45, der wohnt jetzt einmal bei ihr.«

»Mit welcher Job-Description?«

»Gute-Laune-Verströmer. Sie trommeln gemeinsam, und er kocht bananenlastige Gerichte. Was sonst noch abgeht? Glaube mir, ich möchte es nicht wissen.«

Ich musste mich setzen. C's Oma würde man zwar keine 67 geben (sie war jedoch de facto schon 72), aber sie befand sich, was den erotischen Verkehrswert betraf, doch schon länger jenseits des Flusses. »Nimm mich mit«, winselte ich, »ich werde mich auch ausnahmsweise benehmen.« So kam es, dass wir eine Stunde später auf dem Boden von Omas Couchtisch hockten, fetten Bananenkuchen in weißen Rum tränkten und C's Oma beim Bäckchenglühen beobachteten, während der reizende Herr Gilles uns auf der Maultrommel eine Erntedank-Ballade aus seiner Heimat zum Vortrag brachte. Später nannte er sie »Sugarbird« und sie ihn »Bacalaoino«, was so viel wie Trockenfischchen bedeutete.

»Er ist so wahnsinnig authentisch und unneurotisch«, schwärmte die Antillen-Omi, als wir das Koch-Chaos in der Küche in den Griff zu kriegen versuchten. »Nach all diesen grantigen Kreuzworträtsellösern und untoten Wirbelsäulengymnastikern – mein Herr Gilles ist Botox, allerbestes Botox für die Seele!« Dann lachte sie nicht unschmutzig.

Und ich dachte mir, dass ich eine Menge Leute meines Alters kannte, die wesentlich älter waren als C's Oma.

»Wissen Sie, Fräulein Polly«, sagte sie jetzt, »diese Lebensphase hat auch ihren Vorteil: Man muss sich mit der Zukunft nicht mehr so wahnsinnig beschäftigen. Aber deswegen kann man sich volles Kanonenprogramm auf die Gegenwart stürzen.«

Bingo!

Frühwarnsysteme in der Liebe

»Man hätte die Zeichen schon viel früher deuten können, sollen, müssen.« – Die Dramatik des Satzes unterstrich mein gleichgeschlechtlich orientierter Freund, indem er sich die Mähne nach Art der Jahrhundertwende-Dirigenten raufte.

Wir befanden uns am Tag 3 nach seinem Beziehungs-Crash. Ich hätte meine Vinyl-Sammlung verwettet, dass der Mann, den er gegenüber dem Rest der Menschheit so sehr überschätzt hatte (Danke, Herr Shaw, für diese Definition von Verliebtheit), der Typ war, mit dem er einmal mit ohne Zähne in einem schicken Ausgedinge zu sitzen kommen würde. Es hatte alles so perfekt geklungen: gleicher Tattoo-Geschmack, gleiche Herkunft aus gehobenem Mittelstand, beide hatten ihren Zweitwohnsitz in der Muckiburg und dementsprechend Michelangelo-taugliches Körpermaterial. Und, sehr wichtig: Beide hatten bereits einige Tausend Kilometer auf dem Unfug- und Exzess-Tachometer absolviert. Man hätte also eigentlich ganz getrost ohne irgendeine Versäumnispanik in den lauschigen Beziehungshafen eintuckern können. Also: Wo waren diese Zeichen gewesen, die das Here-comes-trouble-Alarmsystem zum Rotieren bringen hätten sollen?

»Sein Lieblingsfilm war ›Die Hard‹«, presste mein Freund hervor, »und er hörte gerne Helene Fischer, wenn es ihm schlecht ging. Bruce Willis und Helene Fischer als Trostspender-Kombi sind ein Worst-Case-Szenario. Ich hätte sofort rennen müssen…«

So gesehen hätte ich mir die Hälfte meiner Liebesbiografie gespart: Ich war in Free-Jazz-Clubs verzweifelt, hatte mich auf Hochständen im Morgengrauen zu Tode gelangweilt, Wagner-Opern überlebt und Männer geliebt, deren dürftige Bibliotheken zu allem Überfluss auch noch äußerst John-Grisham- und Donna-Leon-lastig waren. Mit einem Frühwarnsystem wäre mein Leben aber erholsam erlebnisarm gewesen. Ich sang also: »Atemlos durch die Nacht – spür, was die Liebe mit uns macht!«

Bitte um Brunftzeiten!

»Männer und Frauen passen ohnehin nicht zusammen, also entspann dich«, sagt eine Ehefrau zu ihrem Gespons in dem Doris-Dörrie-Stück »Happy«.

»Ja, wir sollten einfach Brunftzeiten ausmachen wie beim Wild«, antwortet der, »es wäre alles so viel einfacher…«

Als ich das las, saß ich frierend auf einem Ansitz, der Regen tropfte mir in den Hals, und rund um mich röhrten Hirsche, als gäbe es irgendeine Art von archaischem Song Contest zu gewinnen. Die Stunden auf diesen Ansitzen vergehen eher schleppend, deswegen sollte man sich ausreichend Lektüre in den Ranzen packen. Zum Fixrepertoire für solche Männer-sind-Jäger-Exkursionen gehört Tolstois »Krieg und Frieden«.

»Zwei Wochen geben die Hirsche jetzt bei den Weibern Gas, und das ist es dann?«, wollte ich vom Mann neben mir wissen.

»Sozusagen«, murmelte er relativ desinteressiert an meinen jagdlich ignoranten Fragen. In den Momenten, in denen die rein hypothetische Möglichkeit bestünde, dass man ein solches Vieh vom Hang donnern könnte, würde auch Nadja Auermann in tizianroten Strapsen bei meinem Akuten das Nachsehen haben. Nachdem Gott guter Laune gewesen war und einer von den brünftigen Brüdern sein Leben ausgehaucht hatte, ließ er sich wieder zur Vernehmungsfähigkeit herab.

»Und was machen diese Hirsche den Rest der Zeit?«, fragte ich ihn.

»Rotwein trinken, alles kontrollieren, andere Hirsche treffen und besprechen, was wirklich Sache ist.«

Ein verlockendes Konzept. Denn am Ende des Tages ist es wirklich entwürdigend, wie man sich wegen der hypothetischen Möglichkeit von zwischengeschlechtlicher Beiwohnerei das ganze Jahr über zum Narren macht.

»Wir sollten Brunftzeiten einführen«, flüsterte ich E am Telefon, »dann haben wir nur kurze Zeit dieses ewige Warum-ruft-er-nicht-an-Theater, brauchen weniger Aber-hallo!-Schuhe und können uns den großen Dingen widmen.«

»Die da wären?«

»Salsa tanzen, gute Bücher lesen, die Steuererklärung rechtzeitig abgeben.«

»Wenn du wieder bei Trost bist, Polly, mailen wir uns zam, okay?!«

Immer, wenn ich ein bisschen vernünftig sein will, nimmt mich keiner ernst. Story of my life.

Das Dillfisolen-Rehlein

»Mein Rehlein kommt. Wie schön!« In den Augen meines Anstaltskollegen P gingen ein Dutzend Sonnen auf. P lebte wie ich den Sommer über in einer bezaubernden Holzhüttensiedlung an der Alten Donau, die alle Bewohner die »Anstalt« nennen. Wie jeden Morgen gegen halb neun tänzelte seine bezaubernde Gattin in unsere eingezäunte WG. Sie schwang ihr Menage-Reindl am Henkel, als wäre es die allerheißeste It-Bag von Balenciaga.

Wie jeden Morgen kam es zu einer Übergabe der Hausfraukost, die das Rehlein schon bei den ersten Sonnenstrahlen gezaubert hatte. Dann wurde geschnäbelt und gezwitschert, als ob P ihr erst am Vorabend einen Antrag gemacht hätte. »Mei, so lieb von dir Schatzi!« – »Aber gerne, mein Bärli.« Kein Mollton trübte je den Dialog. Dabei hatten die zwei Turteltäubchen schon 43 Jahre Ehe auf dem Tachometer.

Der Austausch von Nahrung und Zärtlichkeiten nahm insgesamt gestoppte 3 Minuten, 40 Sekunden in Anspruch. Eine echte Sprintveranstaltung. Denn dann sprengte das Rehlein schon wieder von dannen – es musste dringend ins Gänsehäufel, wo es tagtäglich mit seinen Kumpelinnen Kartenwettbewerbe auszutragen hatte. In unserer Anstalt mochte es nicht übernachten, zu unbequem, da hauptwohnsitzte es lieber.

Über gute vier Monate führte dieses Paar also eine 3-Minuten-40-Ehe. Jeder ließ dem anderen Luft zum Atmen und ein eigenes Leben. Das dürfte auch die Zauberformel für die Frischegarantie gewesen sein.

Durch unsere Hüttenzeile wehte der Duft von Dillfisolen, wie sie sonst nur meine Oma gemacht hat. »Wer wird uns einmal so ein Menage-Reindl bringen«, fragte meine Freundin F fast melancholisch, »wenn wir Urlaub für immer haben?«

»Chillax«, antwortete ich ihr, »die Frage erübrigt sich. In unserer Alters-kategorie geht das Pensionssystem wahrscheinlich krachen. So wird es Urlaub für immer nicht mehr spielen. Das ist schon rein rechnerisch volkswirtschaftlich gar nicht möglich.«

Sie schenkte mir einen Blick, der signalisierte, dass meine Trosttalente noch reichlich Entfaltungsspielraum hätten.

In Richtung Erleben

Lust auf Abenteuer? Letzte Woche wehte C das Schicksal einen jugendlichen Versicherungsvertreter in die Wohnung, der möglicherweise einen Zweitwohnsitz in seinem Solarium besaß und einen schlecht geschnittenen guten Anzug trug. Es handelte sich um einen Tag von jener Temperatur, die einem das Denken austrieb und offen machte für Unvernunften aller Art. Zusätzlich belastend wirkte sich noch die Tatsache aus, dass der Versicherungsvertreter ein Gesicht sein eigen nannte, das an ein ungemachtes Bett erinnerte. Solche Gesichter lassen bei C auch an kühlen Tagen alle Sicherungen durchknallen.

Noch vor Unterzeichnung der Feuerschutz-Polizze ließ sie den alten Stewardessen-Spruch »Tea, coffee or me?« abheben. Der jugendliche Vertreter entschied sich für zuckerfreie Zitronenlimonade und einen weiteren Vitaminstoß in Form von C. Ehe er, aber hallo, seine Libido in Richtung Erleben positionierte, nützte er die Zeit noch für einen fatalen Fehler. »Gnäje Frau«, sagte er in angestrengtem Hochdeutsch, »nur so zur Sicherheit: Ich bin verheiratet. Das ist für mich eine einmalige Angelegenheit.«

Hätte C nicht ihren Verstand schon eine halbe Stunde zuvor in ein Land geschickt, in dem Versicherungen keine Bedeutung haben, wäre der Mann zum Abschuss in die Erdumlaufbahn freigegeben worden. So überhörte sie den Satz für die nächste brandgefährliche Stunde ohne Anstrengung. Zwei Minuten danach konstatierte sie mit einer Stimme wie Hagelschlag: »Herr ... wie war noch gleich Ihr Name?«

»Kleinschuster ...«

»Richtig. Darf ich Ihnen was über die Seele der Frauen beibringen?«

»Bittäh schön ...«

»Jeder ist im Moment davor, die Illusion zu vermitteln, dass man mit ihr jederzeit nach Sumatra durchbrennen oder zumindest seine Sparbücher für sie anzünden würde ...«

»Auch wenn das gar nicht den Tatsachen entspricht?«

»Dann erst recht, Herr Kleinschuster ...« Und dann lächelte C so mondän, wie sie nur konnte.

An diesem Tag war ein Versicherungsvertreter doch etwas verunsichert worden.

Keine Rede von Logik

Von Flora Mastroianni, der ewigen Ehefrau Marcellos, könnte man einiges lernen. Unser aller Filmbeau Marcello hatte zwar in seinem genetischen System eintätowiert, dass er alle Frauen, die beim Zählen bis zwei nicht auf den Bäumen waren, erlegen musste, doch damit hatte sich die gute Flora irgendwie arrangiert. Dann hatte Faye Dunaway Marcello in die Krallen bekommen. Und ihn auch schon wenig später wieder in die Wüste geschickt. Die Reporter heischten vor Floras Tür nach einem Kommentar, wie denn jetzt so alles weitergehen würde nach dem F-Day ihres Langzeit-Gatten.

»Was glaubt diese Amerikanerin eigentlich, wer sie ist«, diktierte die Signora entrüstet der Journaille in die Blöcke. »Das kann man mit einem Mann wie meinem Marcellino nicht machen!«

Was wollte ich eigentlich mit dieser Geschichte sagen? Ach ja, dass wir rein prinzipiell nicht gerade von Logik gebeutelt sind. Für Männer, die wir selbst nicht einmal mehr geschenkt wollen, verspüren wir so was wie eine posthume, nahezu zärtliche Verantwortung. Meine Freundin K war unlängst meinem längst erledigten Ex spätnachts in die Arme gelaufen. Im Schlepptau hatte er eine zweifache Mutter, deren trostlose Ehe mit einem Computertechniker ihren Appetit auf Erlebnishunger offenbar angeregt hatte. Zwischen grünen Drinks und einem flammenden Pamphlet pro systemische Familientherapie verriet Besagte meiner K, dass bei ihr daheim eben nichts mehr liefe außer dem Ventilator – wegen dräuender Wechsel-Wallungen. »Und jetzt muss mein armer Mäusebär als Katalysator herhalten«, war ich gleich ganz betroffen. »Vielleicht wird er diese triste Ehe auch noch retten! Was bildet sich dieses Luder eigentlich ein!«

K tippte sich an die Stirn und bot mir an, eine Zwangsjacke bei einem Designer meiner Wahl zu ordern. Schließlich könne ich nicht alle Tassen im Schrank haben, denn mit dem Typ hätte ich doch angeblich schon seit Jahren nichts mehr am Hut. Das machte doch alles keinen Sinn.

»Von Logik war nie die Rede«, erhob ich jetzt einen Trinkspruch.

»Entschuldige«, seufzte sie, »wie konnte ich das nur vergessen!«

Hat Gott Adam angemailt?

»Morgen kann ich nicht«, piepste Z kokett verschämt, »morgen hab ich nämlich ein Date.«

Wie hieß dieses Täuschungsmanöver in Form einer gemeinsamen warmen Mahlzeit, das auf eine koitale Begegnung abzielt, eigentlich früher? Bevor der Begriff Date nämlich durch die US-Vorabendserien an unser Sprachufer gespült wurde? »Du bist wunderschön«, sagt dort dann irgendein aknedurchfurchter Vorabend-Johnny, wenn seine Jenny verlegen lächelnd in einem Polyester-Albtraum von Kleid auf der Stiege erscheint. Mr. und Mrs. Connelly, die stolzen Eltern der Polyester-Braut, knuffen sich dann zärtlich in die Seiten, und Dad Connelly gibt seiner Tochter noch den etwas tollpatschigen Präventiv-Tadel: »Komm nicht zu spät!« Wahrscheinlich sorgt er sich stellvertretend für den gegnerischen Daddy, dass dieser Vorabend-Johnny, gestresst durch das elendslange Klitoral-Warm-up seiner Jenny, den Fond des vom Vater geborgten Fords durch allzu frühe Ejakulation versauen könnte. Sie sündigten in einem Ford, stand schon in der Bibel zu lesen. War das das erste Product-Placement? Und wie lief überhaupt das allererste Date der Menschheit ab?

Hat Gott Adam angemailt? ›Geschätzter Abhängiger, lieber Adam! Bitte folgenden unverbindlichen Vorschlag unter allen Umständen zu befolgen: Triff dich doch einmal mit dieser Eva. Schnabuliert's einen Apfel miteinander, vielleicht auch zwei, lernt's euch einmal so richtig kennen. Diese Eva ist Vollzeit-Nudistin, deswegen sind auch die Haltungskosten im grünen Bereich. Ich kenne außerdem keine mit einem besseren Körper, ehrlich nicht. Okay, okay, sie hatte einmal was mit einer Schlange. Aber das ist jetzt vorbei, ehrlich. Sie liest nicht einmal mehr das Horoskop dieser Schlange… Also sei ganz relaxed, es ist ja schließlich nur ein Date…‹

»Hallo«, rief Z jetzt laut in den Hörer, »ich habe also ein Date… freust du dich nicht für mich?«, während ich mich insgeheim leise wunderte, dass die Menschheit noch nicht ausgestorben war.

V-Day!

Valentinsmassaker, Freunde der italienischen Oper! »Komm mir nicht mit diesem amerikanischen Teenager-Firlefanz«, nölt der Nougat, als ich telefonisch erlesene Grausamkeiten in Aussicht stelle, wenn er auch diesmal der Floristenzunft seine Unterstützung verweigert. »Dieser Valentins-Schmus ist für verwirrte Pubertierende.«

»Keine Spraynelken, sondern faustgroße Rosen, in Safrangelb gehalten«, fauche ich ungerührt. Meine Textvorschläge für die Karte (»Nur du gibst mir die Kraft!« oder »Aber trunken bin ich von dir«) fallen einem Funkloch zum Opfer. »Nougat... getrennt« steht voller Symbolwucht auf meinem Display. »Ich bin in erotische Krise«, zitiere ich Kafkas Milena, als mein Freund B vor der Tür steht.

»Bitte wie?«

Ich erzähle ihm die Geschichte von Milena Jesenská, die zwar zur Weltliteratur wurde, weil sie dem Weltflüchtling Franz Kafka als Projektionsfläche für seine literarischen Ambitionen gedient hatte, aber in der Realität von ihm im Wesentlichen ungeküsst blieb. Die Demütigung der Zurückweisung kompensierte sie mit dem einen oder anderen Ladendiebstahl, und vor dem Richter rechtfertigte sich die physisch vernachlässigte Brieffreundin mit obiger Begründung. Während wir auf hohem Niveau die Zeit totschlugen und durch die Schenken flanierten, warf B sein jüngstes Drama auf den Tisch.

»Das ist nicht dein Ernst!«, stand ich unter Schock. »Diese Flugente hat so ein Prachtexemplar wie dich verlassen!« Das war schon die dritte Stewardess, die B zu einer seelischen Bruchlandung gezwungen hatte.

»Ich muss aufhören, unter meinem Niveau zu lieben«, murmelte er.

»Frauen, die Rosamunde Pilcher lesen, nach Erdbeerduschgel riechen und Haneke für ein Bier halten, sind ohnehin nicht satisfaktionsfähig.«

»Hübsche Idee«, trällerte ich, du musst es nur noch ihm beibringen.«

»Wen meinst du?«

Ich deutete gen seine Mitte: »Na ihm, deinem Präsidenten.«

»Mein Präsident ist ein Lauser«, grinste B jetzt voll der Vorfreude auf die nächsten Katastrophen.

Keine Beziehungsamnesie

Das Telefon schrillte hart nach Mitternacht. Taxigeld-Engpass des Fortpflanzes? Oder doch nur eine Taifun-Warnung?

Es meldete sich eine tränenerstickte Frauenstimme: »Sie kennen mich nicht, aber ich muss mit Ihnen reden.«

Meine Anmerkung, dass ich es mir gerade mitten in einer erotisch wertvollen Traumsequenz bequem gemacht hatte, konnte die Unbekannte nicht stoppen.

»Sie waren doch mit ihm zusammen. Von 2001 bis 2003, das hab ich recherchiert. Ich bin am Ende... Sie müssen mir helfen!«

Oh Gott! Statt in meinem selbst gebastelten Romantikporno befand ich mich in einer Mischung aus frühem Woody Allen und »Scary Movie«. Ich hatte circa den Preis von zehn Paaren bestes Schuhwerk in eine Gesprächstherapie investiert, um diesen Mann für immer und länger aus meinem Erinnerungsarchiv zu löschen, und jetzt, wo ich eigentlich ziemlich gut drauf war, machte mir eine durchgeknallte Stalkerin einen Strich durch diese Beziehungs-Amnesie.

»Er ist einfach nicht mehr für mich erreichbar«, heulte sie auf, »dabei haben wir letzte Woche noch Pläne für den Sommer gemacht. Ich habe sogar schon Bodrum gebucht...«

»Ich hoffe, Sie haben eine Stornoversicherung abgeschlossen.«

»Darum geht's doch gar nicht, Sie seelenlose Witzfigur... Meine Frage ist: Wird er wieder zurückkommen?«

»Gehen Sie jetzt in das Gotteshaus Ihres Vertrauens und zünden Sie drei Kerzen an, damit er es nicht tut...«

»Aber ich hab ihn doch sooo lieb!«

»Und das ist schon einmal der grundlegende Fehler! Zeigen Sie mondänes Desinteresse, Teuerste, sonst bleibt dieses erotische Waterloo verloren...«

Ich legte auf und verkroch mich wohlig in den Federn. Die Formel »Einmal gefühlspanischer Bindungsparanoiker = immer GPBP« hatte sich wieder einmal bewahrheitet. Schön blöd, wer den ganzen Irrsinn auch nur irgendwie ernst nimmt. Good night and good luck!

Würde ist ein Konjunktiv

»Meine Würde ist reif für die Müllkippe«, sagte B und weinte zwei Tränen mit dem Echtheits-Gütesiegel. Auslöser für ihr akutes Drama: eine zufällige Begegnung mit ihrer Nachfolgerin – ihrer Nachfolgerin bei Werner, einem Mann, den sie mit der ihr eigenen Intensiv-Grandezza geliebt hatte. Dennoch glaubten wir die Trauerarbeit für längst erledigt. Schließlich lag der Werner-Exodus schon Monate zurück. Mitnichten! »Diese Frau hat so nichts zu sagen, dass man Stunden darüber reden könnte«, fauchte sie. »Es ist so demütigend!«

Vielleicht, gaben wir zu bedenken, hatte die Tatsache, dass sie erstmals mit ihrer so hinreißenden Vorgängerin auf der freien Wildbahn konfrontiert war, die Eloquenz des Werner-Liebchens gebremst.

B schüttelte energisch den Kopf: »Netter Versuch, aber sie wusste nicht einmal, dass wir eine gemeinsame Werner-Biografie haben.«

»Sei doch dankbar«, machte sich F, die bislang entnervt geschwiegen hatte, jetzt bemerkbar, »und küsse den Boden, dass die Tante eine 30-Watt-Leuchte ist. Wäre dir eine espritgeladene Krebsforscherin mit Harvard-Abschluss lieber?«

»Ja, und nochmals ja«, flüsterte B. »Durch so eine Nullnummer ersetzt zu werden, kommt einer posthumen Abwertung gleich.«

Frauen! Werden wir sie je verstehen?! Die Zeit war reif für das Jack-Nicholson-Anekdötchen. Seine Langzeit-Geliebte Anjelica Huston war ihm an die männliche Blondine Ryan O'Neal abhandengekommen. Der große Jack entblödete sich daraufhin nicht, ein kleines, aber dafür sehr lautes Flugzeug zu heuern, das unablässig über dem O'Neal-Anwesen kreiste und das Transparent »Come home, stupid bitch« hinter sich herzog. Er, der Göttlichste aller Bösewichte, konnte es einfach nicht auf sich sitzen lassen, von Hollywoods Hansi Hinterseer gehörnt zu werden.

»Und«, lüftete B jetzt ihren Trauerschleier, »wie ging die Story aus?«

»Anjelica kam wieder nach Hause getrottet, und Jack verließ sie wenig später wegen einer Kellnerin.«

»Gute Geschichte, aber saublödes Beispiel«, merkte B jetzt an.

Ich musste ihr so was von recht geben.

Immer Zores mit dem Personal

Ich stöckle mit meiner Freundin M durch Salzburg. Viele geldblonde Gattinnen mit bretterharten Taft-Frisuren und Geklunker, um dessen Gegenwert wir uns ein Jahr organisch einwandfrei ernähren könnten. Neben denen trippelt meist ein betagter Millionär mit Bandscheiben-problematik, der es mit Dingen wie Ostergras oder Kanalgitter zu Reich-tum gebracht hat. Ansonsten überall geschlauchte Kultur-Reporter, die Künstler-Diven zu dompfieren haben und deswegen abends genauso dringend trinken müssen wie wir. So schnorren wir uns durch das Party-getriebe. Und haben's lustig. Auch ohne Bandscheiben-Millionär.

Auf der Toilette einer dieser feschen Ausspeisungen dringt Schluchzen aus einer Kabine. In Auflösung entsteigt ihr eine dieser Gattinnen mit derangierter Brettfrisur. Ich pflücke ihr ein Konfekt aus meiner Theater-tasche. Sie schluckt es und fällt mir weinend um den Hals. »Schönen Dank für die spontane Zärtlichkeit«, hauche ich ihr zu, »aber worum geht's denn bitte genau?«

»Er hat mich verlassen. Einfach so. Gerade eben und noch vor dem Sorbet.«

»Vor dem Sorbet! Unerhört! Die Menschen haben überhaupt keine Manieren mehr!«

»Dabei habe ich ihn ein halbes Jahr lang nach seinem Schlaganfall gepflegt. Ihm das Gesabber vom Mund getupft… und, na ja lassen wir das.«

»Vielleicht hat er den Schlussstrich gezogen, weil ihm genau das peinlich war. Zeugen des eigenen Niedergangs müssen als Erste entsorgt werden.«

Sie ignorierte meinen Einwurf und schüttelte nur unablässig den Kopf: »Aber dass er jetzt mit seinem Chauffeur…«

»Wäre Ihnen ein 20-jähriges Pedikeusen-Luder lieber? So müssen Sie es wenigstens nicht persönlich nehmen.«

»Doch, muss ich, und wie«, sagte sie und begann sich wie wild die Nase zu pudern. »Die Altersschwulitäten von diesem Pflegefall, der sich mein Ehemann nennt, sind mir ja ehrlich gesagt piepsi-egal. Aber der Chauffeur war eigentlich mein Liebhaber. Und zwar was für einer!« Tränen begannen aus den von Lidschattengebirgen umkränzten Augen zu fließen.

Was ich immer sage: Immer nur Zores mit dem Personal.

»In die Goschen scheißen!«

Es ist, als ob man sich in ein fremdes Schlafzimmer geschlichen und dort, geschützt durch ein Tarnmützchen, Platz genommen hätte: Für mein Literaturfestival »Schwimmender Salon« im schönen Bad Vöslau wühlte ich mich durch den Briefwechsel zwischen Alma Mahler und dem um sieben Jahre jüngeren Oskar Kokoschka. Sie bellt am Anfang dieser Liebe aus der holländischen Kuranstalt: »Du lässt mich allein! Es ist der dritte Tag, an dem ich keinen Brief habe. Wo soll ich hin, wenn der Fels unter meinen Füßen zu Feuer wird?« Er paradiert nachts bis zum Morgengrauen vor ihrem Fenster auf und ab, weil er in Panik ist, dass da noch »ein anderer Kerl« kommt. Seine Freunde machen sich Sorgen, denn seine Mutter will ihr armes Burli vor der »Windsbraut« bewahren und die »böse Circe« erschießen. Er ist unheilbar verliebt und schreibt stolz: »Mir könnte die geliebte Frau A. mit geblähten Backen in die offene Goschen scheißen, umso mehr liebe ich sie.«

Als er aus dem Ersten Weltkrieg, den er um ein Haar nicht überlebt hätte, zurückkehrt, hat sie bereits mit Walter Gropius ein neues Genie auf ihrem Radarsystem. Kokoschka dreht durch, lässt sich eine Alma-getreue Puppe nachbauen, die er irgendwann zerstört. 14 Jahre nach ihrer durch die Emigration bedingten räumlichen Trennung sitzen sie noch immer ineinander fest. Alma notiert 1928 in ihr Tagebuch: »Es ist furchtbar; ich habe wieder die ganze Nacht wild und begeistert von O. K. geträumt. Er behext mich wiederum. DIE Kräfte kenn ich. Der gräßliche Spuk soll von mir.«

Er schreibt dem 72-jährigen »Almschi« 1951: »Wenn ich einmal Zeit finde, dann mache ich eine lebensgroße Figur aus Holz von mir und du sollst mich jede Nacht in Dein Bett nehmen. Die Figur soll auch ein Glied haben, wie Du es mir gemacht hast, damit Du dich besser an mich erinnerst, und durch Übung wieder Lust zum Wirklichwerden gewinnst. Einmal kommen wir wieder zusammen.«

Wahrscheinlich haben sie sich so geliebt, weil sie sich so wenig gesehen haben. Briefsex wird eben nicht durch die Realität versaut. Wie deprimierend, dieses Gesimse von heute angesichts solcher Verbalexplosionen. Abgesehen davon – vielleicht ist es wirklich so: Die größten Lieben sind die zu früh abgebrochenen oder ungelebten. Behaupten zumindest die Herren Tschechow, Schnitzler und Capote.

Königin Christinas weißer Urin

»Houston, we have a problem«, sagte B und warf sich auf mein Sofa.
»Apollo 13 braucht dringend Alkohol.«
»Ich kann dir nur meinen Nagellackentferner anbieten«, musste ich sie
enttäuschen. »Metabolisches Bootcamp: Tag 15. Aber jetzt einmal ganz
nüchtern – was liegt an?«
»Königin Christina hat weißen Urin … Große Katastrophe.«
»Auf welchen Drogen bist du gerade?«
»Auf der Droge Realität, Liebling. Ich werde ihn verlassen.«
»Was? Du warst doch gerade noch so glücklich. Seelische Heimat,
Ankommen nach einer langen Reise, das ganze Brimborium.«
»Da kannte ich seine irdische Heimat noch nicht. Seine Wohnung ist
nämlich ein Altersheim für Schildkröten. Und die werden, wie du ja weißt,
bekanntlich sehr alt. Sie haben Namen, diese Viecher: Königin Christina,
Schildi und jetzt – halt dich an – Pamela und Jessica. Er spricht mit ihnen.
Schildi hat, glaub ich, sogar schon Eierchen gelegt. Wir werden also
Eltern. Und nächste Woche soll ich ihn begleiten – auf die ›Reptilia Exotica‹-
Messe in Gramatneusiedl oder einer ähnlich schillernden Metropole.
Ich habe kein Studium abgebrochen, um mit einem Typen zusammen zu
sein, der seine Schildkröten ›mein geliebtes Mädchenpensionat‹ nennt …«
»Ist gar kein Panzerhengst in der Sammlung?«
»Doch, doch, solche Eierchen fallen ja auch nicht vom Himmel. Er heißt
Obama, dunkle Färbung. Wahnsinnig witzig, oder?«
»Vielleicht durfte er ja als Kind kein Haustier haben und muss jetzt einiges
nachholen?«
»Lieb von dir. Aber das reicht nicht. Wenn hier wer ein Trauma hat, dann
bin das noch immer ich.«
»Okay, Houston, ich verstehe dein Problem. Schildkrötensammlung grenzt
an Modelleisenbahnanlage und Hobbyzaubern. Und was jetzt Prinzessin?«
»Nagellackentferner on the rocks. Und könntest du bitte mein Glätteisen
und meine Nachtcreme aus der Geiselhaft dieses Schildi-Freaks befreien?«
Ich nickte verzweifelt. Freundschaft ist ja bekanntlich kein Ruhekissen.

Der Cola-Light-Mann

M's Cola-Light-Mann hatte gekündigt. Schmerzgezeter. »Darling«, tröstete ich sie, »er war sowieso nicht der Richtige.«

»Bis der kommt«, rief sie, »habe ich die Zähne sowieso auf dem Nachtkastl, und bis dahin möchte ich mit den Falschen Spaß haben.«

»Das Wesen der Cola-Light-Männer ist eben, dass sie vorübergehende Erscheinungen sind. Du bist ja nur sauer, dass du nicht Schluss gemacht hast.«

»Ich kann jetzt alles außer der Wahrheit vertragen«, schniefte sie.

An dieser Stelle, geschätzte Leser, sollte ich Sie über Wesen und Funktion eines Cola-Light-Manns in Kenntnis setzen. Mit so einem möchte man nicht nach Hietzing ziehen und nicht über Benitas* »Linken Emanzen«-Spruch debattieren. Man möchte ihn auch nicht seinen zehn besten Freundinnen vorstellen und unter seinem wohlwollenden Blick Jamie-Oliver-Rezepte nachkochen. Ein Cola-Light-Mann ist in handwerklichen Berufen zu finden oder erteilt Unterricht in Freifächern (Golf, Yoga, Reiten); er sieht gut dreckig aus und weiß, wie Frauen fernab des guten Gesprächs zu behandeln sind.

»Also«, unterbrach sie jetzt meine Tirade, »wo bleibt der Trost?«

»Früher«, seufzte ich, »war alles viel einfacher. Als wir mit zwölf alle in ›Vom Winde verweht‹ gepilgert sind und meine Mädels furchtbar enttäuscht waren, habe ich ihnen um fünf Schilling ein glückliches Ende geschrieben. Scarlett verliebt sich volles Karacho in den Gärtner und Rhett, daraufhin gallgelb vor Eifersucht, beschließt, sich, ganz wider seine Natur, gut zu benehmen.«

»Und was, was kannst du mir heute für, sagen wir, eine Flasche Gin bieten?«

»Stell dir vor, dein Cola-Typ verlässt seine Spinatstrudel brutzelnde Gerti und steht vor deiner Tür. ›Ich möchte‹, sagt er ganz ernst, ›dass unsere Beziehung mehr Tiefgang bekommt. Sex ist nicht alles.‹ Und dann zieht er sich was Bequemes an und parkt sich vor deinem TV-Gerät ein…«

»Hör sofort auf«, brüllte sie, »da vergeht's einem ja.«

Sieg auf der ganzen Linie!

---

* Die Präsidentschaftskandidatin Benita Ferrero-Waldner machte 2004 »linke Emanzen« für ihre Niederlage verantwortlich.

Häselchen, Häselchen

Jeden verendenden Nachmittag das gleiche Ritual. Nach dem Dichten
stürze ich mich, immer an derselben Stelle, in den Altausseer See.
Und jedes Mal beobachte ich dort ein spätmittelalterliches Ehepaar beim
gleichen Prozedere. Er, vom Typ Studienrat außer Dienst und umhüllt
von so einem affig gemusterten Umkleidezelt, balanciert auf einem Bein
und ruft: »Häselchen, wo hast du schon wieder mein Höschen hin-
gegeben?« Sie, damit beschäftigt, die Relikte des Badetags zusammenzu-
sammeln, murmelt: »Auf den Stein, wie immer, Albert, auf den Stein…«
Dann wieder er: »Häselchen, was gibt's denn zum Abendbrot?« Sie, bereits
in jenem Tonfall, den man für geliebte, aber geistig nicht ganz ausge-
schlafene Kleinkinder benutzt: »Also, Albert… Wir haben Butter, wir haben
Brot, wir haben Tomaten, ein bisschen Schinken… Und dann noch die
zwei Fruchtschnitten, du weißt doch…« Das detailfreudige Herunterbeten
des Kühlschrankinhalts nimmt durchschnittlich gestoppte 1,11 Minuten
in Anspruch.
Es ist eine Art voyeuristischer Masochismus, der mich täglich an diese
Stelle treibt. Vielleicht lodert in mir aber auch insgeheim ein Leuchtfeuer
der Hoffnung, dass Häselchen irgendwann die Contenance verliert und
in einer anarchistischen Aufwallung brüllt: »Albert, dein Nachtmahl steht
bei McDonald's in Bad Ischl… Ich will heute endlich einmal etwas richtig
Verrücktes tun und den Volkstanzkurs in Gössl besuchen… Dort unter-
richtet nämlich ein Polka-Gott, der in so einem bunten Clownzelt, wie du
es gerade trägst, nicht einmal tot aufgefunden werden wollte!«
Doch jedes Mal muss meine Hoffnung auf Anarchie ungeküsst nach Hause
trotten. Dort harrt meiner bereits ein Kessel Buntes in Form eines schwulen
Schauspielerpärchens mit Windhund, meines aufmüpfigen Kinds und eines
durch Liebeskummer gebrochenen Kerls. Und wissen Sie, was dieses
originelle Trüppchen verlässlich konzertant dann von mir wissen will? –
»Polly, was essen wir eigentlich heute Abend?«

Kein Streichelzoo, die Liebe

Eben war das Dessert aufgetragen worden. Er: »Was ist dir denn da eingefallen? Der Pudding sieht ja aus wie ein nuklearer Angriff... Unsere armen Gäste!«

Die Pudding-Autorin: »Vielleicht rekrutierst du dir auf einer Knödlakademie ein paar Flittchen, deren Nachtische deinen spießigen Anforderungen entsprechen...«

Er: »Du verträgst überhaupt keine Kritik.«

Sie: »Doch, doch, sie muss nur einen Funken von Intelligenz haben, du Duftbaumbesitzer!« Trumphierendes Lächeln ihrerseits in Richtung der laut schweigenden Gäste: »Dieses Weichei hat nämlich einen Duftbaum in seinem Auto... Was kommt als Nächstes? Ein Wackeldackel?«

Er: »In deiner Schüssel stinkt es immer wie nach Iltispisse.« Dann nimmt er sie um die Hüfte, sie kuschelt sich überraschenderweise an seinen Hals. »Und trotzdem liebe ich dieses Miststück.«

Sie: »Das würde ich dir auch geraten haben.«

Der Atompudding wird verteilt. Ich bin verwirrt. Der Rest der Gäste scheint an diese Pingpong-Choreografie des Hasses offensichtlich schon gewöhnt zu sein. Und dann kapiere ich, dass das Pudding-Paar offensichtlich für dieses Zerfleischungdramolett Publikum braucht, um so richtig auf Touren zu kommen. Ganz wie in Edward Albees »Wer hat Angst vor Virginia Woolf?«, jenem legendären Theater-Pas-de-deux der Niedertracht.

»Abflug, aber pronto«, flüstere ich meiner Begleitung zu. »Nach diesem Irrsinn bräuchte ich eine Überdosis Laura Ashley, ein Tässchen Wohlfühltee und etwas frühen Cat Stevens.«

»Die Liebe ist nun einmal kein Streichelzoo, Kleines«, flüstert er, als wir den Abgang geschafft hatten.

»Ich hatte schon so eine dunkle Ahnung«, kicherte ich, »bin aber noch zu jung, um mich jetzt gleich daran zu gewöhnen.«

Luluwarme Veilchen

Der Emergency Room des Herzens stand weit offen. Im Schichtwechsel kamen meine Freunde, bepackt mit Notfallköfferchen, in denen Champagnerflaschen, Augenabschwellcremes und Serotonin-Haushaltsregler in Form von Schokotrüffeln purzelten, an den Krisenherd.

»Na praktschak«, merkte D an, »so wie du aussiehst, könntest du ja dein Einkommen mit Leuteschrecken in der Geisterbahn aufbessern.«

»Und weißt du womit?«

»Nee du.«

»Mit Recht.« Denn die Begründung des Nougat-Abgangs hatte in meiner an sich nicht unkomischen Liebesbiografie an Verhaltensoriginalität den Punktesieg davongetragen. Üblicherweise hatten meine Männer bis jetzt den Wanderstab geschultert, weil ich zu egomanisch, chaotisch, possessiv, trinkfreudig, laut und goschert war. Aber in diesem Fall musste der Mann plötzlich ganz viel nachdenken, weil ich zu großherzig, zärtlich, faszinierend und liebesfähig war.

»Wahrscheinlich hättest du auch einfach aufhören sollen, ständig Bücher, TV-Serien und Theaterstücke rauszubringen«, merkte N an. »Das kommt bei solchen Softies nicht so tosend.«

»Nur um so ein Backerbsen-Ego zu schonen, kann ich mich jetzt auch nicht als Cremetiegel-Rezensentin bei einem Drogerie-Branchenblatt bewerben.«

»Eigentlich keine schlechte Idee, Pollylein, da würden für uns auch ein paar Probierdöschen abfallen.«

»Was hab ich nur falsch gemacht?«, wollte ich vom Universum wissen. Das olle Universum zwitscherte: »Du hast alles richtig gemacht – nur mit dem falschen Mann.«

»Man darf sich nicht wundern«, hatte D jetzt genug von der Mitleidstour, »wenn man sich mit so einem luluwarmen Veilchen einlässt.«

In D's Adern floss nämlich grün-weißes Blut, und sie fand, dass Anhänger der violetten Fußball-Fraktion ohnehin nicht satisfaktionsfähig waren.

Komplett überschätzt, der Sex

Wir ordinierten in Altaussee in der »Seewiese« (der weltbesten Jausen-station) und umspülten Saiblinge mit Weißem von Polz, denn Fisch muss ja bekanntlich schwimmen. Das vom Dachstein dräuende Gewitter ignorierten wir mondän, und der Bootsverleiher unseres Vertrauens durfte sich schon einmal zu Recht um seine tomatenrote Elektro-»Nicole« Sorgen machen. Denn K wollte ihren letzten Fang in der Bundeshauptstadt ausufernd bemurmelt wissen. Der Herr wäre – Hallelujah! – weder depressiv noch Nähe-paranoid, dafür Schmäh-geschmeidig und beruflich erfolgreich, ohne ein Karriere-Zombie zu sein. »Ein Lotto-Vierer!«, flüsterte sie. »Manieren und Bildung hat er obendrein. Der Wein wird flaschenweise bestellt. Die Wohnung ist von unprätentiösem Bauhaus-Schick, und er trägt nichts Buntes.«

»Warum dann nur ein Vierer?«, wollte ich wissen. »Hat er Trostpreis-Optik?«

»Nein, gar nicht.«

Jetzt stellte E die Mutter aller Fragen: »Wie läuft's im Bett?«

K nahezu tonlos: »Er ist sehr sensibel…«

»Oiwee!«, würden meine jüdischen Freundinnen jetzt konzertant wehklagen. Denn Sensibilität in diesem Kontext bedeutet meist nichts Erhebendes.

»Es gibt ja Viagra!«, kam ich ultraplatt.

»Ich würde aber eine Erektion so gern persönlich nehmen«, fand K, »aber wahrscheinlich ist das mit dem Sex sowieso komplett überschätzt.«

»Sagt jetzt genau wer?« trompeteten wir. »Der Dalai Lama, die Jungfrau Maria oder ein prominenter Einzeller?«

»Ach, es gibt doch so viel andere schöne Dinge, die man mit einem Mann erleben kann«, tadelte K uns jetzt.

Bevor mir jetzt ein endgültig demotivierendes »Und was soll das bitte genau sein?« entfahren wollte, donnerte es. Wir flüchteten in den Schoß unserer Lieblingswirtin und tranken auf die vielen schönen Gespräche, die auf K in der Bundeshauptstadt warteten.

Ja, E und ich sind verlotterte Luder, aber dennoch liebenswert.

Zwischengeschlechtliches Fegefeuer

Zwar hat die katholische Kirche das Fegefeuer abgeschafft, aber offensichtlich nur für die wirklich braven Gläubigen. Denn das Purgatorium existiert auf Mutter Erde munter weiter – in Form von »First Dates«.

Sie wissen schon, jene unter dem Vorwand von Nahrungsaufnahme getarnten Beschnupperungsakte, die eine spätere zwischengeschlechtliche Vereinigung im Arrangement durchaus vorgesehen hätten. Allabendlich sitzen in dieser Stadt Männer und Frauen in ihrem Angstschweiß und überteuerten Chichi-Hütten und rackern sich an der Kunst vorgetäuschter Lockerheit und zäh dahinperlendem Smalltalk ab.

Weil auch ich dieser Art von Unglück wieder einmal eine Chance geben wollte, starre ich jetzt auf ein Crossover-Fusion-Trara-Gericht auf einem schiffsförmigen Designerteller und sage so was Intelligentes wie: »Chili an Schokolade ist das neue Zitronengras?«

Mein Gegenüber, das gegen Ende des Sommers im unbebauten Gebiet ziemlich erfrischend gewirkt hat (wahrscheinlich auch wegen dieser unneurotischen Einfachheit), kontert jetzt messerscharf: »Hauptsache, es schmeckt…«

Ich weiß schon jetzt: Der Abend wird sehr lang – selbst wenn er innerhalb der nächsten halben Stunde ein Ende nehmen sollte. Das fragilste Sexualorgan ist noch immer das Hirn, da fährt besonders ab der ollen zweiten Lebenshälfte die Bundesbahn drüber.

Jetzt rettet mich das Kind, weil es ohnehin vorhatte, mir den Abend mit »diesem Dilo-Typen« zu versauen. Mit einer Stimme, die an ein plötzlich verwaistes Rehkitz in finsterster Nacht gemahnt, tremoliert sie: »Mooomie, komm nach Hause… Mir ist so schlecht!«

Ich flöte hochprofessionell: »Sofort mein kleiner Schatz, ich bin gleich bei dir…«

Das Kind versteht angesichts des grundgütigen Moomie-Solidaritätsakts die Welt nicht mehr und kläfft jetzt in den Hörer: »Was ist los mit dir? Bist du krank?«

Saturn, verfluchter

Der Steg, die Nacht und der fast volle Mond. Ich liege mit einem »Queen Mum« (Gin-Tonic mit Gurke) am Wasser, im Herzen eine Bitte an das Universum: Dieser Vollkoffer Saturn möge sich endlich, aber chello aus meiner Umlaufbahn bewegen. Genug der lähmenden Prüfungen in Form von eingezogenen Bankomat-Karten, Zielgruppen-Quoten, energie-fressenden Lebensabschnitts-Dilos und einem Kind, das an Verhaltens-originalität laboriert.

Während ich also in Verhandlungen mit dem Universum trete, sehe ich ein Boot im Dunkel der Alten Donau gleiten. Der Flachkahn ist mit orientalischen Laternen geschmückt, auf einem mit Rosenblättern bedeckten Tischchen steht ein silberner Kühler mit Champagner. Hochklassiger Kitsch, wie wir Weiber ihn lieben, ihn uns aber in der Regel pinseln können. Da meine Brille wieder einmal irgendwo war, checke ich erst jetzt, dass nur ein einzelner Passagier in diesem romantischen Brimborium sitzt. Es ist ein Mann, er winkt mir zu.

»Na«, sage ich, »Sie müssen sich aber sehr lieb haben... Oder kommt noch wer?«

Er, völlig ungerührt: »Es wurde gerade gegangen. Weil es mit mir angeblich keine Zukunft gibt...«

»Zukunft? Damit ist Zeit bis morgen. Man hat doch mit der Gegenwart wirklich genug um die Ohren.«

»Apropos Gegenwart: Champagner?«

»Bevor ich mich schlagen lasse...«

So kam es, dass ich mit einem wildfremden Mann um ein Uhr morgens auf der Alten Donau champagnisierte. Die Konversation perlte ohne diese ermüdenden Fragen (»Kommen Sie öfter hierher?« »Verfügen Sie über ein regelmäßiges Einkommen, und wenn ja, womit?«) dahin. Nach zwei Stunden setzte er mich wieder ab, und ich zwitscherte: »Wenn Sie wieder einmal keine Zukunft, aber Champagner dabeihaben, kommen Sie einfach vorbei!« Dann schickte ich ein Luftküsschen nach oben. Denn irgendwie dürfte meine Venus den depperten Saturn außer Gefecht gesetzt haben.

Zumindest kurzfristig. Und das genügte fürs Erste.

Die Maybe-Männer

Unsere Hamburger Freundin C ist das, was man ein steiles Geschoss nennt. Noch weit entfernt von den schroffen Klippen ihrer besten Jahre, Beine, für die man ein Kirchenfenster eintreten würde, Schneewittchen-Mähne, Startexterin und – der Bonustrack schlechthin – völlig zickenfrei. Ein Hauptgewinn in der sexuellen Marktwirtschaft. Dennoch sind ihre Augen frustrationstrüb, sie ist richtig zermürbt von einer nahezu hundertprozentigen Fehlgriffsquote.

Doch, doch, angebaggert würde sie durchaus werden, auch zum Äußersten käme es immer wieder. Aber nachdem so ein KaiHeinzUwe sie unlängst nach dem dritten Date so niedergeschmust hat, dass ihr Gaumenzäpfchen wie ein Hubschrauber-Propeller rotierte, sagte er original: »Ich glaube, das war's jetzt einmal für mich.« Ähnliche Sätze bekam sie in ihrem Einzugsgebiet (Altersgruppe: 30 bis 40) laufend zu hören: »Ich kann das jetzt noch nicht so erwidern, wie du dir das erwartest«, »Du bist toll, aber es ist gerade ein etwas ungünstiger Zeitpunkt« oder »Es war wirklich nett mit dir, ich melde mich nächste Woche.« Wenn Jungs Mädels erklären, dass sie sich nächste Woche melden werden, kann man davon ausgehen, dass das auch schon ihr letzter Funkspruch war. Und das gilt für alle Altersstufen.

»Ich bin ein Opfer der Männergeneration Maybe«, seufzte sie. »Nur unentschlossene Trübtassen, wohin das Auge reicht.«

Wir grübelten über die Herstellungsverantwortlichen dieser Eiertänzer: die Verseuchung des Trinkwassers durch weibliche Hormone und die damit auf Smartie-Format reduzierte Libido? Die alleinerziehenden Mütter, die ihre Juniors in den Prinzenstatus erhoben und ihnen alle Verantwortung abgenommen haben? Die Schadstoffe in den Aluflaschen? Wir waren echt erfinderisch, denn wir wollten vor allem eines nicht: dass unsere liebe Freundin diese Kette von KaiHeinzUwe-Zurückweisungen auch nur irgendwie auf sich beziehen musste.

Merci, chéri!

»Kaffee?«, stand auf meinem Display zu lesen. Die dazugehörige Nummer gehörte dem Nougat. Ich hatte ihn Monate nicht gesehen – obwohl wir nur einen Bezirk auseinander lebten. Zwei Parallelen im Universum, und gut so.

»Kaffee?« war eine neutrale Ansage, »Drinks?« wäre bereits eine Gefahrenstufe höher. Man kennt ja das im Nachhinein fast immer entbehrliche Genre »Sex mit dem Ex« und damit nahezu jedes Boudoir im »Orient«. Wir verabredeten uns im Café »Korb«. Ich entschied mich für einen niederschwelligen Aufbrezel-Faktor, denn der Nougat sollte nicht glauben, dass man sich nur irgendwie an ihn verschwendete. Auch das T-Shirt mit dem Spruch »Ein Jahr gebe ich meinem Psychiater noch, dann geh ich nach Lourdes« ließ ich im Schrank. Witzig sind wir nämlich selber.

Er schenkte mir ein Cinemascope-Lächeln, als ich mich durch die Tische schlängelte und dabei mit meinen Shopping-Beutelchen unschuldige Kaffeeschlürfer verdrosch. »Auch das hat mir gefehlt«, sagte der Nougat und verschränkte seine endlos langen Beine. Der Blick auf einen Kahl-Kreis auf seinem Hinterkopf, der sich inzwischen von Pfütze zu Ententeich entwickelt hatte, rückte mich wieder in die Contenance. Weiters unterstützend wirkte, dass er so miefige Sätze wie »Da stimmt das Preis-Leistungs-Verhältnis noch…« abließ und vor der Tür einen geschmacklich diskussionswürdigen Flitzer geparkt hatte, der nach virulenter Midlife-Crisis schrie.

Unter uns: Die Veranstaltung war für beide Parteien enden wollend. Am Abend fühlte ich mich ein wenig melancholisch, aber auch befreit. Denn die deprimierende Belanglosigkeit dieses Treffens hatte ein Leeregefühl zur Folge, das den Nougat-Mythos endgültig entzauberte. Wie erfrischend! Ich trank auf seinen rührenden Ententeich und flüsterte: »Merci, chéri!«

Bitte eine Erdspalte

Eine Premiere in meiner kleinen Biografie. Ein männlicher Mitbürger hat mich in seine Höhle zum Verzehr von Selbstgekochtem eingeladen.
Man ist entsprechend aufgeregt. Weil der Mann einem nicht ganz egal ist, sich aber gleichzeitig ein Quäntchen kulinarischer Argwohn breitmacht. Wo ist der schnellste Weg zum Notausgang, wenn er, mit einem originellen Hier-kocht-der-Chef-Schürzchen am Leib und vor Stolz berstend, mit fettem Käse überbackenen Schellfisch oder Hühnchen Hawai kredenzt?
Der depperte Saturn war offensichtlich außer Dienst, denn ich bekam eine Mahlzeit serviert, die Sarah Wiener und Jamie Oliver beim exzessiven Turteln miteinander ausgeheckt haben könnten. Pesto-gefüllte Tintenfischchen, Rotbarben an Fenchel-Orangen-Pipapo, Champagner-Sorbetscherl, Zitronen-Tarte. Während unsereins bei der Erstellung einer solchen Speisenfolge in Stress und Chaos implodieren würde, meisterte der männliche Mitbürger das Programm souverän-elegant. Als ich aufspringen wollte, um bei der Geschirrversorgung zu assistieren, drückte er mich nur in den Stuhl und flüsterte: »Sag der kleinen Hausfrau in dir, dass sie heute Ausgang hat.«
Ich nützte die Pause, um D einen Frontbericht auf ihrer Mailbox zu deponieren. Schön, dass man innerlich immer 16 bleibt. »Schatzi, möglicherweise outet sich der Typ in Bälde als Strache-Wähler, begeisterter Paintball-Spieler oder möchte, dass ich ihn an den Heizkörper fessle – aber kochen kann er.«
Dann erstarrte ich, denn er stand grinsend hinter mir: »Ich wähle liberal, leide an einer unheilbaren Schienen-Allergie und habe leider nur eine Fußbodenheizung anzubieten. Sonst noch irgendwelcher Erklärungsbedarf?«
Verdammt. Außer massiv zu erröten, fiel mir wenig ein und ich flötete nur: »Wo geht's hier bitte zur nächsten Erdspalte?«

Ein bisschen Tiffany

Ich hatte Besuch aus New York. Ein Crash-Opfer. Mit seinen letzten Bonus-meilen war Bob nach Wien geflogen, um ganz viel nachzudenken.

Über ein Leben ohne BMW Z3, Haus in den Hamptons und anorektische Fast-Supermodels, die gerne Broadway-würdige Veitstänzchen aufs Parkett legten, wenn Bob (41) verkündete, dass er noch viel zu jung wäre, um sich langfristig zu binden. Es gab Zeiten, da wanderte der saucoole Investment-Bob mit zwei Bodyguards um den halben Erdball, weil er Jungs in der Ukraine so abgezockt hatte, dass die lokale Mafia ihn auf ihrer Shitliste sehr weit vorne positioniert hatte.

»Es ist eigenartig«, sagte er nach einer dreitägigen Schlafkur in unserer Paris-Hilton-Suite, dem sehr rosa Fortpflanz-Zimmer, »ich habe nichts mehr und fühle mich plötzlich so frei.«

»Solange du nicht wie Diogenes in ein Fass ziehen möchtest oder dir à la Francesco von Assisi den Schädel kahl rasierst und alle Tiere in Schönbrunn befreien willst, ist das doch ein erfrischender Zustand…«

Und dann spielten wir eine Woche das Spaß-mit-zehn-Euro-pro Tag-Spiel: Wir durchpflügten den wilden Teil des Praters, zauberten Arme-Leute-Küche auf höchstem Niveau, starteten einen DVD-Tauschhandel mit meinen cinephilen Freunden und tranken in Zigeunerkaschemmen im finstersten Simmering. Als ich ihn zum Flughafen brachte, flüsterte er: »Danke, das war wie St. Barth für die Seele. Versprochen: Ich werde wieder auf die Beine kommen.«

Ich umarmte ihn: »Die gute Nachricht: So flach wie jetzt bist du mausetotes Gebiet für dauerzickende Fast-Supermodels. Deine Nerven werden's dir danken.«

Als ich nach Hause kam, fand ich eine mintgrüne Tiffany-Schachtel auf meinem Bett mit einem hinreißenden Armband: »Das habe ich der letzten Hysterikerin rechtzeitig nicht geschenkt – all yours Bob.« Ich heulte los. So viel Hollywood gab's schon lang nicht mehr zum Abendbrot.

»Papa ist gleich bei dir«

Der Klingelton der »Neunten« bot die passende dramatische Untermalung für die folgenden Gespräche. Gespräche, die im Minutentakt stattfanden. Da-da-da-da!

»Ja, mein Liebes... Natürlich, ich vermisse dich auch, Mäuselchen... Wärm doch schon einmal das Bettchen vor... Küsselchen, Küsselchen!« D verdrehte die Augen bis weit über die Lidkappen, schaffte es aber dann doch nicht, seine Beziehungsnabelschnur abzudrehen oder auch nur an die Wand zu knallen.

Wir enthielten uns elegant des Kommentars. Ansonsten pflegt man angesichts eines solchen Liebes-Abyss, der in Richtung pathologische Symbiose geht, zu sagen: »Hauptsache, sie sind glücklich!«

Wir kamen gerade einen halben Gin Tonic weiter, als Beethoven wieder Laut gab. »Honigbärchen... Ja, gleich... Das Taxi habe ich schon bestellt... Nein, vor der Tür kann gar kein Einbrecher stehen. Die sind doch nicht blöd, diese Kleinkriminellen. Bei uns gibt's doch nichts zu klauen... Ja, ja, Papa ist gleich bei dir... Dann bist du sicher.« D nahm noch einen Schluck, hob hilflos die Schultern und machte den Abgang.

Wir hielten ein paar Schweigesekunden für jene Mitbürger, die im Würge- griff derartiger neurotischer Zuwendungen zappelten. Dann sagte meine Freundin K, staubtrocken wie immer: »Wenn Beziehung so ausschaut, dann möchte ich das auch ganz dringend unter dem Weihnachtsbaum liegen haben.« Am nächsten Morgen sollte sie ihr Parship-Profil für immer löschen.

Zehn Minuten später nahm D wieder in unserer Runde Platz. »So, Freunde der italienischen Oper«, sagte er, »wie hieß dieser idiotische Spruch? Liebe ist, wenn du nie um Verzeihung bitten musst. In diesem Sinne!« Er kramte sein Überwachungsgerät aus der Manteltasche und versenkte es andächtig in dem Rest von seinem Gin Tonic, der glücklicherweise noch auf dem Tisch stand.

Nicht zu spät ins Bett!

Ibiza muss die Hölle sein. Vor allem, wenn man als quietschfideler 50-plus-Senior mit seiner 18-jährigen Tochter und der neuen Geliebten im Schlepptau in das Inselwesen sticht. Und ganz vor allem, wenn die Neue sich altersmäßig nur unwesentlich vom eigenen Kind unterscheidet (24 Lenzchen!).

»Hört einmal, Mädels, was haltet ihr von einer schönen Wandertour durch das Bergland?«, will der aufgeräumte Senior beim ersten Vitamin-Smoothie von seinen Begleiterinnen wissen.

»Hey, voll öd«, findet das eigene Fleisch und Blut, »gibt's hier nicht auch so eine Art Nikki-Beach?«

»Die Natur in der Obstschüssel finde ich eigentlich ausreichend«, nölt die Mätresse. »Ich will in die Stadt zur Pareo-Sondierung.«

»Auja, brauche Pareos und neue Flip-Flops«, ist die Tochter ganz enflammiert. »Lass uns zum Shoppen stechen!«

Und so begab es sich, dass ein Mann, der sich durch die Alterskategorie seiner Lebensabschnittspartnerin einen jugendlichen Anstrich verleihen wollte, ein bisschen mürbe aus der Wäsche sah. Besonders abends, wenn ihm die Mädels, aufgebrezelt wie Lady Gagas Kammerzofen, einen Kuss auf die Stirn drückten, ein joviales »Bleib uns bloß nicht zu lange auf!« hauchten und im Sauseschritt ins Schaumpartygetriebe düsten. Während unser steiler Hecht den Abwasch zu Beethovens »Neunter« (angeblich ein Fräulein Leonore aus Grinzing) erledigte und ein wenig im neuen Kehlmann schmökerte.

Richtig komisch wurde es aber dann, als unser Freund gegen sechs Uhr morgens eine Johnny-Depp-Variation eingerollt auf dem Sofa vorfand. Und dieser Depp hatte mindest fünf Knutschflecken-Kontinente in der Halsgegend aufzuweisen.

Wer für unseren 50-plus-Hengst jetzt als Urheber der Liebesmale das kleinere Übel verkörpert hätte, war bis dato leider nicht herauszufinden.

Superfritzens Exodus

»Breaking News: Stell dir vor, der Super-Fritz hat sein Glück in die Luft gesprengt!« Kunstpause, F wollte den Info-Vorsprung nach allen Regeln der Natternkunst auskosten.

»Wie denn das?«

»Mit einem Airbag-Fräulein aus dem Postbüro…« So war ihr Terminus für Damen mit prominentem Vorbau.

»So ein garstiger Testosteron-Dinosaurier!«, log ich. Denn völlig frauenunsolidarisch konnte ich Super-Fritz sogar verstehen. Er hatte wahrscheinlich Dauersodbrennen wegen des Glücksterrors, den unsere gemeinsame Freundin K auf ihn ausgeübt hatte. Sie hatte den armen Fritz wie ein Staubsauger in ihre Puppenhauswelt eingesaugt. Super-Fritz musste ständig als Versuchskaninchen für noch farbenfrohere Vegan-Rezepte herhalten und jedes Karfiol-Avocado-Mousse wie einen Durchbruch in der Krebsforschung laudatieren. Er wurde in Theaterstücke geschleift, in denen vier Stunden lauthals und unter Einsatz von Farbkübeln nichts passierte. Er musste K's völlig ungezogenen Kindern ein Montessori-kompatibler Patchwork-Vati sein. Es wurde von ihm auch verlangt – welch ultimativer Kastrationsakt! –, mit K Pilates-Stunden zu besuchen. Und dann sollte er – trotz Mega-Stress – noch ständig kundtun, wie glücklich ihn das alles nicht mache. Und wie wertlos, inhaltsleer und grau sein früheres Leben als Normalo-Fritz eigentlich gewesen war.

Das funktionierte eine Zeit lang auch wie am Schnürchen. Deswegen nannte ihn K ja auch Super-Fritz. Die Airbags des Postfräuleins (oh Gott, das klingt sehr nach »Mad Men«) waren da wahrscheinlich nur ein Vorwand, um endlich einmal wieder ganz normal unglücklich sein zu dürfen. Und dabei blutiges Fleisch zu essen. Und einen Tag einfach nur im Bett zu bleiben. Und alle Hausschuhe, die sie ihm gekauft hatte, brennend aus dem Fenster zu werfen. Der von den altlinken Klugscheißern so gerne strapazierte Adorno-Spruch »Es gibt kein richtiges Leben im falschen« trug einfach eine große Wahrheit in sich.

Strindberg goes Ikea

Gemeinsam torpedieren wir das Körpertelefon mit finsteren Blicken. So
hoffen wir dem Terror Einhalt zu gebieten. Das Handy pfeift uns was.
Schicksalsergeben hebt mein Freund Z ab: »Jaha, bitte?!« Dem folgenden
Dialogmuster hatte ich in den letzten Tagen x-fach gelauscht.
Z's taufrische Ex, eine Schwedin mit Hang zum Reality-Strindberg, brüllt:
»Gib mir eine zweite Chance! Du hast doch noch vor zwei Wochen
behauptet, dass du mich liebst …«
»Selma«, sagt K dann in einem Tonfall, den Wärter vor dem Anlegen des
»Retourpullovers«, so das schöne Wiener Synonym für Zwangsjacke,
zur Anwendung bringen, »Selma, bitte begreif endlich: Es ist aus zwischen
uns …«
»Warum, warum, kreisch, schluchz …«
»Es liegt nicht an dir, sondern an mir …«
»Du Schwein! Wie konntest du nur so mit meinen Gefühlen spielen?«
Eine schwedische Fluchsalve erklingt, die an die Vornamen von
unbehandelten Ikea-Möbeln gemahnt. Dann knallt sie mit der Drohung
»Glaub nicht, dass du mich so leicht los wirst …« den Hörer auf.
Zur Ermunterung knalle ich jetzt Aretha Franklins »Drinking Again«
in den CD-Player und tüchtig Whisky auf den Tisch. »Warum sprichst
du überhaupt noch mit ihr?«
»Weil sie sonst alle meine Freunde terrorisiert oder gar meinen Saab mit
ihrer Nagelfeile behandelt …!« Der bloße Gedanke an den vandalisierten
Saab zerrüttet Z jetzt vollends.
Beim nächsten Anruf deale ich mit Selma: »Hören Sie, meine Liebe«,
erklärte ich ihr, »der Mann ist doch ein solches Kaliber wie Sie gar nicht
wert. Der droht doch schon jetzt aus dem Leim zu gehen, und in ein
paar Jahren braucht er keine Geliebte, sondern eine Krankenpflegerin.
Glauben Sie mir, die sexuelle Markwirtschaft hat Besseres im
Angebot …«
Die Nummer wirkt bei Selma pädagogisch äußerst wertvoll. Nur
Z findet plötzlich, dass die Basis unserer Freundschaft dringend zu
überdenken wäre. Diese undankbare Nuss!

Aszendent Checker

»Sie ist so arm, ganz arm ist die. Eigentlich kann die gar nichts. Sie lebt
auf 38 Quadratmeter und isst tagelang nur Gemüseeintopf. Ihr einziger
Luxus im Leben ist ab und an ein Lachyogaseminar oder eine kratzige
Fairtrade-Bluse.« P überschlug genießerisch ihre Beine und betrachtete
ihre sicher frivol ungünstigen KFB's (Kompensation-für-erlittene-
Frustrationen-Böcke) mit großem Wohlwollen.

»Schatzi«, unterbrach ich sie, »welcher Planet, welches Stück? Oder
ganz banal: Von wem sprichst du?«

Schrotsalven von Blicken, die in einer Freeze-Frame-Variante von einem
mündeten, den Katzen tragen, nachdem sie ihren Quartiergebern eine
Maus vor die Füße geknallt haben. »Na, von wem wohl? Der Großfürstin
beider Sizilien? Nein, ich red von dem Hilfsprojekt, das der Kurti gerade
auf seiner Priority-Liste stehen hat...«

Kurti war in unserem Sprachgebrauch der Überbegriff für einen besser
Verflossenen, der aber dennoch eine schmerzhafte Lücke hinterlassen
hatte. Dieser Phantomschmerz musste dann meist mit posthumer Herab-
würdigung behandelt werden.

»Dass so ein Weichei wie der Kurti sich dann auch noch eine solche
Hascherl-Prinzessin um den Bauch bindet, kapier ich einfach nicht.«

»Mit dem Modell fühlt sich der Kurti einfach einmal so stark, wie er sich
mit dir nie fühlen konnte«, spendete ich beherzt Trostlosigkeit. »Da
hat er endlich einmal den Aszendent Checker, den du ihm nie vergönnt
hast.«

»So ein cochonesloser Voll-Verlierer!« Jetzt begann Trauer sich Bahn zu
brechen, denn ihre Oberlippe zitterte.

»Sie hört sicher Enya, macht sich um den Regenwald Sorgen, ordnet ihre
Gewürze nach dem Ablaufdatum und wirft eine bequeme Scholl-Sandale
über, wenn sie vom Underachieving nach Hause kommt.«

»Ja«, brüllte sie jetzt begeistert los, »Enya, Scholl-Sandalen, wahrscheinlich
hat sie auch eine Katze mit einem italienischen Vornamen. Was will man
eigentlich überhaupt von einem Mann, der einen solchen Frauengeschmack
hat?!«

Vor lau graut mir

Ich sprang Trampolin auf C's Geduldspotenzial. Denn zu Callas-Arien warf ich die Garderobenreste (Schuhe, Boxershorts, hässliche Pullover) meines Verflossenen aus dem Fenster.

»Schätzchen«, sagte C jetzt mit einem ziemlich scharfen Unterton in der Stimme, »nichts gegen Pathos. Aber man kann die Angelegenheit natürlich wahnsinnig übertreiben.«

»Kann ich hier bitte in aller Ruhe meine kleine Trauerarbeit leisten«, kläffte ich zurück. »Ich habe keine Lust, irgendwann das schaurige Opfer meines Verdrängungsmechanismus zu werden. Denn die Schatten der Vergangenheit holen einen immer ein.«

»Männer würden sich nie so zum Affen machen«, sagte C jetzt. »Weißt du, wie die ihren Liebesblues bewältigen?«

»Lass mich raten: Sie braten sich ein blutiges Steak, trommeln ihre besten Freunde zu einem Pokerabend zusammen und stauben dann, fröhlichgesoffen, in die Prärie, um sich die nächstbeste Squaw zu angeln und dann mit ihrer Hilfe rhythmisch zu vergessen.«

»Bingo, so läuft's in etwa ab. Sollte uns das nicht langsam eine kleine Lehre sein? Ich meine, geh zum Friseur, steche zu »Chegini«, kauf dir ein paar obszön teure Klamotten und fang dir eine heiße, aber emotional unbedeutende Affäre mit deinem Yoga-Lehrer an … Aber hör auf, in deinem Selbstmitleid ein Vollbad zu nehmen.«

»›Der Schmerz ist der größte Lehrer des Menschen‹«, ließ ich C jetzt bedeutungsvollschwanger wissen. »Hat einmal ein tibetanischer Mönchguru gesagt. Und auch Herr Goethe hatte recht, wenn er feststellte: ›Vor lau graut mir!‹ Nur wer sich in der Liebe ohne Rücksicht auf Verluste die Tiefen gibt, kann auch die Hochschaubahn der Gefühle erleben.«

»Das ist aber alles furchtbar anstrengend«, gab sich C noch einmal hilflos pragmatisch.

»Sind wir auf die Welt gekommen, um uns zu erholen?« fragte ich dann. Jetzt ließ sie einen Seufzer der Resignation durch gespitzte Lippen entweichen, warf mir dann einen Blick voll zärtlicher Resignation zu und dann einen der verbliebenen hässlichen Pullover aus dem Fenster.

Der Croissant-Orgasmus

Ich habe mir zu einem unaussprechlichen Geburtstag ein Monat Paris geschenkt. Natürlich kamen die Mädels zu Besuch. Und schon hatten wir den Index der Perversionen um eine neue Facette bereichert: den Croissant-Orgasmus.

Wenn ich meiner Damen-Gang die Butterbomber von Monsieur Rudolph Landemain aus der Rue des Martyrs auf den Frühstückstisch knallte, gaben sie nach dem ersten Biss Geräusche von sich, die selbst Serge Gainsbourg die Schamesröte ins Gesicht getrieben hätten. »Auf meinen Hüften wird sich lange nichts mehr so Grandioses breitmachen«, stöhnte E in der totalen Andacht. »Das ist Sex mit Kalorien.« Es ist aber nicht so, dass wir hier nur völlerten. Dazwischen tranken wir auch. Oder bewunderten die Pariser, die selbst bei dichtem Schneeregen vor den Cafés unter den Heizlampen sitzen, um in aller Gelassenheit ihrem Faible für Nikotin-konsum in sehr kurzen Intervallen nachzukommen. Wir ließen uns die Zeit durch die Finger rinnen. So viel Zeit muss sein, denn das ist der größte Luxus auf Erden.

Natürlich wird man nach all den hedonistischen Exzessen wieder zu Hause im Gemüsebrühen-Bootcamp einchecken müssen, aber das fiel jetzt nicht ins Gewicht. Denn »Es ist immer jetzt«, um Michael Heltau zu zitieren. Auf einem Nebentisch in einer Brasserie stritt sich gerade ein Paar auf das Heftigste. Sie sprang auf, fetzte ihm die Serviette um die Ohren und brüllte so laut, dass die Kellner im Spalier applaudierten: »Vas te faire cuire un œuf!« Wie ich später herausfand, kam diese harsche Aufforderung an den Mann, sich doch einfach ein Ei zu kochen, dem höchstmöglichen Grad der Verachtung gleich. Denn diese Phrase hat die gleiche Bedeutung wie unser »Rutsch mir doch einfach den Buckel runter«.

In der Grande Nation, in der Mahlzeiten Hochämtern gleichkommen, scheint also der Verzehr eines einfachen Eis zu den härtesten Strafen zu gehören, die man einem widerborstigen Lebensabschnittspartner nur wünschen kann. Mein ansonsten so tadelfreies Verhältnis zu Eiern ist seit diesem Zeitpunkt empfindlich gestört.

Unglück auf Urlaub

»Wieso hast du meine Tabletten vergessen?«

»Na, weil es, wie du ganz richtig sagst, deine Tabletten sind.«

»Evchen, so wie du mit mir umgehst, fühlt sich das nicht richtig an.«

»Ah, plötzlich werden wir dann doch sensibel. Aber nur wenn es um dich geht.«

»Warum bist du denn jetzt wieder so maximal empfindlich?«

»Ich lass mir von dir jetzt sicher nicht die Aussicht auf das schöne Meer verderben.«

»Du hast sie mir bereits verdorben. Volle Kanne.«

Sie schweigen, bis das Essen, eine riesige Fischplatte, aufgetragen wird. Evchen nimmt einen Stimmungsheber-Anlauf: »Mhmm, sieht lecker aus.«

»Das Zeug kommt sicher tiefgekühlt aus Grönland. Wegen der weiten Anreise auch der Preis.«

»Ein Wolfsbarsch in der Antarktis? Du hast sie ja wohl nicht alle!« Jetzt knallt sie die Gabel auf den Fisch, Tränen spritzen, sie versucht etwas zu sagen, springt dann aber auf und läuft in das Lokal. Der Mann (wahrscheinlich ein Helmut oder Erich) hebt nur erschöpft die Achseln. Sein Blick erzählt, dass Ehehöllen leider transportfähig sind und man sie nicht einfach am Abflugsort in der Gepäcksaufbewahrung zurücklassen kann. Nach einigen Minuten kehrt sie mit rotgeweinten Augen an den Tisch zurück. Helmut / Erich beginnt den Fisch zu tranchieren: »Was gibt's denn hier zu heulen, Bärchen? Guck doch einfach mal länger in die Zeitung – all die armen Flüchtlinge –, dann siehste gleich, wie verdammt gut es uns geht.«

»Was ist denn das jetzt wieder für'n Zugang? Mich dann gut fühlen, wenn die halbe Welt verreckt?«

»Das nennt man positiv denken, du Dummerchen.«

»Heinrich, mir graut vor dir.«

Der Satz war zwar direkt aus Goethes »Faust« geklaut, aber auch die brauchbarste Ansage, die wir bislang von Evchen kriegen konnten.

Frühlingshühnchen-Abstauber

Nun gut: Aus der Sicht der Männer können wir durchaus nachvollziehen, dass deren weibliche Zielgruppe weit unter der eigenen Altersklasse liegt. So ein Frühlingshühnchen an der Seite, das Pillen ausschließlich zum Zweck der Verhütungsstrategie einwirft, Bandscheiben für ein Frisuren-accessoire und Johanna Dohnal* für eine Comicfigur aus Entenhausen hält, übertüncht den Jammer über die eigene Vergänglichkeit. Aber was geht in diesen Frauen vor, die ihre Jugend an 30 Jahre betagtere Säcke hängen? Schließlich ist jede Altersgruppe von spezifischem Freizeitverhalten geprägt. Ältere Menschen haben Freude daran, komplizierte Mahlzeiten zu kochen, bedeutungsschwer an alten Weinen zu nippen, im Sommer nach Bayreuth oder Salzburg zu fahren und Wirbelsäulenschulen zu besuchen; die Generation davor will einfach nur Wirbel, hört Bands wie Bilderbuch, tindert, glüht vor, zwischen und nach, raucht lustige Zigaretten aus unmedizinischen Motiven und besucht unbestuhlte Konzertveranstaltungen. Ich für meinen Teil wäre als Mitzwanzigerin lieber erkaltet über dem Gartenzaun gebaumelt, als mich an so einen mountainbikenden, Musik-verein-abonnierenden 50-plus-Greis zu verschleudern, der noch vor Mitternacht von einer gemütlichen Weinverkostung nach Hause will, weil er am nächsten Morgen früh raus muss.

Ich fragte meinen Freund P, einen Frühlingshühnchen-Abstauber der fiesesten Sorte (mit seinem fortschreitenden Alter werden die auch noch immer jünger!), welche diabolische Logik hinter diesem Konzept steht. Sein Blick trug die Sprechblase »Samma ein bisserl neidig?«. Er selbst sagte nur extratrocken: »Es ist ganz einfach: Sie hat einen Vaterkomplex und ich schlaf gern mit Frauen, die rein theoretisch meine Tochter sein könnten. Eine Win-win-Situation.«

An dieser schlichten Formel gibt es interpretatorisch wenig herumzudoktern. Ich war etwas angeekelt, aber schon wieder nicht klüger.

---

* Johanna Dohnal war 1990 Österreichs erste Frauenministerin.

Zwinker-Smiley-Desaster

Das Spektrum der Menschenrechtsverletzungen wird eben um eine Facette erweitert: K wartet auf eine SMS-Antwort von einem Herrn. Und ich bin ihr dabei ausgesetzt. Ich versuche, dennoch Konversation mit der Frau zu machen, die sich wie Kate Winslet in »Titanic« an die Holzplanke im Eismeer an ihr iPhone klammert. Selbst als ich ihr Bouillon zur Kräftigung einflöße, lässt sie das Teil nicht los. Schließlich sind schon vier Stunden und 27 Minuten in die Menschheit gezogen. Da möchte sie wissen, wann sie punktgenau nicht gleich reagieren soll, um zu demonstrieren, dass man so was wie ein Leben hat, das auch herrenlos durchaus erfüllenden Charakter besitzt. Aber dass dieser Kerl, in dessen Bleibe sie unlängst erfolgreich ihre Abschminkutensilien geschmuggelt hat, ihr schon vier Stunden und 28 Minuten auf eine Frage, die durchaus Mut erfordert hat, wenn nicht emotionalem Exhibitionismus gleichkommt, betont nicht geantwortet hat, kann man durchaus noch auf die Desaster-Liste des ausklingenden Jahres setzen.

»Vielleicht ist er ja von Militärputschisten in der Innenstadt aufgehalten worden?« versuche ich zur Contenance zu rufen. Und beschließe als Neujahrs-Vorsatz Numero uno, dass Würde in allen Lebensbelangen kein Frei-, sondern ein Pflichtgegenstand sein muss.

K trinkt weiter Kette Gin ohne Tonic. Sie wirkt dabei wie ein Rüsseltier in einem Zoo, dem schon lange die Subventionen gestrichen wurden. Und dann das erlösende Zauberklingel-Geräusch. Sie springt auf und läuft gleich Messi nach einem matchentscheidenden Türl durch meine Wohnung. Siegesgesten, Freudentränen.

Ihre Frage an den Herrn hatte übrigens gelautet: »Was machst du zu Silvester?«

Und die Antwort dazu war: »Weiß noch nicht. Und du?« Plus Zwinker-Smiley.

Vorsatz Nr. 2 für 2016: Hüte dich vor Menschen, deren emotionales Alphabet von Zwinker-Smileys durchsetzt ist.

Bonnie, Bonnie Adler

Es begab sich, dass sich ein New Yorker Verflossener in unsere kleine Stadt kam. Der Mann hatte vor langer Zeit Glamour in mein Leben gebracht, denn er zählte zu der Liga der JAPs (Jewish American Princes), hatte IQ und Charme für einen Turnsaal. Kurz: Er war so großartig, dass man ihn nicht für sich alleine haben konnte, weswegen ich mich irgendwann einmal aus der Nummer ausgeklinkt hatte.

Auf der Durchreise von Moskau nach New York klingelte er mich nach Jahren der Funkstille an. Wir verabredeten uns bei einem Heurigen, und schon bei den Solettis an Liptauerdialogen registrierte ich seine Unruhe. Jeden Gast scannte er mit gehetztem Blick; dauernd starrte er auf sein Handy.

»Ich möchte dich jetzt wirklich nicht nervös machen«, erklärte er jetzt, »wirklich gar kein Grund, sich zu beunruhigen, aber ich stehe auf der Todesliste der russischen Mafia.«

»Dann lass ich den Apfelstrudel vielleicht doch aus«, antwortete ich, denn noch hoffte ich, dass es sich um simple, drogenbedingte Paranoia handelte. Njet. Mein JAP hatte einfach in Moskau jene Herrschaften, deren Einnahmen definitiv nicht aus dem Nachnahmeversand von Plüschtieren bestand, bei Spekulationen so ausgetrickst, dass Milde das Letzte war, was sie im Zusammenhang mit ihm auf ihrer Liste stehen hatten.

»Hast du den Mut für einen Drink im Bristol«, fragte er jetzt. Kurz bemächtigte sich meiner eine gewisse Bonnie-&-Clyde-Fantasie, dann siegte die Feigheit. In diesem Moment betraten zwei aufgepumpte Henker mit schwarzen Blues-Brother-Brillen den Raum und ich warf mich mit dem Kampfschrei »Eat the floor!« unter den Holztisch. Den Slogan kannte ich aus »Beverly Hills Cop 2«.

Der eine Pump-Guy flüsterte dem anderen: »Na, servas, Karli, die Oide is ma nimmer wurscht!«

»Gugging sagt laut servus«, antwortete der andere.

Todesliste hin oder her: Jetzt brauchte ich meinen Drink im Bristol.

Es grüßt Bonnie, Bonnie Adler.

Glühende Fingerkuppen

Neulich bei einem Abendessen in einer Galerie war der Zufall verdammt gut drauf: Er schenkte mir einen wirklich hinreißenden Tischherrn, der weit über den Mindestanforderungen (aufrechter Gang, ganze Sätze, das Führen von Messer und Gabel ohne Verletzungsgefahr) lag. Der Smalltalk perlte wie der Sprudel auf allerhöchstem Niveau – bis knapp nach dem zweiten Gang.

Piepiep. Der Tischherr hatte einen Kurznachrichten-Eingang, der sich in die Länge ziehen sollte. *Piepiep.* Conversatio interruptus. Und zwar in dreiminütigen Intervallen. »Kleine Krise«, murmelte er, während seine bereits glühenden Fingerkuppen über die Tastatur schnellten. »Sie will sich schon wieder einmal trennen.«

»Und um das mitzuteilen, braucht man so viele Buchstaben?«

»Frauen«, nuschelte er, »sind ja solche Aufmerksamkeits-Junkies…«

»Bingo«, sagte ich und wandte mich jetzt leicht beleidigt an mein weit weniger hinreißendes Gegenüber, das aber einen entscheidenden Vorteil hatte: Er war Handy-nackt und durchaus der direkten Kommunikation zugeneigt. »Ich finde«, sagte ich, »dass Telefon-Verkehr bei Essen eine grobe Unhöflichkeit ist. Ausnahmen gelten für US-Präsidenten, auf Organe von Unfallopfern harrende Transplantationskandidaten und Herren, deren Damen knapp vor der Niederkunft stehen…«

»Entschuldigung«, seufzte der Ex-Hinreißende jetzt gänzlich unbeirrt, »ich brauche Ihren Ratschlag. Wie meint sie das?« Er hielt mir die letzte SMS vom Krisenherd hin: »Fahr zur Hölle und ruf von dort nie wieder an!«

»Ein klares Liebesbekenntnis…«

»Bitte wie?«

»Sicher. Und der Schrei nach Höchstleistungen – Rosen bis zum Abwinken, Minnegewinsel vor dem Fenster –, das ganze Programm.«

Der bloße Gedanke an diesen Aktionismus ermüdete ihn jetzt. Er winkte einem Ober, drückte ihm das Telefon in die Hand und wandte sich an mich: »Wo waren wir zwei Hübschen stehen geblieben?«

Hallo, Nichtbeziehung

Der neueste Liebestrend unter den Erwachsensein-Verweigerern ist es, eine Nicht-Beziehung zu haben. Ich habe jetzt zwar schon länger ein Zweitkind, das sich in der Frisurgestaltung nur unwesentlich vom Erstkind, dem Fortpflanz, unterscheidet und es im Hotel » Zur fröhlichen (Schwieger)Mutter«, also in unserer WG, auch sehr gemütlich findet, aber es ist für beide ur-ur-uressenziell, dass man nicht offiziell f. z. (» fix zam«) ist. Um einfach dem Beziehungsstress (Plakatierung des Glücks auf Facebook, all diesen »Was ist das eigentlich jetzt für dich?«-Gesprächen) zu entkommen.

In einer Nix-is-fix-Beziehung liefe einfach alles viel anstrengungsfreier. Mein Installateur umschrieb dieses Gefühl jüngst angesichts einer Abflussproblematik mit einem poetischen » Schau ma einmal, was ma sehen werden.« Eine Nicht-Beziehung beginne auch schon einmal besser, denn man kann die Dating-Hölle der Balzperiode »ganz chillig« sausen lassen. Stattdessen trifft man sich im Pulk in einem Club oder in einer Bar wie dem »Kreisky« in Wien-Neubau. So bliebe alles schön locker vom Hocker.

Ich muss das sofort all jenen Damen erzählen, die ihre Internetz-Fänge bei oft sehr verkrampften ersten gemeinsamen Nahrungsaufnahmen auf ihre Realitätskompatibilität überprüfen. Mit dem häufigen Fazit, dass die feschen fad sind, die optischen Trostpreise lustig, aber erotisch trostlos, die an sich perfekten leider noch eine Hauptfrau im Rennen haben und so weiter.

Vielleicht sollten wir uns alle von unseren Hugh-Grant-Julia-Roberts-Fantasmen endlich verabschieden und entspannt auf den Nicht-Beziehungs-Zug hüpfen. Das Konstrukt scheint ganz gut zu funktionieren, denn jetzt sind die zwei löwenmähnigen Kinderchens schon ein halbes Jahr nicht zusammen und recken oft ganze Tage nicht ihre Nasen aus der Pforte des für mich unter Betretverbot stehenden Westflügels.

Duracell-Retriever, verdammte!

Danke, es reicht. Der TV-Werbeblock: eine einzige Ode an die funktionierende Kernfamilie. In verglasten, in Cremetönen gehaltenen Fertigteilhäusern, deren Rückzahlung mit Sicherheit nicht durch den Kursverfall von Fremdwährungskrediten in Schieflage geraten ist, kehren Familienväter mit hochaufgeschlagenen Mantelkrägen und schicken Dreitagebärten nach des Tages Müh heim. Die Golden Retriever wedeln, als ob sie eine Packung Duracell-Batterien verschluckt hätten; die in weiße Blusen gehüllten Strähnchenblondinen verköstigen schon patentissimo lächelnd die Kindermeute mit raffiniert schmeckenden, aber in der Herstellung unkomplizierten Asienpfannen und hauchen dann den Vatis ein nicht unfrivoles Küsschen auf das Bart-Stoppelfeld.

Und, ja, verdammt: zwei bis drei Tränchen, weil in meinem Wohnzimmer weit und breit keines von diesen angeblich sowieso brunzdummen Viechern Duracell-Salti schlägt. Und nicht einmal die Leuchtketten verströmen durch leises Blinken Hoffnung auf dem Balkon. Ich find sie nämlich nicht und nirgends, die depperten Leuchtketten. Und deswegen stehe ich jetzt in einer Riesenschlange in einem Baumarkt, bekanntlich dem Pornoshop des kleinen Mannes. Eingekesselt von graugesichtigen Familienvätern, deren Telefonknochen immer wieder aufjaulen, weil die jeweilige »Meinige« anruft. Und dann ungefähr so: »Ja, Schatzi, eh … Was soll i denn machen … Hearst, bist du a von wo … Da san Leut', sehr viel Leut'… Na sicher net … Des kannst da pinseln … Na, die g'spritzten Energiesparlampen kauf i sicher net … Die Schwindligen in Brüssel, na wirklich net … Jajajanaja … Geh, red mir's in a Sackl und stell mir's vor die Tür.«

Die Lebenssäfte schossen mir wieder ein. Meine Serienheilige Nanny Fine hat ja so recht, wenn sie sagt: »Wenn es dir schlecht geht, triff einfach Menschen, denen es noch viel schlechter geht.«

Bloß keine Zirkushochzeit

Eigentlich wollte meine Freundin M am liebsten in der Mittagspause in einem Juteschlauch von Kleid heiraten, mit maximal dem Briefträger als Trauzeugen und einem Spraynelken-Arrangement von der nächst gelegenen Tankstelle als Brautstrauß. Doch das wollten wir ihr dann doch nicht durchgehen lassen. Dezenz gilt ja in Bühnenkreisen bekanntlich als ein Zeichen von Schwäche.

»Ihr werdet aber sicher keine dieser affigen Zirkushochzeiten von mir kriegen.«

»Natürlich nicht«, schüttelten wir im Wackeldackel-Gleichklang die Köpfe, »keine Hochsteckfrisuren, keinen Mafiaprinzessinnen-Fummel, keine hysterischen Anfälle, weil die Farbe der Servietten mit der Blumendekoration nicht korrespondiert. Standesamt, kleines Essen, engster Kreis und tschüss.«

Im britischen Bräutigam fanden wir einen prächtigen Verbündeten. So kam es, dass sieben Menschen aus dem englischen Königreich für die Wiener Feierlichkeiten in meiner Wohnung zwischengelagert wurden. Eine Woche lang lebten wir im Woodstock-Modus – Schlafsäcke, Schnurren am laufenden Band in Alkoholbegleitung, viel Gekicher, Eierspeisen in Regimentsgröße, Warteschlangen vor den Nasszellen. Am schönsten Tag im Leben einer Frau gab es dann doch ergreifende Reden, bis der Arzt kam, scheußliche Geschenke, wie es sich eben gehört, und alle heulten. Gott sei Dank trug ich einen Hut, unter dem sich meine Tränen-Ströme verstecken konnten. Und jetzt packe ich gerade mein Partyköfferchen mit einer Familien-packung Blasenpflaster, denn das Heiraten geht in die zweite Phase. Die beiden werden in Spanien leben, wohin der Bräutigam seine 200 engsten Freunde aus Oxford-Tagen zu einer Sause gebeten hat. Fiesta, olé! Er hat mir einen echten Lord als Tischherrn versprochen. Mit solchen neuen Familienmitgliedern lässt es sich arbeiten.

Erich Fried im Geschirrspüler

Hochzeits-Hangover auf Mallorca. Wir lagen wie Burn-out-Pantoffeltiere in der Landschaft. Es war ein ergreifendes Fest gewesen. Meine Freundin hatte ihrem Neo-Gatten ein Liebesgedicht von Erich Fried vorgetragen. »Ich habe einen Trick«, hatte sie mir im Vorfeld verraten, »um den totalen Gefühlsdusel zu verhindern. Ich denke beim Aufsagen daran, dass ich den Kühlschrank dringend einmal ausräumen muss, und an den wahnwitzigen Kostenvoranschlag für die Geschirrspüler-Reparatur.«

Während sie also vor 200 Menschen davon sprach, dass sie endlich jemanden gefunden hatte, der Saiten in ihr zum Schwingen brachte, von deren Existenz sie bislang nichts geahnt hatte, und an ihre Elektrogeräte dachte, läutete in der mucksmäuschenstillen Hochzeitsgesellschaft ein Handy. Der Klingelton war ebenfalls durchaus unpassend: Die Titelmelodie des »Paten«. Vielleicht hatte der Bräutigam ja seinen Antrag einst mit den Worten »I'll make you an offer you cannot refuse...« eingeleitet?

Wie wir ja von ähnlichen Vorfällen im Dunkel des Theatersaals wissen, verharren die Besitzer der störenden Geräte oft so regungslos wie Mäuse vor Klapperschlangen, um durch die Schreckensstarre den Verdacht meilenweit von sich zu lenken. Das gelang beim ersten Mal, beim knapp darauffolgenden zweiten Anruf war allen klar, dass es sich bei dem Romantik-Sprengmeister um den Ex-Lebensabschnittspartner der Braut handelte.

Woody Allen hätte diesen Moment nicht besser inszenieren können, Sigmund Freud ihn als die logischste Sache der Welt empfunden. Ansonsten war er auch ein weiterer Beweis dafür, dass Drama und Komödie oft nur eine Kolibrizungenlänge voneinander entfernt liegen.

Die Braut bewies übrigens Herz für ihren Ex. Beim Abschied flüsterte sie ihm zu: »Bessere dich bloß nicht!«

It's too late, Johnny

Aus der Ferne erblickte ich den Mann, der einst mein Herz nicht gebrochen, sondern zertrümmert hatte. Ich überlegte, auf die andere Seite zu wechseln, während ich mich auf Panikattacken und anderes übles Zeug einstellte. Doch mein Körper zeigte sich lobenswert gelangweilt. Es tat sich nichts. Also blieb ich auf der Spur. Jetzt wollte aber dieser Spaßverderber den Fluchtweg antreten und legte einen Zahn zu.

Nicht mit mir. Ich tippte ihm keuchend auf die Schulter: »Wie schön, dich so lange nicht gesehen zu haben …«

Er stotterte: »Ich wollte dich immer wieder anrufen, dachte, wir sollten einmal reden …«

»Reden? Aber worüber denn?«

»Na ja, es war nicht die feine Art, wie ich damals … Du weißt schon.«

»Ich habe mir längst verziehen, dass du mich unglücklich gemacht hast.«

Er brauchte ein Weilchen, um die Pointe zu schnallen, und fragte dann etwas halbherzig: »Ein schneller Kaffee?«

»It's too late, Johnny.«

»Wieso Johnny?«

»Ich zitiere die Dietrich, sie nannte Jean Gabin ›Johnny‹. Nachdem der nach endlosem Hin und Her zu seiner Frau zurückgekehrt war, kam er dann noch ein letztes Mal angekrochen, um wegen einer Ehrenrunde vorstellig zu werden. Da blies Marlene nur unsagbar müde ein paar Rauchkringel in die Luft und seufzte: ›It's too late, Johnny.‹«

Es war, zugegeben, ein bisschen viel Text für eine Replik auf den Kaffee gewesen. Aber mein Reserve-Johnny würde in seinem Leben noch ausreichend Gelegenheit haben, mit schweigsamen Frauen zur Ruhe zu kommen. Abends las ich einen schönen Satz in Djuna Barnes' »Verführer an allen Ecken und Enden: Ratschläge für die kultivierte Frau«: »Meine Mutter glaubte an die Liebe, denn sie hatte sie nie erlebt.«

Den schnellen Kaffee habe ich übrigens dann auf einen langsamen Gin Tonic umgeleitet, ganz ohne eisige Grundsatzgespräche. Man sollte seine Energien nur für Schlachten mobilisieren, die sich auch wirklich lohnen.

Amore recycled

»Er ist wieder bei mir eingezogen«, sagte K mit dem irrlichternden Triumph einer siegreichen Eislaufmutti im Blick. »Wir wollen es wieder miteinander versuchen.«

Sie wollen wissen, warum mich diese Ansage so müde machte? Weil der Ausgang dieser Geschichte so lähmend gewiss war. Seit Monaten saß man erste Reihe fußfrei im Beziehungsdrama von K und ihrem – nennen wir ihn – Franzi. Der Franzi wäre eigentlich der Richtige für K, nur machte er ständig alles falsch: Er trug im lieben Heim bequeme Freizeit-kleidung in allzu fröhlichen Farben. Wenn er aß, kam das einem Hörspiel gleich, bei dem von Gurgeln bis Schmatzen die Geräuschkulisse offen war. Die schönen Künste waren ihm schnurzegal. An Ehrentagen kam er mit einem Strauß von Freesien angereist, die regelmäßig wie knapp vor einer Burn-out-Attacke aussahen. Und irgendwann wollte sich K nicht länger mit dieser Kompromisslösung aus Vernunft und Angst vor dem Alleinsein zufriedengeben und packte ihm die Koffer.

Und der Franzi, dieser Trostpreis, hatte da draußen in der bösen, kalten, K-freien Welt sofort ein neues Glück gefunden. Damit hatte niemand gerechnet – am wenigsten K. Sie warf sich ins Zeug und bombardierte ihn mit SMS à la »Du bist mein emotionales Zuhause« oder »Ich kann nicht mit dir, aber ohne dich noch viel weniger.« Der Franzi, der es auch viel zu anstrengend fand, der neuen 30-plus-Biene dauernd den souveränen Kerl vorzutanzen, gehorchte dem Ruf.

Es vergingen sieben Wochen, aber dann war alles wieder so wie immer. Amore recycelt eben. Börsenkurse ändern sich, aber Männer in der Regel nicht. Und meine geliebte Tante Lou, eine profunde Kennerin des allzu Menschlichen, war sich schon immer sicher: »Aufwärmen, liebes Kind, tut man ausschließlich ein Gulasch.«

Exorzismus-Aerobics

»Exorzistische Exerzitien«, stand auf der Einladung zu lesen. »Mitzubringen sind ein Leintuch, getrockneter Salbei und viel positive Energie.« Die Veranstalterin des Eso-Kränzchens war Z's Nachbarin, eine durchaus dem Gedanken der Aufklärung verpflichtete toughe Tante, der man diesen keltischen Firlefanz nicht zugetraut hätte. Meine Neugierde auf diese Art von Zooveranstaltung besiegte jedoch den Widerwillen gegen das Genre. Als Z und ich den Dachboden der Nachbarin betraten, waren die werten Gästinnen bereits mitten in ihrem Exorzismus-Aerobic. Die mit Sehschlitzen versehenen Leintücher hatten sie gleich Ku-Klux-Klan-Mitgliedern über den Kopf gezogen, aus den Boxen dröhnte düstere indianische Trommelmusik, glimmender Salbei verströmte diskussionswürdigen Geruch. Wechselweise verlasen die Kapuzenwesen jetzt Botschaften wie »Hinweg, du böser Geist, der Betrug und Verrat in dieses Heim gebracht hat« oder »Komm, Göttin der Lust, und schütte dein Füllhorn über der Reinigungssuchenden aus.«
Die Reinigungssuchende war inzwischen hellauf damit beschäftigt, Fotografien, die sie mit einem in esoterischen Büßerkitteln gekleideten Herrn zeigten, in den flackernden Kamin zu schleudern.
»E. T. will nach Hause«, flüsterte ich Z, »das ist mir zu steil hier, ganz abgesehen von dem politisch schwer unkorrekten Dresscode.«
»Ich find's kreischend komisch«, antwortete Z. »Der Typ, den wir hier ausräuchern, war ihr Bioenergetiker. Gemeinsames Nirwana über Wochen. Dann hat er dem Chi ihrer besten Freundin den Vorzug gegeben …«
In diesem Moment klatschte die Reinigungssuchende in die Hände und brüllte: »Runter mit den Tüchern und rein ins Vergnügen!« Jetzt wurden Champagner und Teufelsroller aufgetragen.
Das Ende der exorzistischen Exerzitien kam meinem Konzept einer Erlösungsfantasie ziemlich nah. »Lebenslänglicher Fencheltee für alle Verräter«, lautete das Bilanzurteil dieses Abends.

Sexilanten

Tracey Emin, weltbekannte Künstlerin, deren Installation »Ungemachtes Bett« unlängst um fast vier Millionen Euro bei Christie's versteigert worden war, sagte am Telefon völlig ohne Bedauern: »Ich hatte schon seit Jahren keinen Sex mehr.« Sie war in meinem Alter und sah auf allen Fotos trotzdem noch fantastisch aus: wilde Mähne, trotziger Mund, ein von sicherlich einer Armada von Personal Trainern getrimmter Körper, alles in allem ein steiler Feger. Kohle, Macht und Glamour besaß sie obendrein. Männer mit diesem Status machten in ihren Achtzigern noch mit Mittzwanzigerinnen rum.

»Sind Sie nicht zu jung für solche Abschiede?«

»Ich will nun mal keinen Sex mehr ohne Liebe.«

Eine starke Ansage. Und romantisch. Denn mehr Menschen, als man glaubt, krachen doch mit denen in die Federn, die sie nicht lieben, und lieben die, mit denen sie nicht (mehr) zur Sache gehen.

»Eine wichtige Voraussetzung, auch ohne Sex glücklich leben zu können«, stellte eine Psychoanalytikerin einmal fest, »ist die Fähigkeit, die Energie natürlicher Triebe in sinnstiftende Tätigkeiten überführen zu können.« Das erklärt vielleicht die Hausse von Tangokursen, Ausdruckstöpfern und Gartengestaltung. In einer Gesellschaft, in der sich ansonsten biedere Hausfrauen im »Fifty Shades of Grey«-Fieber leicht geschürzt schon gern einmal den Hintern versohlen lassen, auf Shopping-Kaffeekränzchen Dildos in den aktuellen Frühlingsfarben gustiert werden und einem diese Pseudoerotik ständig um die Ohren geblasen wird, ist Abstinenz schon fast wieder frivol. Und das letzte Tabu.

Neu ist sie nicht. Als der Schriftsteller Erich Maria Remarque einem der größten Sexsymbole des 20. Jahrhunderts nach einer durchflirteten Nacht am Lido von Venedig gestand, dass er impotent sei, flötete Marlene Dietrich nur: »Ach, wie schön!«

Zum Sensenmann

Begräbnis also. Die sind nicht unkomisch am Zentralfriedhof. Haben zwischen den Grabreihen Schilder mit der Aufschrift »Nur für Anrainer« postiert. Ich bin nur im Rahmen ergriffen, denn die zu begrabende Über-drei-Ecken-Tante ist mit 97 nach ihrem obligaten Mittags-Rotwein für immer eingenickt. Ihre letzten Worte waren auch nicht unkomisch: »Nutzt's nix, schadet's nix.« Pragmatische Poesie im Abgang. Mehr kann und darf man sich für den eigenen Fluchtweg auch nicht wünschen. Während der Einsegnung fixiert mich ein Mann. Ich erröte. Eins, zwei, drei Scanning – nirgends ein weibliches Teil in der Nähe, auch kein Ehering, guter Mantel, keine Schuppen. Er hält eine Rose in der Hand. Kurz bevor er sie in Richtung Grube wirft, dreht er sich noch einmal um, um sie mir in die Hand zu drücken.

Ich würge ein »Danke, aber ich habe schon gegessen« gerade noch runter. Die, die immer lustig sein müssen, kriegen von »Amor, du Oarschloch«, wie jüngst ein launiger Facebook-Eintrag lautete, nämlich gerne den Mittelfinger gezeigt. Ich nehme die Botanik dankend und tripel-errötend in Empfang.

Er: »Kommen Sie öfter hierher?«

»Nur wegen der Aussicht.«

»So schön ist die Aussicht doch gar nicht. Drei Millarden Menschen und nirgends ein Happy End.« Der letzte Satz stammt von Dorothy Parker, meiner über alles vergötterten Roman-Versagerin und Lieblings-schriftstellerin. Wo ist der Haken? Axtmörder, Überraschungseiersammler, Celine-Dion-Fan?

Auch die Gastronomen in Friedhofsnähe sind nicht unwitzig. Wir landeten in der Kaschemme »Zum Sensenmann«. Und in den nächsten drei Stunden war ich hochkonzentriert, nicht nachzudenken.

Unlängst bei der Lebensnahkampfschule »Bauer sucht Frau« von einer Kandidatin, auf die Frage, wie sie es mit ihrem Hiarsi / Pepi / Hansi anlegen zu gedenke, folgende scharfe Antwort gehört: »Na wie schon? Ich bin einfach mich!«

Daran habe ich mich gehalten. Begräbnisse sind die neuen Bartheken, zumindest in unserer Altersklasse.

We-People

Die Einzahl war in K's Vokabular abgeschafft worden, sie dachte nur mehr im Tandem. In ihrem Sonnensystem existierte ausschließlich der Planet Wir. Jahrelang war sie, wild entschlossen zur Zweisamkeit, durch Onlineforen und den Bartresen-Dschungel gepirscht, um endlich »den Richtigen« zu bergen und diese Beute danach entsprechend für immer abzusichern. Und wie zum Judentum konvertierte Frauen, die dann Klassenbeste beim koscheren Leben sein wollen und ihre Glaubensgenossinnen bei allen Ritualen zu übertrumpfen suchen, oder angeheiratete Aristokratinnen, die sich bemühen, ihre bürgerliche Herkunft durch so ein auffrisiertes Schönbrunn-Deutsch zu kaschieren, warf sich K mit Verve in ihren neuen Glauben: die Zweisamkeitsreligion.

Ihr neuer Lebensinhalt war ein herbergsuchender Scheidungswaise aus dem IT-Bereich, der mit seinem Chamäleon-Paar Tristan und Isolde ratzfatz bei ihr eingezogen war. Tristan und Isolde brauchten täglich lebende Insekten zum Lunch. Ein ziemlicher Stress, aber »sie geben uns so viel zurück«.

Der Scheidungswaise konnte einem richtig leidtun, denn er musste als »We-people-person« dauernd so schrecklich glücklich sein, dass er schon richtig blass um die Nase war. Als er K beibringen wollte, dass er am Wochenende mit seinen Kumpels Fliegenfischen gehen wollte, bekam seine Neo-Symbiose-Junkie-Lebensgefährtin eine solche Krise, dass sie spontan und ganz allein Zeit für einen Kaffee mit mir einforderte.

»Das Wochenende gehört doch uns!«, klagte sie.

Ich seufzte nur: »Lass uns stark sein, da müssen wir jetzt durch. Außerdem: Fliegenfischen ist ohnehin nicht so unseres.«

»Das finde ich nicht komisch«, sagte K beleidigt.

Das war uns – meinem Humor und mir – aber wieder herzlich egal.

»Ein Wahnsinn, mein Bärlibu«

»Sie war wirklich eine tolle Frau«, sagte mein frisch getrennter Kumpel, während wir den Altausseer See umtourten, »durchaus anschmiegsam…«
»Wichtiges Kriterium. Nicht nur bei Frauen. Auch bei Siamkatzen. Und weiter?«
»Magische Hände.«
»Masseuse?«
»Hobbymasseuse, aber hallo.«
»Wo war das Problem?«
»Sie war einfach zu viel.«
»Wovon zu viel?«
»Von allem. Woche 2: kommentarlose Installation der Abschminkutensilien in meinem Bad. Plus Erstellung eines Partnerschaftshoroskops. In Woche 3 bereits zwangloses Kennenlernen der Eltern inklusive Servus-ich-bin-der-Franzi Vati. Woche 4: zwei Geburtstage ihrer besten Freundinnen. Prosecco-Kanister an Dauergekicher plus die 15-fach gestellte Frage ›Na, ist er nicht ein Wahnsinn, mein Bärlibu?‹ beim Mädchenitaliener. Kürprogramm: präzise Vorschläge für Schrankraumschaffung in meiner Wohnung. Woche 5: Link-Bombardements zum Aussuchen der anzumietenden Ferienhäuser.«
»Mit Bleifuß am Beziehungsgas?«
»So in etwa. Eine Krake. Sechs Fangarme um mein Leben gezurrt. Anstrengend.«
»Und? Wie hat sie die Trennung aufgenommen?«
»Na, in der ›ZIB‹ ist bis jetzt noch nichts von einem Fenstersturz im Liebeswahnsinn vermeldet worden. Ich denke, gut.«
»Du hast nicht einmal die Du-hast-dir-einen-besseren-Mann-verdient-Abschiedsnummer gemacht?«
»Schau ich aus, als ob ich daheim einen Zeitscheißer stehen hab, der mir Zehnerblocks für so ein Theater zusteckt? Meine Abwesenheit muss Ansage genug sein.«
Nachrichten aus dem Stahlbad Zweisamkeit. Wenn man den Jungs so zuhört, verliert man seinen Glauben an die romantische Liebe. Und jetzt die gute Nachricht: Wenn man zuvor schon jahrelang in Mädchenrunden die Lauscher aufgesperrt hat, hat man ihn ohnehin schon längst verloren.

Klirrendes Schweigen

Ein Sommerabend, wie man ihn in Flaschen ziehen sollte. Wir saßen auf der Terrasse des »Seewirts« und umspülten tote Saiblinge mit südsteirischem Veltliner.

»Ach«, stöhnte mein Freund K wohlig, der auf der Durchreise in Altaussee Station gemacht hatte, um sich meinen Segen für eine nun doch schon seit geraumer Zeit akute Zukünftige abzuholen, »ist das nicht prachtvoll, Schatzi?«

Das Schatzi nickte in der angemessenen Ergriffenheit.

»Jetzt sollte man eigentlich« schwelgte K weiter, »noch zwei bis ein Flascherl zwitschern und dann hier gleich am Matratzerl horchen. Letzten September haben wir das gemacht. Und in der Früh, ratzfatz, gleich in den See springen. Da war ja bei uns auch noch alles ganz frisch.«

Schweigen brach sich Bahn. So klirrend kalt, wie es eigentlich dem Wein gutgetan hätte.

Dann merkte das Schatzi an: »Ich bin eigentlich erst zum ersten Mal hier.«

»Na geh, wirklich?! Das gibt's doch gar nicht«, verharrte K beinhart im jovialen Fach.

»Du verwechselst mich mit jemandem.«

Tölpelhaft warf ich jetzt einen Rettungsring nach etwas, was längst verloren war: »Sein Gedächtnis ist inzwischen so verlässlich wie die italienische Post. Er wirft ständig die Jahre durcheinander. Bald kann er sich die Ostereier selber verstecken.«

Das Schatzi konnte gar nicht lachen und rauschte schmallippig ab.

»Ich kann mir nicht wegen jeder neuen Frau neue Lokale ausdenken«, sagte mein Freund K und spielte paradoxerweise jetzt selbst den Beleidigten.

Von der Chuzpe der Männer bräuchte man ein paar Scheibchen.

»Völlig unmöglich«, bestätige ich ihn, »so viele Hütten gibt's ja außerdem gar nicht.«

»Und erst die Städte«, erklärt er weiter. »Da wären ja Venedig, Rom, Paris und New York für immer totes Gebiet und man könnte nur mehr nach Tamsweg oder Travemünde zum Flittern hirschen.«

»Nicht auszudenken«, sagte ich, »ein hedonistisches Desaster.« Für meine Ruhe ist mir in manchen Momenten rein gar nichts zu blöd.

Die Sache mit Bellini

Unlängst im Leopold Museum war das Leben besser als Kino. Als sich meine Freundin F vor Schieles »Wally« zu kontemplieren suchte, klopfte ihr ein durchaus ansehnlicher Mann auf die Schulter, um Mitteilung zu machen, dass das Wasserblau ihrer Augen Wally-Niveau besaß. Er war Franzose und trotz seines unglaublichen Wissens über Kunst sehr heterosexuell. Es kam zu zwischengeschlechtlichem Bildungsbürger-Petting in Form von einigen Museen-Besuchen und warmen, sehr eleganten Mahlzeiten.

Wochen später lud er sie nach Venedig ein. »Kirchen und Kunst, ja«, ließ ihn F wissen, »aber auch zwei Hotelzimmer und keine Erwartungen.« Der harsche Umgangston gefiel Jean-Luc, an den sich Frauen sonst berufsbedingt wie Kletten krallten. Er war nämlich Vollzeit-Erbe. Er schleppte meine Freundin acht Stunden durch alle Gemäldesammlungen, die die Lagunenperle in petto hatte. Irgendwann winselte sie erschöpft: »Jetzt ist es aber wirklich Zeit für einen Bellini!«

»Bien sûr!«, flötete er enthusiastisch und scheuchte sie durch finsteres Gassenwerk, bis sie an einen Ort kamen, der viel mehr wie eine Kirche als »Harry's Bar« aussah. »Attends, du kriegst deinen Bellini«, zog er die völlig erschöpfte F ins Gotteshaus. Andächtig hielt er schließlich vor einem Gemälde mit Madonna, die das Jesulein auf einem blauen Tuch hielt. »Voilà, Giovanni Bellini!« stellte er so stolz fest, als ob er das Blau persönlich angerührt hätte. F hatte natürlich mehr an Weinbergpfirsiche im Proseccobad nach der Cipriani-Methode gedacht als an den Renaissance-Pinselgott. Über Minuten tanzten jetzt Lachsalven durch die Chiesa di San Zaccaria, die auch der ansonsten recht lethargisch schauenden Madonna Feuer in den Blick brachten. Schließlich war diese Mutter Gottes gerade Zeuge von einem der schönsten Missverständnisse geworden, die es je zwischen Mann und Frau gegeben hat.

Charakteröffnungen

Nach eineinhalb Jahren Abstinenz war ich wieder rückfällig geworden. Scheiß-Augenmaß! Als dieses Quietschen, das bei aneinander reibenden Blechflächen auftritt, mir die Ohren zerschnitt, sah ich sie vor mir: die enttäuschten Augen meines Versicherungs-Manns, der angesichts meiner Schadens-Biografie einmal geseufzt hatte: »Es gibt Malus-Stufen und es gibt die Stufe Adler...«

Doch schon hatte ich ganz andere Sorgen, denn ein blondes Geschoss mit Airbags wie für eine Limousine klopfte mit ihren gelgelackten Krallen an mein Fenster: »Sog amol, bist du wo ang'rennt, Depperte... Des is a neuer A3. Hast du des verstanden? A A3?«

Ich ließ die Scheibe nur zwei Millimeter hinunter und flüsterte: »Na, wenn's nur ein Opel Kadett gewesen wär, hätt ich mir die Mühe sicher nicht gemacht...«

Schnappatmung bei Missis Airbag.

»Unnötig frech« ist mein zweiter Vorname, ich sammelte mich also: »Es tut mir sehr leid, ich verstehe Ihren Ärger...«

Gellender Schrei: »Babe, komm sofort her... Hilf mir mit dieser Irren.«

Aus dem Gefährt schälte sich ein Vokuhila-Deckhengst. Im Kontrast zu seiner imposanten Erscheinung besaß er ein sanftmütiges Auftreten: »Geh, Sweetie, chill dich, ist ja alles kein Drama...«

Sie: »Du wirst mir sicher net vorschreiben, ob i mi jetzt aufreg oder net, du halblustiges Weichei.«

In seinem Blick spiegelte sich entsetztes Erstaunen ob der Verhaltens-originalität seiner offensichtlich noch nahezu frischen Gefährtin. Wahrscheinlich hatte das Sweetie bislang nur ihre Schokoladeseiten hergezeigt, ein Schaulaufen an Liebenswürdigkeit veranstaltet und die Abgründe ihrer Psyche schalldicht gemacht.

Während sie zeternd nach einem Unfallbericht kramte, flüsterte ich dem friedfertigen Riesen: »Geld, Katastrophen und Krankheiten verderben einen Charakter nicht, sie legen ihn nur offen.«

Seine Augen signalisierten, dass er die Warnung verstanden hatte.

»Du bist meiner unwürdig«

Ich wate durch Liebesbriefe. Leider nicht durch meine, sondern die von Schnitzler, Freud, Fitzgerald, Tolstoi und jenen Frauen, die sie in radikalem Pathos anbeteten, bis sie ihnen »gleichgiltig« (Schnitzler) und »unerträglich« (Tolstoi) wurden. Meine letzten wahnwitzigen Alles-oder-nichts-Liebesbriefe habe ich mit 17 bekommen; das blassblaue Papier riecht noch heute nach seinem Parfüm. Wahrscheinlich bin ich nie wieder so geliebt worden wie von diesem 20-jährigen Franzosen. Die Elektropost und die rationalisierende Verknappung der Gedanken durch SMS haben diese Kultur der Sehnsucht nahezu zerstört.

Auf meiner Festplatte hat sich im Museum der Schmerzen noch ein Abschiedsbrief verfangen – an einen Adressaten, dem ich »gleichgiltig« geworden war. Ich möchte mich noch heute persönlich mit allen zur Verfügung stehenden Fetzen rhythmisch schlagen, dass ich mich vor diesem Mann dermaßen zum Affen gemacht habe. Ich hatte gewinselt, ähnlich wie Erich Maria Remarque einst die Dietrich bekniete, »um einen letzten Lunch und ein letztes gemeinsames Lachen«. »Zu hoch geträumt« eben, man hätte sich diese Grabrede einer viel zu einseitigen Leidenschaft so richtig sparen können.

Meine Damen, sollten Sie sich in so einer Sich-zum-Affen-mach-Gefahrenzone befinden, lassen Sie sich von der 18-jährigen Alma Schindler, später bekannt als Künstlersammlerin Mahler-Werfel, inspirieren. Die fetzte dem weitaus älteren Klimt, dessen Interesse an ihr ausgetrocknet war wie ein Bachbett in einer Dürreperiode, Folgendes an den Briefkopf: »Klimt! Du bist meiner unwürdig!«

Eine schöne Alternative böte auch Adele Sandrock, die dem »Doktor« (Schnitzler) rasend vor Kränkung schrieb: »Sie elendiges, brutales, abscheuliches Wesen! Sie haben geglaubt ein Menschenleben zu vernichten – nein, mein Herr!«

Ohr-gasmen!

Kinders, man gönnt sich ja sonst nichts! Ich sitze reichlich mondän und mäßig verfroren auf einem Hotelbalkon in Positano und inhaliere Panorama. Da wollte ich schon immer hin, nur im Sommer kann ich's mir noch weniger leisten als im Trostlosigkeits-Monat Jänner. Kleine Bitte am Rande: Verraten Sie mich nicht meiner bezaubernden Bankbetreuerin, und auch der Mann vom Finanzamt sollte diesbezüglich im Dunkeln belassen werden.

Zum Trost bekomme ich hausgemachtes Drama vom Balkon nebenan. Ein britisches Pärchen beim offensichtlich postkoitalen Zigarettenkonsum.

Sie: »Es wird dir nicht aufgefallen sein, aber ich bin schon wieder nicht gekommen...«

Er: »Kannst du immer nur an das eine denken?«

Sie: »Pardon, wie rücksichtslos von mir... Nächstes Jahr wünsche ich mir ein paar Orgasmen vom Weihnachtsmann.«

Er: »Wer hat über Wochen ein Migräne-Embargo über unser Schlafzimmer verhängt? Ha, wer?«

Sie: »Du liebst mich nicht mehr.«

Er: »Vorwürfe, Vorwürfe... Hast du noch irgendwas anderes im Repertoire?«

Dann Schweigen, ziemlich lautes Schweigen.

Sie, mit sehr kleiner Stimme: »Wann hat unsere Liebe eigentlich diesen U-Turn gemacht?«

Er: »Es war der Moment, in dem du mich so wolltest, wie ich einfach nie sein werde...«

Sie: »Scheiß-Realität!«

Er: »Wahrscheinlich hätten wir früher aufhören sollen, später zu sagen...«

Sie: »Fangen wir doch jetzt damit an... Komm!«

Halb zog sie ihn jetzt, halb sank er hin. Dann fielen aus der Wolkendecke ein paar Sonnenstrahlen und streichelten ihre Gesichter. In meinem iPod sangen Fanta Vier: »Es könnte alles so einfach sein, ist es aber nicht.«

Der Engel von der Tangente

»Ich hatte einen Unfall, und zwar einen schweren«, sagte sie und grinste glücksdämlich.

Fragezeichen meinerseits.

»Also eigentlich nicht ich selbst, also … Es war fast wie in Hollywood …«

»Bitte, Liebes, sprechen hübsch – ich sonst nur Bahnhof verstehen.«

Also: Spätnachts auf der Tangente. Auf dem rechten Fahrstreifen ein rauchendes, demoliertes Auto. Keiner blieb stehen, wir sind ja in Österreich. K fasste sich ein Herz, hielt an und fand den Lenker regungslos vornübergebeugt, im Fond ein kleines Mädchen unter schwerem Schock. Sie nahm das Kind an sich, das sich an sie klammerte und nur »Papa, Papa … Warum schläft mein Papa?« jammerte.

»Deinem Papa geht es gut, alles ist gut«, flüsterte sie mantramäßig und hutschte das Kind, während sie Rettung und Polizei alarmierte. Sie fühlte sich dabei sehr heldenhaft; in ihrem Kopf begann ein Film mit dem Arbeitstitel »Der Engel von der Tangente« abzuflimmern. Vielleicht war ja der Papa ein Millionär mit Herz, dessen Frau gerade mit ihrem Pilates-Trainer durchgebrannt war. Während sie sich gerade ihr neues Leben an der Seite des sensiblen Millionärs in den prächtigsten Farben ausmalte, regte sich im Wageninneren etwas. Und siehe da, es gab einen Gott, denn der erwachte Papa trug kein Hawaiihemd und keine Vokuhila-Frisur, sondern sah durchaus PF (paarungsfähig) aus. Natürlich umarmte er jetzt einmal sein Kind, und K – sie kann bis heute ihre Courage nicht fassen – drückte die beiden an sich, so als ob es die natürlichste Sache der Welt wäre, spätnachts wildfremde Unfallopfer auf der Tangente zu umarmen. Auf den etwas erstaunten Blick von Papa angesichts der Anwesenheit einer Fremden im Wageninneren reagierte sie ihrer Ansicht nach »grenzgenial«: »Ich habe ihn einfach angelächelt und gefragt: ›Kommen Sie öfter hierher?‹«

Am nächsten Tag wurde üppige Botanik ins Büro geliefert, die Woche drauf das erste Date. Okay, der Unfall ist verheiratet. Noch, wohlgemerkt, denn wie pflegte die Oma Kitty meiner Freundin N immer so treffend anzumerken: »Ein Mann ist erst vergeben, wenn er tot ist.«

Schmusen mit Bruno

Kinders, ich schmuse mit Bruno, jenem Hoch, das die Meteorologen-branche mit diesem Vornamen gekrönt hatte. Bruno ist der ideale Partner: Er hat keine Mutti und ist berufsbedingt immer gut drauf. Irgendwann wird meine meteorologische Amour fou im Nichts verpuffen, doch wer will denn bei diesen Temperaturen klammern? Menschen, die jetzt gen »Trop«, so das Jetset-Kürzel für Saint Tropez, oder auf Sardinien zu büchsen haben, gehört mein ganzes Mitgefühl. All der Grüne-Drinks-Stress, der Pareo-Wettbewerbszwang und die Flavio-Briatore-Klone, deren akute Begleiterinnen mit wachsender Prostataproblematik immer frischer werden. Diese Nymphchen sind quasi das Botox jener Playsenioren, für die ausgerechnet Udo Jürgens den Begriff »Fummelopas« prägte.

Altaussee hingegen ist die göttlichste Adresse, um sich unter der Hand zu einer Art Sommerfrischen-Mogli zu verkommen. Allein der bloße Gedanke, dass ich morgen wieder in festes Schuhwerk steigen und gen Salzburg rauschen muss, um der Bildungsbürgerin in mir eine Bühne vorzusetzen, setzt mich unter Stress. An sich wären mir Ereignisse wie der Dirndl-flugtag, wo sich in Tracht aufgefeschte Damen über eine Rampe in den See stürzen und die Eleganz ihres Sprungs von einer gnadenlosen Jury bepunktet wird, schon Kultur genug. Meine Entschlusskraft ist nämlich bereits von Entscheidungen, ob man sich in der »Seewies'n« das illustrierte Brot oder die scharfen Würstln einbaut, mehr als gefordert. Und auslernen tut man ganz von selbst nie. Unlängst per Zufall spätnachts auf einen Eingeborenen-Stammtisch gepurzelt, wo man mich – trotz doppelten Handicaps (Frau und Herkunft aus Wien) – zum Verweilen einlud. Irgendwann konstatierte einer der Herren bettschwer: »Heute drah i's nimmer um…« – Er meinte damit, dass er seiner Gattin nicht mehr beizuwohnen gedenke.

So viel zum Thema: Was ich niemals über den Austausch ehelicher Zärtlichkeiten im Ausseerland wissen wollte.

»Wollen Sie mit mir schlafen?«

An sich glaubt man ja, dass die deutsche Schauspielerin Diane Kruger bereits in einer frisch gestärkten weißen Hemdbluse auf die Welt gekommen ist. In ihrer properen Blondheit wirkt die Frau wie eine Grace Kelly für saarländische Reihenhausbewohner, in deren Gedankenwelten wenig Platz für Geheimnisse ist. Erotik fleckenfrei.

Als ich die Kruger unlängst nachts als abgeklärte Lederjacken-Kommissarin in der sehr düsteren TV-Serie »The Bridge« einsam an einer Bartheke stehen sah, wurde sie von einem Typen mit der semioriginellen Frage »Wollen Sie was trinken?« angebaggert. Sie schüttelte den Kopf. Der Mann wollte gerade von dannen trotten, als sie ihn scharf ansah und dann ganz Un-Diane-Krugerisch sagte: »Hey, ich will nur nichts trinken. Aber wollen Sie mit mir schlafen?«

Wahrscheinlich fanden die Drehbuchautoren, dass diese Dialogsequenz einem »voll coolen« feministischen Befreiungsmanifest gleichkommt. Hey, dachten sie sich wahrscheinlich, das ist gelebte Gleichberechtigung. Endlich dürfen sich Frauen so schlecht benehmen wie Männer, die in dieser Disziplin ein paar Jahrtausende Übungsvorsprung haben.

»Diese erbärmliche, mit Blumensträußen und Theaterbesuchen vermischte Komödie nennt sich seiner Braut den Hof machen«, stöhnte schon der französische Philosoph Jean de la Bruyère im 17. Jahrhundert über den Wareneinsatz, den es braucht, um sich eine Frau »klar zu machen«.

Die neueste Dating-App, die weltweit 600 Millionen benutzen, heisst Tinder. Dort gibt es zwei Möglichkeiten der sozialen Interaktion, wenn ein gegengeschlechtliches Bild aufpoppt: Nein oder Ja«. Fleischmarkt 2.0. brutal.

Ich werde mir den Luxus erlauben, altmodisch zu sein. Erbärmliche Theater-mit-Blumen-Komödien sind eigentlich ganz meins.

Eat the rich

»Vergiss das Internet, dort verfängt sich nur Schrott!« Ich sendete K
Ratlosigkeit in Form von Achselzucken. Sie knallte mir eine Broschüre
auf den Tisch, auf der eine Miss Piggy in Versace ihre Kollagen-Lippen-
knospe schürzte und in Goldlettern stand: »Agentur ›Feed the Rich!‹ – Sie
wollen mehr Zeit in Zürs, Marbella und Paris verbringen? Wozu noch
Zeit verschwenden? Denn auch bei der Instandhaltung Ihres Körpers und
Ihres Autos wählen Sie doch nur die besten Professionisten – deswegen
vertrauen Sie uns die Suche nach Ihrem Partner an!«
»Ist das dein Ernst?«, fragte ich K erneut. Denn sie wusste, dass ich
mir eher die Zeit beim Zwerge-Weitwerfen in Hochmoorlandschaften
vertreiben würde, als digitale Herrensondierung zu betreiben.
»Mein voller«, flötete sie. »Die Typen haben möglicherweise Probleme,
aber Geld ist keines davon. Und dann müssen sie dort erst einmal
durch einen Psycho-Härtetest, bevor sie auf mich losgelassen werden.
Das erspart Blindschüsse.«
Aus zeitökonomischer Sicht konnte ich K verstehen. Sie hat bei ihren
letzten Partner-Angelausflügen einige Oiwee-Kandidaten aus dem Netz
gezogen: Einer hatte seine Wohnung mit Fototapeten seiner Ex-Frauen
in Playmate-Posen gepflastert; ein Zweiter wurde von einem Tsunami
an Altersreligiösität überschwappt und wollte mindestens 100 Nächte mit
ihr kuscheln, ehe er das Sündigen überhaupt in Erwägung ziehen wollte.
Der abenteuerlustige Dritte verlangte von K gemeinsames Durchleben von
Mutproben – wie den Verzehr von ungewaschenen Gurken aus Spanien
(»Sag feig, Pupperl!«). Zu diesem Zeitpunkt war ja sogar die Rede von
spanischem »Killergemüse«, durch das unerforschte Viren eingeschleppt
wurden.
»Und du glaubst allen Ernstes, dass es in Zürs und Marbella weniger
Depperte gibt?«
»Das nicht«, flüsterte sie, »aber in einem Maybach tun die Depperten
vielleicht weniger weh.«
Liebe und kapitalistische Marktwirtschaft sind sich eben näher, als man
je befürchtet hatte.

Der Wronski-Faktor

Ein grippaler Infekt hatte mich kürzlich über Tage nach Petersburg
und Moskau verschlagen. Ich schwelgte in zaristischer Dekadenz, hustete
auf Französisch und beschloss, dass ein zukünftiges Leben ohne Muff
möglich ist, aber wenig Sinn macht. Ich trank unfassbar viel Tee in dieser
Zeit, manchmal verirrte sich auch etwas Wodka in die Tassen, denn meine
russische Reise führte mich auch auf die Trümmerfelder der Romantik und
war entsprechend desillusionierend.

Gibt es eigentlich ein Buch in der Weltliteratur, in dem das Gezeitensystem
der Liebe scharfsichtiger analysiert wird, als Leo Tolstoi es in »Anna
Karenina« getan hat? Natürlich nicht, was für eine Idiotenfrage. Nachdem
Anna Karenina ihr ganzes Leben in die Luft gesprengt und ihren Sohn
aufgegeben hatte, aber auch zunehmend zu einem verlustverängstigten
Klammeräffchen wurde, durchschwirrten den Gefühlskosmos des
Grafen Wronski zunehmend Adjektive wie »erkaltet«, »abgekühlt« oder
»leer«. »Das führte ihm den ewigen Fehler vor Augen, den Menschen
machen, wenn sie sich Glück als Erfüllung eines einzigen Wunsches vorstellen.« »Er spürte, dass in seiner Seele die Sehnsucht nach der Sehnsucht
aufkam«, schreibt Herr Tolstoi, der sein Jahrhundertwerk später für
»scheußlich und überflüssig« halten sollte, und lädt uns damit zu einem
Rundgang durch die männliche Psyche ein.

Die »Sehnsucht nach der Sehnsucht« als tauglichster Treibstoff in der
Liebe gilt aber natürlich für beide Geschlechter. Womit wieder einmal
der Bogen zur Frau Hawelka, der verstorbenen Wiener Kaffeehauslegende,
gespannt wäre. Befragt, was sie auf ihrem unbezahlbar informativen
Beobachtungsposten als größten Beziehungskiller registriert hatte,
antwortete sie wie ein Pfitschipfeil: »Die jungen Leut', die picken ja viel
zu viel aufeinand', und dann schauen s' blöd, wenn's deppert kommt
und einer wieder Luft schnappen möcht.«

Meine erste Panikattacke

Im Café werde ich manchmal zum Audiovoyeur. Am Tisch neben mir fand eine erste Beschnupperung mit Abschlussorientierung statt. »Und, was machst du so im Leben?«, fragte die propere Pagenkopf-Blondine, die sich ihr Internet-Date wahrscheinlich anders ausgemalt hatte.

»Nun ja«, sagte der Mann mit dem kleinen Kopf und den Schattentälern unter den Augen, »es ist einiges los bei mir. Ich hatte gestern meine erste Panikattacke.«

Sie bemühte sich zur Anteilnahme, indem sie ihren Kopf wie ein Auto-Wackeldackel hob und senkte: »Interessant. Und wie war's?«

»Bewusstseinserweiternd. Die U-Bahn fuhr direkt in meinen Schädel. Schweißausbrüche, Herzflattern. Ich bin wie ein Pfitischipfeil aus der Station gerast.«

»Wahnsinn! Ich bin bloß ein bisschen depressiv.«

»Mit manischen Phasen?«

»Nein, leider kein bipolares Modell. Einfach stinknormal depressiv. Manchmal verlasse ich über Tage das Haus nicht.«

Jetzt nahm er ihre Hand: »Na ja, das hat auch Vorteile. So kommt das Leben wesentlich günstiger.«

Sie senkte errötend den Blick. Ich dachte an eine Party, auf der mir kürzlich ein Freund eine Frau mit den Worten »Das ist Sonja. Wir haben uns in der Burn-out-Klinik kennengelernt und sofort ganz toll connected« vorgestellt hatte. Nun ja – jahrelang haben wir dagegen angeschrieben, dass psychische Störungen tabuisiert werden. Und jetzt sind sie zu einem sozialen Gleitmittel geworden. Etwas irritierend, dieser plötzliche Knacks-Exhibitionismus, aber auch irgendwie herzerfrischend.

»Komm«, flüsterte sie ihm jetzt zu, »ich fühle mich endlich wieder impuls-getrieben. Zum Teufel mit meiner posttraumatischen Verbitterungsstörung, fahren wir zu mir.«

Der Schattental-Mann grinste: »Aber bitte im Taxi. Sonst kann ich panik-technisch für nichts garantieren.«

Romantik hat eben ganz viele Facetten.

Breakup Service

Meine Freundin, die Scheidungsanwältin, hat mächtig Kundenverkehr nach den Feiertagen. Post-Weihnachten ist quasi Erntezeit. Sonst macht sich Trennungswut in dieser Dichte nur noch nach den Sommerferien bemerkbar. Ist ja auch logisch: Das sind die Zeiten, in denen Menschen einander am hilflosesten ausgeliefert sind. Der Jahreswechsel entpuppt sich als zusätzliches Tretminenfeld. Da fetzen die »Immer hast du nie«-Sätze noch einmal wie Raketen durch die Luft, da hat man sich dann besonders ausführlich nichts zu sagen. »Meinen ersten und letzten Orgasmus werde ich mit dir haben, wenn ich die Scheidungspapiere unterzeichnet haben werde«, hatte eine Klientin ihrem zukünftigen Ex zugezischt.

Während Frauen ihrem Kerl gerne den Wanderstab in die Hand drücken, weil er sie beispielsweise nach 20 Jahren schon wieder fragte, ob sie ihren Kaffee mit oder ohne Zucker nimmt, ziehen die Jungs in der Regel erst dann weiter, wenn »eine neue Hemdenbüglerin bereits in der Warteschleife kreist«, so eine Paartherapeutin. Also, Mädels, kauft euren abgehenden Herren bloß nicht die »Ich muss einmal ganz viel nachdenken und zu mir finden«-Nummer ab. Selbstsuche läuft bei denen nahezu nie unbegleitet.

»Wir wollten zusammen alt werden«, schluchzt Z, die am Neujahrstag unter »friendly fire«-Beschuss gekommen war. »Und jetzt flüsterte er mir nur ›Have a nice life!‹ ins Ohr und verschwand.«

»Wenigstens gab es noch persönlichen Kontakt«, versuchte ich sie zu trösten. »In Amerika kannst du dich um zehn Dollar bei einem Breakup-Service einloggen, die die Abschieds-SMS auch noch für dich erledigen. Die meisten Kunden sind natürlich Männer.« – Ist ja auch irgendwie nachvollziehbar. Sie mögen es schon nicht, über ihre Gefühle zu reden. Richtig Stress macht es ihnen aber, über Gefühle brabbeln zu müssen, die sie schon lange nicht mehr haben.

Love me, Tinder!

Tinder – das ist diese Dating-App, die seit geraumer Zeit das Paarungs-verhalten der 17-Somethings flächenbrandgleich auf einen zutiefst pragmatischen Nenner bringt. Mit den Filtern »Umgebungsradius« und »Alter« sowie jener »Hey-What's-up-Munterkeit«, die unsereins nur aus Werbespots für Energieriegel bekannt ist, können die jungen Menschen so hormonelles Zeitmanagement mit hoher Effizienz betreiben. Wischbewegungen entscheiden, ob das Angebot für immer in der Rubrik UFM (Unfuckable Material) begraben wird oder Herzchen-Status erhält. Zähe »Laberflashs« werden so »low gecuttet«, schließlich war das Leben ohnehin schon viel zu viel TMI (»Too much information«). Wir schüttelten uns, während das eigene Fleisch und Blut kreischend mit ihren Co-»Tinderellas« OMG-Salven losließ, um dann »It's a match«-Triumphe mit der gebotenen Hysterie zu begleiten. Inzwischen swipen 600 Millionen Menschen auf solchen Apps.

Die größte Angst der Frauen beim »Tindern« laut Studien: »Ich könnte einen Serienkiller treffen.« Die tiefste Furcht bei den Männern: »Was ist, wenn sie mir zu fett ist?«

»Kaum saß ich auf dem Bidet, tinderte der Typ schon wieder los«, hörte ich unlängst beim Friseur zwei Anfang-Thirties ihren Wisch-und-weg-Blues bemurmeln. »Vielleicht doch wieder Old-School-Onlinedating?«, seufzte die eine so tief resigniert, als ob Gefahr bestünde, dass jeden Moment wieder das Postkutschen- und Brieftauben-Zeitalter anbricht.

»Ach, Herzchen, willst du wirklich mit einem Turn- und Geografie-Lehrer beim Außenbezirks-Griechen seine Mountainbike-Abenteuer und die Vorzüge von veganer Ernährung beplaudern?«

»Stimmt, der Risikofaktor ist hoch, aber wie kommt man sonst an Kerls?«

»Vielleicht doch mal wieder auf die analoge Tour?«

Da kicherte sie: »So weit willst du wirklich gehen?«

Im Bett mit Rotkäppchen

»Oh«, hauchte F, als ihr der Bote einen Karton überreichte, und ließ ihn gleich, pseudo-desinteressiert, verschwinden. Ich hatte zu viele Folgen von »Lie to me« gesehen, als dass sie mir so kommen könnte, und hörte Dr. Lightman schnarren: »Face-Flashes in Kombination mit zitternden Lippen: Die Frau hat was zu verbergen.«

»Nun«, fragte ich sie, »willst du es gar nicht aufmachen?«

»Besser nicht«, flüsterte sie, »es könnte unser Respektverhältnis trüben.«

Irgendwann hatte ich sie so weit. »Nein« ist das Wort, das in mir ungeahnte Energien freisetzt. In der Schachtel befanden sich keine E-Klasse-Vibratoren, sondern ein Zimmermädchen-Outfit: mit Spitzenhäubchen, passendem Schürzchen und einem hocheleganten Federmopp.

»Entzückend, da kannst du ja ordentlich auf den Putz hauen!«

»Letzte Woche war ich Rotkäppchen und er der böse Wolf«, kicherte sie.

»Und jetzt? Verkleidet er sich als Sexunhold Dominique Strauss-Kahn?«

»Nein, ich hab ihm schon eine Einbrechermaske aus einer Skimütze gebastelt. Er wird mich überfallen.«

Ich fragte: »Ist noch Rotwein aus dem Rotkäppchen-Korb über?«

Sie sah mich nur flehentlich an: »Denkst du jetzt schlecht von mir?«

»Für wie spießig hältst du mich? Kostümzwang ist in vielen Ehen der Bringer.« Und dann erzählte ich ihr von meiner Begegnung mit der unterhaltsamsten Sexualtherapeutin der Welt, Dr. Ruth Westheimer, mit der ich einmal einen Nachmittag durch Wien fegen durfte. »Bin ich verrückt?«, hatte eine ihrer Anruferinnen in der Beratungssendung wissen wollen, »ich bewerfe meinen nackten Mann so wahnsinnig gerne mit gebackenen Zwiebelringen.«

»Und? War sie verrückt?«

»Dr. Ruth sagte ihr: Beim Sex ist alles erlaubt – einvernehmlich ist das Zauberwort.« Zwiebel besitzen außerdem bekanntlich ein sehr hohes Toleranzpotenzial.

Psychopathologie des Alltags

Befremdende Graugrüne kennzeichnete C's Gesicht.

»Hast du Aktien bei den Lehman's? Sitzt Saturn im Chefsessel deines Sternzeichens? Was los?«

Jetzt flüsterte C, unverständlicherweise, denn die Bar im Bristol war ohnehin von wohltuender Leere: »Es liegt alles noch so dort. Genau so.«

»Keine Details, welches Stück?«, pflegte der selige Aslan seinerzeit an der Burg seine Souffleuse zu fragen, und da ich jetzt auch an einer Zusammenhangs-Schwäche laborierte, tat ich es ihm einfach nach.

»Ich war in der Wohnung meiner Ex-Frau, Sachen abholen…«

»Na bravo!« Die Anmerkung entbehrte nicht unterschwelliger Süffisanz, denn C hatte vor mehr als fünf Jahren seiner Ehe zwecks zwischengeschlechtlicher Neuorientierung Adieu gesagt. Die Selbstfindung war übrigens blond und sehr langbeinig.

»Auf meinem Ex-Nachtkastl liegen dieselben Zeitungen und das Buch, so aufgeschlagen, wie ich es im Winter meines Exodus hinterlassen habe.«

»Himmel! Was für ein Buch überhaupt?«

»Freud und die Psychopathologie des Alltags.«

»Na wenigstens und passend obendrein – stell dir vor, es wäre ›Feuchtgebiete‹ oder gar ›Fifty Shades‹ gewesen. Zu peinlich!«

»In den Schränken und Schubladen – alles voll von meinem Zeugs. So, als ob ich jederzeit wieder ums Eck biegen könnte.«

»Diese arme Frau! Wie kann man nur seine besten Jahre dermaßen schwachsinnig verschleudern!«

Zur Graugrüne gesellte sich jetzt bei C etwas Pikiertheit: »Es muss ja nicht jeder so radikal sein wie du.«

C hatte mich schon begleitet, als ich am Tag nach einem Crash edles Ludwig-Reiter-Schuhwerk des Abtrünnigen für die Obdachlosen in der Meldemannstraße deponiert habe. Nicht, weil ich so ein grundgütiger Mensch bin, sondern für meine geliebte Psychohygiene einfach keine großen Gesten zu scheuen gewillt bin. »Wenn du diese Gin Tonics hier ohne viel Fackeln brennst«, sagte ich jetzt, »würde ich mich zu der Ansage hinreißen lassen, dass man so einen Prachtkerl wie dich natürlich nicht so mir-nix-dir-nix loslassen kann.«

»Deal done!«, schmetterte er, und alle hatten was davon.

Ein flauer Dreier

Wir sind zu dritt!«, schrie sie, »zu dritt, verstehst du?«
Da S mittlerweile ihren 40er auch von der falschen Seite ansah, fürchtete
ich kurz, dass sie ein süßes Geheimnis unter ihrem Herzen trug, wie das
in den Trashmagazinen gerne so heißt.
»Nein, nein, nicht so«, beruhigte sie mich.
Hatten der Ihrige und sie etwa einen Mops als Beelterungs-Ersatzobjekt
erworben? Auch hier Entwarnung. Das Triogefühl kam durch die
enervierende Tatsache, dass der Herzensherr ständig von seiner Ex brabbelte.
Wenn sie sich magentafarbene Ferragamo-Pumps umschnallte, sagte
der Kurti (Name der Redaktion bekannt): »Sehr scharf! Auf Top-Bock hat
die Vera auch immer großen Wert gelegt.«
Wenn sie sich mit Hermès-Parfüms einnebelte, zog er seinen Rüssel in
Anerkennung hoch: »G'fallt ma, g'fallt ma sehr. Bei Parfüms darf man nicht
sparen. Hat die Vera auch immer gsagt.« Als er sich unlängst bei zehn Grad
plus eine Mütze aufsetzte, konnte sie es sich nicht verbeißen, anzumerken:
»Brav, dass du das Hauberl aufsetzt. Mir und der Vera ist nämlich wichtig,
dass du dich nicht verkühlst.«
Irgendwann beschloss S, ihre neue Intima persönlich kennenzulernen.
Schließlich kann man die Konkurrenz besser schlagen, wenn man
ihr Waffenarsenal kennt. Und vielleicht war es S ja bestimmt, dieser
Beziehung zu einem Revival zu verhelfen. Wie oft hatte sie schon
in ihrem Bekanntenkreis erlebt, dass eine Geliebte einem den Wert des
verlorenen oder schal gewordenen Partners überhaupt erst wieder
vor Augen führte. Sie war nicht engherzig und hatte eine buddhistische
Lebensansicht. Doch diesmal sollte der psychologische Dreier ein etwas
beklemmendes Happyend nehmen: Denn Vera war reizend und gratulierte
S dermaßen penetrant zu ihrer Wahl, dass ein Misstrauensvorschuss in
den Kurti mehr als angebracht schien.

Ein Bastlerhit von einem Mann

»Er will nur eine Terminbeziehung!« Ihre Körperhaltung vermittelte die Dynamik eines zusammengefallenen Soufflés im Spätherbst. S hatte ihr Reservoir an Energie bis zum Anschlag ausgeschöpft, um sich diesen Typen »klarzumachen«. Jetzt wollte sie für ihren Einsatz endlich belohnt werden.

»Terminbeziehung klingt wie etwas Gefährliches aus der Welt der Hochfinanz«, sagte ich. »Muss man da bei jedem Treffen pünktlich sein, sonst kracht's?«

»Deine Witze hatten schon mehr Biss«, kläffte sie. »Eine Terminbeziehung beschränkt sich auf ein paar Termine die Woche und schließt ein gemeinsames Zuhause aus. Das ist so kränkend!«

Ich musste an die herrliche Josefine Hawelka denken, die beim Buchteln in ihrer winzigen Küche mir das Geheimnis ihrer glücklichen Ehe offenbarte: »Ganz einfach: Ich mach die Nachtschicht und er den Tag – ideal!« Aber S war kein Josefinen-Kaliber. Sie hatte einfach zu viele Hugh-Grant-Romanzen gesehen und träumte von einer Erlösungsfantasie: Mann holt Schimmel aus der Parkgarage, schultert S, um sie in eine Welt der Liebling-wie-war-dein-Tag-Wohligkeiten zu entführen, in der Einsamkeit, Selbstzweifel und Ängste nicht mehr auf dem Speiseplan stehen. Das L-A-B-T-Modell (Living apart, being together) war definitiv nicht auf ihrer Erledigungsliste gestanden. Aber natürlich war sie insgeheim sicher, dass sie sich den Kurti schon noch irgendwie »herrichten« könnte. Alte Frauenkrankheit: Wenn der Mann einmal eingetütet ist, dann wird er gleich zum Bastlerhit ausgerufen, und es muss an ihm geschraubt und gebohrt werden.

»Millionen Menschen«, seufzte abends ein befreundeter Psychiater, »verzweifeln täglich daran, den unrealistischen Mythos der romantischen Liebe mit ihrem Leben in Einklang zu bringen.«

Andererseits: Was würden sie sonst mit ihrer Zeit anfangen?

Psychowäsche mit Schleudergang

Der Mann, dem die Frau 30 Jahre ihres Lebens auf dem Silbertablett serviert hatte, sagte: »Ich möchte mich neu orientieren.« Sie hatten miteinander drei Buben großgezogen, sie ihm seine HNO-Praxis geschupft und nie darüber nachgedacht, dass er ihr je so einen Satz rüberschießen könnte. Die Neuorientierung hatte ein Gesicht, ein hübsches Gesicht. Sie war eine Emoticon-Poetin und schickte viele Smileys mit Kussmündchen.

»Ich stehe vor den Trümmern meines Lebens«, schluchzte die Verlassene ins Telefon, »ich kann das alles nicht begreifen.«

Ich hätte jetzt jede Menge Kalendersprüche parat. Marke »Vielleicht kriegt er sich wieder ein« oder »Gib ihm Zeit.« Nur – wir sind alle in einer Lebensphase, in der wir nicht mehr alle Zeit dieser Welt haben. Zeit ist Gold. Wir können sie nicht mehr herschenken und müssen damit sehr knausrig umgehen. Und wenn Männer in ihrer 50-plus-Phase sich Fragen zu stellen beginnen, wie »Kann das alles gewesen sein?«, muss man damit rechnen, dass das sehr, sehr lange dauern kann. Hormone sind Fetzenschädel. Ich sagte also: »L-Word. Loslassen. Hol dir dein Leben zurück! Jetzt!«

»Aber wie?«

»Egal wie. Jetzt!«

Zwei Monate später war die Scheidung durch. Meine Freundin lebte danach statt in einer Cottage-Villa in einem Schuhkarton von einer Wohnung. Sie jobbte prekär. Ihre Tod's- und Celine-Taschen hat sie auf Kommission in Vintage-Läden deponiert. Wir aßen Linsen.

»Und wie fühlt es sich an?«, fragte ich sie, »das neue Leben?«

»Beschissen«, grinste sie, »aber es gehört wieder mir. Mir ganz allein.«

»Trauerst du nicht mehr?«

»Ich traure wegen meiner Blindheit, aber ich verzeihe mir.«

Den Satz fand ich wunderschön. Ich umarmte sie und variierte einen Idioten-Werbespruch: »Mehr können Sie für Ihre Psychowäsche gerade nicht tun!«

Gib Burli Bussi!

Es war drei Uhr morgens, als mein Freund Z mit seinem Graupapagei Kreisky auf der Schulter an meine Tür trommelte. »Ich brauche Asyl, Polly«, flüsterte er, »meine zukünftige Ehemalige dreht gerade durch.«
»Redest du von der, die du vor acht Monaten mit Donner und Granaten geheiratet hast? Ich habe heute noch einen Muskelkater vom Ausdruckstanzen. »Le freak, c'est chic«.
»Bingo, genau die. Sie ist verrückt. Und gefährlich.«
Ich holte ihn rein, der Graupapagei blickte gleichmütig. »Ein Mädchengetränk oder was Handfestes?«
»Tee für Erwachsene«, antwortete er, was in Z's Kosmos das Synonym für Whisky war.
»Also, was war los«, fragte ich in meinem besten Vera-Russwurm-nimmt-sich-ein-Murenopfer-zur-Brust-Tonfall.
»Sie hat mir den Kompostmüll in den Koffer gepackt, als ich auf ein Führungskräfteseminar musste. Sie hat die ganze Wohnung in eine cremefarbene Hölle umgestaltet. Ich wusste gar nicht, wie viele Beiges man hassen kann. Als ich den vergangenen Scheiß-Valentinstag vergessen habe, hatte sie den ersten Kabelbrand. Sie hat sich mit meiner Kreditkarte zehn Fleuropsträuße, Kategorie A, anliefern lassen. Wie konnte ich mich in dieser Frau nur so täuschen?«
»Ein Oxford-Professor, Spezialgebiet Psychopathologie, hat mir einmal erzählt, dass solche Borderline-Flaneure Spitzenkräfte in der Camouflage ihres wahren Ichs sind. Die war offensichtlich hochintelligent, die Frau.«
»Dachte ich's mir doch«, grinste er, »intelligente Frauen sollte man weiträumig umschiffen.«
»M-I-S-T-K-E-R-L«, krächzte der Papagei jetzt fünf Mal am Stück.
Z knurrte: »Halt die Klappe, Kreisky. Sonst bekommt Stiefmutti die alleinige Obsorge!«
Kreisky erkannte den Ernst der Lage und flötete »G-I-B B-U-R-L-I B-U-S-S-I!«
Das war ein Kunststück, das ihm die vorletzte Ex beigebracht hatte.
Tiere können ja so viel Freude machen.

Dienstmädel-Gefühle

Das hier war nicht nur Urlaub, sondern auch eine politische Mission. Ohne unser Rettungspaket würde Griechenland nämlich endgültig den Orkus runterschlittern. Solidaritäts-Ouzo und reformstützende »Mythos-Bierchen« mussten getrunken, die erlahmte Volkswirtschaft durch den Erwerb von Tuniken und Tand wieder zum Rotieren gebracht werden. Man fand trotz des emsigen Rettens der Pleite-Hellenen auch Zeit, über die wichtigen Fragen nachzugrübeln. Wie zum Beispiel: Wem gehört diese Klotzyacht, die uns seit Tagen den Blick auf das Meer verstellt?

»Ach, das Boot da«, zeigte sich unsere neue Freundin, eine Mailänder Reifenbaronin, unbeeindruckt, »das gehört den Rockefellers. Die müsstet ihr einmal kennenlernen – das sind total nette Down-to-earth-Leute.« Logisch, deswegen wahrscheinlich auch der dezente 150-Meter-Kahn. Später düste ich zum Yachthafen, um Eiswürfel zu besorgen. Kurz überlegte ich, meine Erziehung, die oft ja doch nur belastet, über Bord zu werfen, und bei einem der Boote einfach anzuklopfen – mit einem Eisbrecher à la »So sorry, mir sind gerade mitten im Tsatsiki-Basteln die Gurken ausgegangen. Könnten Sie mir vielleicht aushelfen?« Vielleicht würde man ja ein Mal im Leben einen Volltreffer in Form eines Milliardärs mit Schmäh landen, der kontert: »Die Gurken kriegen Sie, aber nur in einem Gin Tonic an Deck!«

Plötzlich öffnete sich das Portal eines prächtigen Schiffs mit britischer Flagge. Ein malaysischer Diener in weißer Uniform steuerte behutsam einen Rollstuhl, in dem ein missmutig blickender Greis mit einer Sauerstoffmaske saß, über die Landebrücke. Torberg hätte in dem Fall geschrieben: »Gott ist gerecht.« Ich hielt an mich und dachte an meine hochelegante Freundin M und deren Standardspruch: »Schadenfreude ist was für Dienstmädeln.«

Französische Salonkomödien

Wenn die Mätresse und die Hauptfrau einander kennenlernen, ist das nicht immer besonders gemütlich. Vor allem nicht für den Mann, der keine von beiden so richtig enttäuschen wollte. Das Schöne an einem Verhältnis ist ja prinzipiell, dass es sich dabei um einen Dreier handelt, von dem eine der Involvierten nichts weiß.

»Warum hat sie alles einfach so mutwillig zerstört«, ist J einfach noch immer »total befremdet« vom Alleingang seiner Zweitfrau, die sich bei ihrer ahnungslosen Konkurrentin, einer Psychotherapeutin, einfach einen Termin geben ließ und dort in der Sitzung losplatzte, dass ihre posttraumatische Verbitterungsstörung ja eigentlich ein Gesicht und einen Vornamen hat: Josef.

»Ach, wie drollig«, zwitscherte die Gattin dann, »so heißt mein Mann auch…«

Und dann gab es angeblich kein Ansichhalten mehr seitens Fräulein Warteschleife. Sie legte jedes Detail der Beziehung auf den Praxistisch, inklusive des Fiebertraums von einer Bottega-Veneta-Tasche, die sie J, der an sich eher zu den Geldneurotikern zählte, unter Androhung eines Ultimatums aus der Kreditkarte gerissen hat. Wären wir in einer französischen Salonkomödie, würden die Rivalinnen jetzt kreischend einander das eine oder andere Haarbüschel ausreißen, die Filetstückchen ihres Fluchrepertoires auspacken und jede versuchen, sich das Monopol an diesem Mann felsenfest zu sichern. Aber in diesem Fall beschlossen die beiden Weiber vor Ort statt einer Familien- eine Verhältnisaufstellung, bei der J erklären sollte, was denn die eine habe, woran es bei der anderen fehle. Was bei J eine prätraumatische Stressangst-Disorder zur Folge hatte, die er mit der Eröffnung einer neuen erotischen Baustelle in Form seiner Tai-Chi-Trainerin in den Griff zu kriegen sucht. Irgendwer muss den armen, vom Leben so ungerecht behandelten Mann ja schließlich trösten.

»Keine App für dich«

»Er hat mein Posting nicht geliked. Saufies, oder?« Nein, diese Aussage stammt nicht von einer fidel pubertierenden Sophievalerielea, sondern von M, einer Frau in den allerbesten Jahren. In der Pre-Gesichtsbücherei-Zeit konnte man den Zuwendungsgrad eines Herrn noch an der Zahl der auf Büttenpapier mit dem Gänsekiel geschabten Ergüsse ablesen. Heute darf das Zeitintervall zwischen ihrem Posting und seiner Gefällt-mir-Meldung nicht zu lang sein. Es spielt auch dann Ramona, wenn er auf Facebook seinen Beziehungsstatus nicht sofort mit Herzchen-Zierleisten auf »Is in a relationship« ändert und weiter Single bleibt.

»Neinneinnein«, zerbröselt K ein virtuelles Damoklesschwert über ihren neuen Lebensmenschen, »das hat er nicht verschlampt, er will sich einfach noch andere Optionen offenhalten. Dreckskerl«. Potenzielle Partner, die sich dann doch eher als seelische Bastlerhits auf dem Paarungsmarkt herausstellen, werden neuerdings einfach mit dem Satz »Ich hab für den Mann / die Frau einfach keine App!« entsorgt. Liebeserklärungen mit Emoticons in Form von gelben Gesichtern, aus denen Kusskirschen aufsteigen, per SMS verschickt. Und auch in der Dating-Kultur haben sich tektonische Verschiebungen ereignet. Als ich in Paris war, sah ich in den romantischsten Bistros Paare sitzen, die liebevoll mit dem Finger über das, was ihnen am nächsten war, strichen: die Touchscreens ihrer iPhones. Gegessen werden durfte erst, nachdem das Essen geposted und dann noch ein schnelles »Usie« hinterhergejagt (= Selfie mit zwei Menschen) worden war. Am unterhaltsamsten krank aber waren japanische Brautleute, die acht Gänge verzehrten, ohne ein Wort miteinander zu wechseln. Er hatte einen Knopf im Ohr, um live einer Sportveranstaltung in Tokio lauschen zu können. Null App fürs Leben, die Japaner.

Tourette-Vase

Es wäre alles so prächtig gewesen, seufzte H. Der Mann hatte bereits
erwachsene Fortpflänze, mit denen man nicht mehr auf Patchwork-Super-
mum machen musste. Er bekam keine Symbiose-Paranoia-bedingte
Neurodermitis, wenn er Sätze wie »Du machst mein Leben so viel schöner«
flüsterte. Er hatte noch Haare am Kopf. Lachte im Museum bei den
richtigen Bildern. Konnte ein Safranrisotto zaubern, das einen vorderen
Rang auf der Liste der Gottesbeweise einnahm. Aber dann brachte ein
winziger Vorfall diese Idyllen-Attrappe zum Einkrachen.
H hatte mit den Flatterärmeln ihres mondänen Seidenkimonos eine Vase
von seinem Couchtisch geräumt. Das ohnehin geschmacklich diskussionswürdige Teil war in tausend Teilchen zerborsten. Und mit ihr H's Illusion,
nach langen Jahren erratischer Two- bis Three-Nightstands endlich wieder
mehr emotional solides Paris in ihrem Leben zu haben. Denn der Anblick
des Vasen-Wracks hatte bei dem Herrn einen Tourette-Anfall der Kategorie
A zur Folge. Er zeterte mit puterrotem Kopf auf das Unflätigste los:
»Trampel, patscherter! ... Wie kann man nur so deppert sein? So was
Vertrotteltes! Meine schöne, geliebte Vase einfach so hinmachen.
15 Jahre war sie schon bei mir!«
H nahm den nächsten Notausgang. Ich tröstete sie. Was für ein Glück,
dass der Mann sein impulsgetriebenes Zornmanagement-Defizit schon so
früh offengelegt hatte. Ehe man nämlich gemeinsame Urlaube ohne
Stornovorsorge gebucht und sich bei seiner Mutti offensiv eingeschleimt
hatte.
»Du solltest der kaputten Vase einen Blumenstrauß schicken«, ermunterte
ich sie. »Sie hat dir so viel Leid erspart und Lebenszeit geschenkt.«
H sah mich wie etwas an, was die Katze von sehr weit draußen hereinge-
schleppt hatte, und fragte: »Gibt es in meinem Leben eigentlich nur mehr
Verrückte?«

Kopulations-Ballette

»Wahrscheinlich hat er sie schon in Griechenland auf jeder Schafswiesn auf ein Kluppensackl zampudert«, schniefte M, »während ich mich mit fantasievollen Schmorgerichten in dieser versifften Ferienhaus-Küche abgerackert habe.« Mit dem Grad ihrer Verzweiflung wuchs auch ihre Neigung zu einer nicht ganz Mädchenpensionats-tauglichen Ausdrucksweise. Man konnte ihre Verzweiflung durchaus nachvollziehen. Nicht genug damit, dass ihr Lebensabschnitts-Pepi sie knallhart betrogen hat, er musste es auch noch ausgerechnet der Mutter einer Schulfreundin der gemeinsamen Tochter besorgen. Über Jahre hatten sich die Elternpaare gegenseitig zum Essen eingeladen, gesoffen bis in die Puppen, im Sommer malerische Inselhäuschen miteinander gemietet und sich in der trügerischen Idylle einer Lebensfreundschaft gewogen. Und jetzt dieser Faustschlag gegen M's Würde! Mit Sicherheit hatte den beiden Fremdspringern die Tatsache, dass ihre lieben Partner drollig-naiv beim Essen saßen, während unter der Tischplatte ihre Füße eine Art Kopulations-Ballett tanzten, einen zusätzlichen erotischen Kick verliehen.

Über Doppelmoral-Szenarien in der Tradition von Schnitzlers »Weitem Land« stolpert man neuerdings häufig. Um die Jahrhundertwende arrangierten sich vor allem die Frauen in diesen Konstellationen, um nicht in einen finanziellen Notstand zu geraten. Heute betrügt man wahrscheinlich mehr, um sich weniger zu langweilen.

»Und?«, fragte ich M, »wirst du deinen hormonversauten Pinocchio jetzt verlassen?«

»Das täte ihm wahrscheinlich so passen«, kreischte sie jetzt, »und genau deswegen werde ich ihm die Freude nicht machen! Auf seinem schlechten Gewissen werde ich jetzt Salti schlagen. Das wird teuer!«

Enttäuschte Liebe und Brutalität gehören ja bekanntlich zusammen wie der Rock zum Roll.

Glamrock-Kater

»Zieh dich warm an!«, sagte K, als sie mich nach langer Funkstille zum
Essen einlud. Ich hätte ihren Rat beherzigen sollen, denn es war mehr
als frisch in ihrer Wohnung. »Ich muss sparen«, sagte sie nur, als sie mir
eine Wolldecke reichte. Es gab ehrliche Dillfisolen mit Kartoffeln. Sie
waren köstlich. Der mitgebrachte Rotwein wärmte uns. »Mein Leben ist
ein bisschen von der Spur«, sagte sie, »die Agentur hat mich gefeuert,
meine Reserven sind in die Glamrock-Band meines letzten Liebhabers
geflossen.«

»Die Zeiten für Glamrock werden wieder besser werden.«

»Glamrock kann mich mal. Er hat mich wegen seiner Drummerin sitzen
lassen.«

Ich begann zu kichern. Sie sah mich sehr irritiert an. Ich konnte trotzdem
nicht aufhören, es war einfach stärker. Irgendwann hatte ich sie angesteckt
und wir lachten Stereo, bis uns die Tränen kamen.

Ich erzählte ihr die Geschichte von Benjamin Guggenheim auf der »Titanic«.
Als das Schiff auf den Eisberg gelaufen war, soll er nach einem Blick in
seinen Whisky angemerkt haben: »Ich hatte zwar nach mehr Eis für meinen
Drink verlangt, das ist aber dann doch ein wenig übertrieben.« Gegen
Tragödien gibt es eben nur eine brauchbare Waffe: Humor.

Ich musste an meine Tante F denken, deren vergötterter Mann nach einem
Schlaganfall als Gemüse dahinvegetierte. Zeitlebens hatte er ihr viel
Kummer bereitet, weil er die Frauen so sehr liebte, dass er sich nicht nur
auf eine einzige beschränken wollte. »Jetzt kann er mir wenigstens nicht
mehr fremdgehen«, sagte sie lachweinend, »das gönn ich ihm, diesem
Falott: Monogamie auf Lebenszeit.« Und dann hatte sie ihn mit einer
Zärtlichkeit auf die Stirn geküsst, die mich damals verstehen ließ: Ironie
war das einzige Schmerzmittel, das ihr half, seinen Zustand auch nur
irgendwie zu ertragen.

Konversations-Stricher vom Festland

Ron und Trudy sind Hippies. Sie sehen auch in ihren späten Sechzigern
so aus, als ob sie gerade eben noch »No rain« in Woodstock gebrüllt hätten.
Ron und Trudy leben seit über 35 Jahren auf einem Strand in Costa Rica.
Mitten in dieser völligen Einsamkeit haben sie einen botanischen Garten
hochgezogen. Ab und zu werden durch diese Paradies-Filiale Ladys in
sehr weißen Turnschuhen von Kreuzfahrtschiffen durchgetrieben. Davon
leben sie. Einmal in der Woche fahren sie mit dem Boot zum Einkaufen.
Das ist ihr einziger Kontakt mit der Zivilisation. Sie besitzen erst seit zwei
Jahren Internet. Davor hatten sie einfach keine Ahnung, was in der Welt
vor sich geht. Ab und zu quartieren sie einen Volontär in einer Hütte ein,
der gegen Logis gärtnert. Essen muss der allein. Der »Gast« hat sich
auch vertraglich zur sozialen Autonomie zu verpflichten. »Das ständige
Gequatsche macht mich krank«, erklärt Ron. Zöpfchen-Trudy flüstert:
»Wir lieben die Stille.«
Wir schweigen uns gemeinsam durch einen Tee. Es ist ein völlig friedliches
Schweigen. Die einzige Geräuschkulisse stellt der Regenwald. Hier weiß
man nicht einmal, wie man Versäumnispanik buchstabiert. Ich überlege
einen Crashkurs in Botanik zu belegen und bei Symbiose-Ron und Trudy
im Zivilisations-Detox-Camp den Part der schweigenden Gärtnerin zu
übernehmen. Wahrscheinlich würde ich aber in Kürze einen Paradieskoller
entwickeln. Und in Folge an einem Großen-Klappen-Verschluss elendig
zugrunde gehen. Oder mir heimlich Konversations-Stricher vom Festland
kommen lassen, die mit mir gegen harte Dollars über das Wetter,
bedrohte Schildkröten und Ahornstabgewächse plaudern. Es wäre wirklich
verantwortungslos, sich mit Gewalt gegen die eigene Natur zu richten.
Wie gesund diese Art von Eigennatur-Vergewaltigung auch immer sein mag.

Ein Mann wie ein Nick-Cave-Song

Der Herbst kroch in mein Freizeitverhalten. Ich sagte meinen kleinen Dörfern Adieu: Altaussee, der Schrebergarten-Community an der Alten Donau und küsste meine Zille auf die Stirn. Und begann wie manisch zu kochen. Der Temperatursturz steigert mein Atz-Bedürfnis.

C brachte im Zuge dieser Ausspeisungen etwas mit. Das Etwas war ein Mann, der so fröhlich wirkte wie ein Nick-Cave-Song. »Wir müssen lieb zu ihm sein«, flüsterte sie mir in der Küche. »Ist ihm die Alte mit dem Yogalehrer/Softwaremechaniker/Osteopathen durchgebrannt?«

»Schön wär's. Es war eine Frau...«

»L-Word olé! Kommt in den besten Familien vor.« »L-Word« war eine amerikanische TV-Serie, in der erstmals zwischen Frauen ohne Tabupanik zur Sache gegangen wurde.

C's Blick signalisierte mir Alarmstufe Empathie. Dann sagte sie: »Es war die beste Freundin der gemeinsamen 18-jährigen Tochter.«

Ooopsie, der Mann hatte wirklich alle Rechte, wie ein dehydriertes Wintergemüse auszusehen. Das war hart am Genre griechische Tragödie.

»Kann ich irgendetwas für Sie tun«, hörte ich mich zu dem versteinerten Gast sagen, »jenseits von warmer Nahrung und kaltem Wein?«

»Bloß nicht«, antwortete er, »und vor allem erwähnen Sie das L-Word nicht.«

»Okay, einigen wir uns auf gleichgeschlechtliche Orientierung...«

»Nein, nein«, sagte er, »mit L-Word mein ich Loslassen. Wenn mir noch irgendwer in diesem Leben erklärt, ich müsse nur loslassen...«

»Nehmen Sie sich einfach eine Kalaschnikow aus meinem Kleiderschrank...«

»Genau«, antwortete er, und ein Winter-Lächeln huschte über sein Gesicht.

Zum Dessert servierte ich ihm einen Satz von meiner persönlichen Schutzheiligen Dorothy Parker, der Ganztags-Trinkerin und Teilzeitschriftstellerin. Als der Hollywood-Produzent Samuel Goldwyn ihr in ihren Filmscripts mehr Optimismus abverlangen wollte, hatte sie ihm geantwortet: »Verehrtester, möglicherweise ist das ein Schock für Sie. Aber in der gesamten Menschheitsgeschichte mit all ihren Zillionen von menschlichen Wesen kenne ich keine einzige Story mit einem Happy Ending...«

Mousse au chocolat aus dem Nabel

F donnerte ein Papierknäuel quer durch das Zimmer: »Lies das!«
Ich strich den Zettel glatt. Da stand in Schönschreibe etwas von einer
Morgenröte, die »unsere Melancholie« wärmt, Golfströmen von
Gefühlen und Lippen, die den Vergleich mit geplatzten Lilienknospen
heraufbeschwören. »Ziemlich ergreifend«, piepste ich.
»Ergreifend schlicht! Ich kriege von dem Zeug Sodbrennen«, konterte
sie.«
»Nun ja, es ist kein Rilke.«
»Es ist nicht einmal die Jeanslinie von Rilke. So ein Kitsch-Kurti!«
»Oh, das hat dir ein Mann geschrieben, ein heterosexueller Mann?«
»Ja, ein Mann, der sich eigentlich als ganzer Kerl angelassen hat. Bis zu dem
Moment, wo er Mousse au Chocolat aus meinem Bauchnabel löffeln wollte,
das Boudoir mit Ravel beschallte und mir postkoital Do-it-yourself-Lyrik
vortrug. Ich musste dabei immer an die Wessely denken.«
»Was hatte die Paula Wessely mit Mousse am Bauch am Hut?«
»Unsere Doyenne hat immer, wenn ein Kollege zu sehr aufs Pathos-Pedal
gedrückt hat, nur im fadisierten Singsang angemerkt: »Das ist schon sehr
schön, aber bitte legen wir's doch einfach trocken.« Dann schüttelte
sie sich: »Ich komme aus Wien. Ich bin Jüdin. Mich macht man nicht mit
Duftkerzen, gemeinsamen Schaumbädern und gegenseitigen Fütterungen
im öffentlichen Raum wehrlos. Ich brauch vor allem an Schmäh! Ich werde
den T anrufen.«
»Nein!« warf ich mich vor ihr Handy. »T = Trouble! Der Mann hat seine
Tschick in deinem Herz ausgedämpft!«
»Aber er hat mich davor und manchmal auch sogar danach zum Lachen
gebracht. Außerdem ist er jetzt Nichtraucher. Es geht doch nur darum:
Ist der Typ humormäßig satisfaktionsfähig? Wie Hansi Krankl schon sagte:
Alles andere ist primär.«
»Und wer wärmt dann bitte unsere Melancholie?«
»Wenn mir wirklich einmal nach Zuckerwatte sein sollte, schalte ich auf
›RTL Passion‹. Nein, ich tauge nicht für das Genre der Pathos-Queen.«
Aber als Spaß-Prinzessin war sie unschlagbar.

Der Vögel-Therapeut

Ab und an wird man ja doch noch zu gutbürgerlichen Abendessen in Grün-lagen eingeladen. So mit Tischkärtchen und Pipapo. Kollektive Nahrungs-aufnahmen solchen Kalibers zeichnen sich auch durch verdichtetes »Happy Couples«-Aufkommen aus. Alleinerziehende Single-Frauen haben in diesen Konstellationen die Funktion des traurigen Farbtupfers. Findet zumindest K, eine soziologische Genossin. So würden, ihrer Ansicht nach, all die »Happy Couples« noch um ein Eckhaus happier. Mir doch egal. Hauptsache, Champagner.

Die muntere Hausherrin hatte mir als Tischherrn einen Rossschweifchen-träger zugedacht, vom Beruf Sexualtherapeut. Das Problem mit männlichen Rossschweifchenträgern ist, dass diese Frisur bereits vor zehn Jahren unfreiwilligen Unterhaltungswert besaß. Dieser Faktor wird durch die Tatsache merklich erhöht, dass Männer im frühen Spätsommer ihres Lebens ohnehin zu fliehendem Haaransatz neigen, wie eben auch dieses Exemplar. Gott ist aber gerecht, Jungs. Für Frauen ab 30: Das Ende der Bauchfreiheit, rigoroses Snoopy- und Diddelmaus-Verbot als Slipaufdruck. Ab 40: Absolutes Bo-Derek-Zöpfchenverbot, Leggings-Todesstrafe und so weiter. Aber egal. Wer will denn so oberflächlich sein?!

Am Ende des Abends sollte der Sexklempner doch noch zu meiner Erheiterung beitragen. Während nämlich zwei von den »Happy Couples« sich bei der Panna cotta in ein Kreuzfeuer zum Thema Selbstver-wirklichung, Bewahrung der Freiräume und dem Vorwurfsrepertoire (»Nie hast du immer keine Zeit!« oder »Muss der Parka von Prada sein?!«) hingaben, erwachte der Sexualtherapeut kurz aus der Agonie und trompetete ins Gemenge: »Geht's doch endlich vögeln, dann is' a Ruh!« Erstarrung an allen Ecken und Enden, die kollektive Laune ratterte unter den Gefrierpunkt. Ich konnte eine Lachsalve dann naturgemäß doch nicht unter Kontrolle kriegen.

»Weil's doch wahr ist«, fügte er hinzu und grinste dabei wie ein Honigkuchen-Buddha. Das Entsetzen seiner Mitmenschen dürfte auf den Therapeuten beflügelnde Wirkung haben.

Ein bisserl nach Südamerika

Oh Gott, da ging er vor mir. Mitten am Kohlmarkt, die pechschwarzen Haare noch immer so verstrubbelt nach allen Seiten stehend wie vor fünf Jahren. Er trug den Parka, den er an jenem Nachmittag getragen hatte, als er mir auf einer Praterbank völlig nonchalant den Satz sagte: »Du, ich glaub, ich muss ein bisserl nach Südamerika.«

Doppelter Schütze, der astrologische Supergau für ein Wasserzeichen-Mimöschen wie mich. Aus dem »bisserl« sollten übrigens Jahre werden. Ich hatte an jenem Nachmittag Tränenkontinente auf diesen Parka geheult, denn irgendwie hatte ich das Gefühl, dass diese Liebe, ehe sie so richtig begonnen hatte, bereits zu Ende war. Der Trennungsschmerz tat aber hundsfieserweise genau deswegen nicht halb so viel, sondern doppelt so sehr weh. Denn nicht nur ich, sondern auch meine Hoffnung auf ein Happy End waren dramatisch gekränkt. Die Frage »Was hat Südamerika, was ich nicht habe?« mutierte über lange Zeit zum »Running Gag« zwischen meinem Psychotherapeuten und mir. Mit pudding-weichen Knien flüchtete ich mich in den verlässlichsten Stimmungsauf-heller-Schuppen, den »Demel«, und verkroch mich in einer Fächertorte. 2500 geschätzte Kalorien, und mit jeder einzelnen möchte man per du sein. Doch der Teufel pennt nicht. Es klopfte an die Scheibe, und wenig später saß Strubbel-Peter an meinem Tischchen. Er hatte mich in den Torten-Tempel flüchten sehen. »Südamerika«, sagte er, ohne sich an die handelsüblichen Schön-dich-zu-sehen-Höflichkeiten zu verschwenden, »ist eigentlich komplett überschätzt. Du hättest mich warnen sollen...«

Jetzt tropfte jene Träne in die Torte, die er zuvor vergeblich versucht hatte aufzufangen.

»Ich bin ein solcher Idiot«, merkte er an, »verzeih mir... Kann ich irgendwas für dich tun?«

»Ja«, schluchzte ich, »nicht so schön schauen... Wenn's leicht geht.«

Killing her softly

C wird zur ernsthaften Kandidatin für eine Zwangsjacke des Designers ihrer Wahl. Okay, F hat sie verlassen, und das nach fünf Jahren Achterbahn. Während der x-ten Trennung auf Zeit hat er sie eines Nachts aus dem Bett gescheucht, um ihr lallend mitzuteilen, dass er sie – nüchtern betrachtet – eigentlich noch nie wirklich leiden konnte. Mit Frauen, die auf einer Bergwanderung Treter von Sergio Rossi anwerfen und Miles Davis nicht ertragen, wäre in Wahrheit keine Basis gegeben. C's Selbstwertgefühl schrumpfte auf Kichererbsen-Format. Wir versuchten unser Bestes.

»C«, liefen wir zur Binsenhochform an. »C, wir wurden alle schon einmal von einem Koffer verlassen. Nimm das Unglück doch einfach als Chance und nütze die Zeit der Trauer. Check dir ein Burg-Abo, besuch einen Salsa-Kurs!«

Unsere tumben Ratschläge hatten bei C keine Läuterung, sondern eine Hochzeits-Zwangsneurose zur Folge. Sie zog sich nonstop Videos, die Trauungen aller Art zum Thema hatten, rein: »Vier Hochzeiten und ein Todesfall«, »Die Hochzeit meines besten Freundes« etc. Sie besuchte Braut-Boutiquen, um »nur so zum Spaß« dort champagnerfarbene Roben anzuprobieren. »Ab 35 sollte man auf Blütenweiß verzichten.« Sie rief bei Konditoreien an, um sich Vorschläge für Hochzeitskuchen durchfaxen zu lassen. Ihre Begründung: »Ich möchte wenigstens wissen, was ich versäume.«

Als uns zu Ohren kam, dass F eine Frau gefunden hatte, die offensichtlich die »Rossis« zum richtigen Zeitpunkt anzog, und er sich mit ihr auch vermählen wollte, knobelten wir, wer C die Botschaft bringen sollte. Ein nutzloses Unterfangen, denn sie war bereits in Kenntnis. »Ich habe bereits Kontakt in die Unterwelt aufgenommen«, flüsterte sie, »um nur 5000 Scheine kann man den Mann so herrichten lassen, dass er an seinem Hochzeitstag kaum M-a-m-a sagen wird können.«

Was wir alle für einen morbiden Scherz gehalten hatten, sollte C, noch eine erfolgreiche Kunstgaleristin mit tüchtig Bodenhaftung, tatsächlich wahr machen. Mit der Beiläufigkeit, die der Wahnsinn manchmal so an sich hat, erzählte sie mir, dass sie über einen Lokalreporter Kontakt mit der Unterwelt aufgenommen habe. »Es wird ihm nur ein bisschen weh tun. Dieses Schwein soll eine Lektion verpasst kriegen. Und diese Schlampe soll ihrem Gatten die Nahrung flüssig zuführen müssen.«

Dann verschwand C von der Bildfläche. Nur unserer gemeinsamen Freundin B hatte sie anvertraut, dass der Mann ihres Vertrauens Sergej hieß und Mitglied in einem ukrainischen Club war, dessen Haupteinnahmequellen definitiv nicht aus dem Vertrieb von Rheumadecken bestanden. Wir studierten in den nächsten Wochen aufmerksam die Chronikteile der Zeitungen. Mit dem Heranrücken des F-Hochzeitstermins stieg unsere Nervosität. Dann lief ich C in einem Gourmet-Laden in der City über den Weg. Sie war von hysterischer Aufgeräumtheit. »Polly«, säuselte sie, »schön, dich zu sehen.«

Mehr als ein »Wie geht's denn so?« fiel mir nicht ein. Ich kann auch nicht immer. In diesem Moment kam ein Hüne in Nadelstreif aus der Gemüseabteilung auf sie zu. »Meine kleine Taube«, wollte er von C mit schwerem Akzent wissen, »willst du die Tomaten von der Rispe odärr liebär die großen?«

»Das ist Sergej«, sagte sie in diesem hohen Ton, der direkt aus dem Unterleib kommt. »wir haben uns beruflich getroffen.«

»Ein Maler?«, machte ich auf blauäugig.

»Nicht wirklich«, kicherte sie, aber das eine oder andere Kunststück beherrscht er durchaus.« Während sich Sergej beim Käse anstellte, flüsterte sie: »Ich bin F ja so dankbar. Ohne ihn hätte ich diesen Mann nie kennengelernt.«

Welche Weisheit nehmen wir uns aus dieser Geschichte mit? Dass jeder Mann, wie Dichter Botho Strauß einmal anzumerken wusste, immer nur der Wegweiser zum nächsten ist.

»Du arme, liebe Irre«

Sie konnte nicht nur Kostümchen für die Ewigkeit zaubern, sie konnte auch ihre Wunden beschreiben. In »Die Kunst, Chanel zu sein« referiert Coco über ihre »amour pfuuh« mit dem Pinsler Paul Iribe: »Ich kann auch nach so vielen Jahren nicht ohne Gereiztheit an die Atmosphäre blinder Leidenschaft denken, die er um mich schuf. Er laugte mich aus, er ruinierte meine Gesundheit!« Leidenschaft ist für Chanel im Rückblick »nichts als ein tagtägliches Lourdes und eine schreckliche Krankheit«. Ich verstand sie so gut. In keinem anderen Zustand ist man so unfrei, so bereit für allen exzentrischen Unfug. Die größten Blödheiten meines Lebens habe ich aus Leidenschaft begangen. Ich bin frierend bei Nieselregen im Morgengrauen auf Hochständen gesessen, und das nicht nur ein Mal. Ich bin drei Stunden im Schneesturm durch ein verkehrslahmes New York getrippelt. Ich hatte für 16 Menschen fünf Gänge in drei Stunden gekocht, um einen Mann zu beeindrucken. Ich habe mir im Zweitagesrhythmus Diven-Blumensträuße zustellen lassen, um einen anderen eifersüchtig zu machen. Ich habe Hunderte Euros an Tarot-Zampanas und Astrologie-Interpretinnen verschwendet, um zu wissen, ob der, den ich gerade im grauenhaften Übermaß gegenüber dem Rest der Menschheit überschätzte, seinen Schimmel aus der Parkgarage zu holen gedenke. Es blieb die Erkenntnis, dass just jene, für die ich mich am bereit- und freiwilligsten zum Idioten gemacht habe, es im vergleichenden Rückblick am wenigsten wert gewesen sind. Und man aber dennoch froh ist, diesen Unsinn erlebt zu haben, aber gleichzeitig unendlich dankbar, dass er hinter einem liegt. Am Ende dieses kleinen Gedankenslaloms flüsterte ich mir dieselben Worte zu, die Paul Iribe am Schluss seiner Gefühle für Chanel übrig hatte: »Du arme, liebe Irre!«

La vie en extase

Bonjour, le sexisme! Was für eine Wohltat, nach den nervenden Belästigungs-Debatten rund um Herrn Brüderle* in Paris, der Metropole des entspannten Sexismus, aufgeschlagen zu sein. Ehrensache, dass man am äußersten Rand des Rotlichtviertels, unweit der Rue Pigalle, wohnt. Neben Etablissements mit verheißungsvoll poetischen Namen wie »Dirty Dicks« und »La vie en extase« stehen Mütter mit ihren Kindern Schlange vor einem Märchentheater, wo ein Schauspiel über die tollkühnen Abenteuer der Maus Celestine steigt. Es rührt die Pariser Mütter nicht im Geringsten, dass die aufgeregt schnatternden Fortpflänzchen mit dieser Art von Lotterleben konfrontiert werden. An allen Straßenecken wird geknutscht. Männer knallen ihren Frauen mit der flachen Hand auf den Hintern, und keine Gleichstellungsbeauftragte springt deswegen mit durchgeknallten Sicherungen aus dem Gebüsch. Die Gemüsehändler auf dem Markt um die Bastille schleudern jedem verkauften Salat eine Kompliment-Salve hinterher, durch die meine Würde als Frau aufpoliert und nicht gekratzt wird. Die Müllmänner zwinkern einem zu. Die Kellner in der »Coupole« flüstern: »Nehmen Sie die Crème brûlée, wenn Sie den Himmel atmen hören wollen.«
Aber ja, natürlich werden hier Klischeetänze veranstaltet, bis le docteur kommt. Aber wenn man aus einem Land kommt, das einem flirtativen Trockengebiet gleichkommt, und in dem die Herren der Schöpfung vor allem solche der Erschöpfung sind, freut man sich, dass es Orte gibt, an denen erotische Bluttemperatur Teil der Alltagskultur ist. Frei von diesem elenden Tugendgetadle.
Und ganz nebenbei: Die größten Feministinnen waren Französinnen. Aber dabei immer hervorragend gekleidet. Madame Beauvoir verließ ihre Wohnung nie ohne Lippenrot und Eins-a-Schuhwerk. Sie hatte jede Menge junge Liebhaber, die sie voll Hingabe als Objekte missbrauchte. Und allen gefiel's.

* Der deutsche FDP-Politiker Rainer Brüderle hatte 2013 eine junge Journalistin letztklassig angebaggert und damit über Monate eine Belästigungs- und Sexismus-Debatte entfacht.

Die Karma-Polizei ist hellwach

Himmel! Da thronte das Nougatauge auf »Eins rechts« in unserem früheren Stammcafé, dem »Engländer«. Ich hatte ihn über Jahre nicht gesehen und auch seine tolldreiste Freundschaftsanfrage in der Gesichtsbücherei vor einigen Wochen kaltschnäuzig ignoriert. Take this, Ex-Nougat! Da könnte ja ein jeder kommen, außerdem hab ich bereits 4999 liebe Freunde. Was glaubt der Mann eigentlich, der in meinem Archiv der Schmerzen unter »S« wie Sargnagel eingeordnet ist? Blöd auf meinem Herzen Trampolin springen und dann nach acht Jahren Funkstille eine so lapidare »Hallo, wie geht's denn so?«-Botschaft lospfeffern? B-L-E-N-D-A-X natürlich, aber das konnte ich ihm leider nicht reiben, denn ich war ja damit beschäftigt, ihn schweigend zu ignorieren.

Verdammt! Ausgerechnet heute hatte ich meine Frisur zu Hause vergessen. Und mein Outfit atmete den Geist unglamouröser Werktätigkeit, schließlich hatte man als Frau von Welt Wertvolleres zu tun, als sich mitten am Tage aufzubrezeln. Wenn man sich schon damit abmüht, jemandem dessen Bedeutungslosigkeit zu signalisieren, wäre panische Flucht kontra-produktiv. Ich blieb also souverän stehen und sülzte extraklebrig: »Wie schön, dich zu sehen!« Gloria victoria! Die Karma-Polizei macht doch kein Dauernickerchen, was hatte der Mann, für den ich einst in Sack und Asche nach Südamerika gerobbt wäre, für einen Altersschub hingelegt. Haaran-satz im Schweinsgalopp in die ganz falsche Richtung, auch seine Gesichtszüge sollte er dringend einmal mit dem Lasso einfangen. Ich reichte ihm die Hand, er erhob sich nicht, der Rüpel! Er erkannte an meinem Blick, dass ich diese Manieren für unterste Kajüte hielt. Und dann sagte er den schönsten Satz, den ich je aus dem Mund des einst so wahnwitzig geliebten Mannes gehört habe, quasi als Entschuldigung: »Verzeih bitte, dass ich nicht aufstehen kann, aber ich habe eine frisch operierte Hüfte.«

Das Bordeaux-Massaker

Ich brüllte: »Château Petrus, Jahrgang 1976. Wer hat noch nicht, wer will noch einmal?!« und schwenkte aufmunternd das Fläschchen. Die Begeisterung der Herren hielt sich dennoch in Grenzen. Schließlich hatten sie schon jede Menge Châteaus Schießmichtot intus und waren jetzt mit Bäuerchenmachen vollauf beschäftigt. Mein neuer Freund mit den drei Zähnen, der ganze Ackerschollen unter seinen Fingernägeln wohnen hatte, ließ sich dennoch erweichen, nach einem vorangegangenen Bordeaux-Massaker ein Gläschen des laut Auktionslisten 880 Euro teuren Weins in zwei Gulp-Lauten runterzuspülen: »I waß net ... des Gschladder wird a komplett überschätzt, Gnädigste. Habt's an Schnaps a?«
B konnte sich nicht mehr einkriegen vor Freude. Sie filmte das Szenario, als ob es die Geburt eines Kindes, das erst nach zehn IVF-Versuchen zustande gekommen war, zu dokumentieren gelte. Dabei waren wir nur hier am Westbahnhof wegen der »Operation Flugente«. Und das kam so: B's Gatte hatte sich im Zuge einer flammenden Lebensmitte-Krise in eine Luftfahrtskellnerin verliebt. Und statt sich mit der handelsüblichen Affäre zu begnügen, wollte der Mann jetzt ein neues Leben und vor allem viel neuen Sex mit der Flugente. Da der Gatte zur Spezies der »Rotwein-wixer«, so B's diffamierender Terminus, zählte, hatte sie mich dazu vergattert, mit ihr seine bestgehüteten Kellervorräte den Jungs in mobilen Wohnsituationen zur Verkostung zu bringen. Alles für einen guten Zweck – nämlich um den abgeflogenen Ehemann über die Rampe des Nervenzusammenbruchs zu katapultieren. Schon heute Abend würde sie das Bordeaux-Massaker auf YouTube stellen und Mister Wolke 7 den Link schicken. Diese neuen Technologien erleichtern auch das Rache-Geschäft so ungemein.
Tja, Leute, man kann sich mit allen möglichen anlegen – erbosten Stieren, hysterischen Taranteln, Grizzly-Mamas ...
Nur bei Menschenfrauen sollte man sich das wirklich zwei Mal überlegen.

»Ich habe viele Frauen lachen hören, aber keine wie Polly. Es macht einen Unterschied, ob man den Polly-Lacher selber überlebt oder nur davon gelesen hat. Die Akustik ihres Lachens: Nimm alle afrikanischen Tiere, die sich am Ufer des Wasserlochs Witze erzählen. Wir Polly-Forscher lernen daraus, dass sie nicht ganz dicht ist. Aber ihre Storys sind bissfest, al dente, das wahre Leben ... «

Helmut A. Gansterer
Autor und Journalist

Ach, die Frauen ...

»Frauen sind zu allem fähig.«
Homer Simpson

Ein Ego wie das Ambassador

Meine Familie hat für alle meine Normabweichungen vom Trampelpfad des Mainstreams ein Erklärungsmodell. Und dieses Erklärungsmodell lautet »fatale genetische Vorbelastung durch Tante Lou«.

Tante Lou, die seit gut 35 Jahren im wahrsten Sinn des Wortes unter uns weilt, hatte zwar ein Kind, aber nicht von ihrem Ehemann. Den hatte sie später dann auch mit der lapidaren Begründung »Ich höre bei ihm einfach keine Engel mehr singen« entsorgt. In der Vorkriegszeit betrieb sie unter dem vielversprechenden Pseudonym »Madame Cœur« in einer Zeitung eine Briefkasten-Kolumne, in der sie der Menschheit Beziehungsezzes erteilte. Für ihr Privatleben hätte sie eigentlich legitimerweise Katastrophenschutz beantragen können. Sie liebte die Männer, vorzugsweise die anderer Frauen. Sie hatte diebischen Spaß dabei, das Geld, das sie nicht hatte, aus-zugeben. Missinterpretierte Cognac als isotonischen Durstlöscher. Und zerschnitt ihre Brokatvorhänge, wenn ihr, nicht aber ihrer Geldbörse, nach einem mondänen Cocktailkleid war. »Die Lou sei dir ein warnendes Beispiel«, pflegt mir ihre Schwester, die brave Tante Emma, die ihr Leben ganz »comme il faut« abgespult hatte, heute zu erklären, »sie hatte ein Ego so groß wie das ›Ambassador‹, und das verträgt nun einmal kein Mann auf Dauer. Für Genügsamkeit hatte sie einfach kein Talent…«

»Das Leben ist einfach zu kurz, um genügsam zu sein«, brach ich eine Lanze für Tante Lou und all ihre Waffenschwestern.

»Du wirst auch noch einmal schön schauen«, seufzte meine Tante Emma jetzt etwas pikiert.

Da stach ich zu meinem Spirituosenwagen und tat tüchtig Cognac in die Schwenker. Und schmetterte laut Tante Lous Lieblings-Trinkspruch, der da lautete: »Wer will schon morgens aufwachen und sagen müssen: Dieser Kater wäre einen Rausch wert gewesen.«

»Wie ich immer sag«, sagte meine Tante Emma jetzt mehr zu sich selbst, »ein Ego so groß wie das ›Ambassador‹…«

Tief gekränkte Gäste

»Ich möchte eine verruchte Party geben. Eine Party mit Gästen, die tief gekränkt nach Hause gehen, und Frauen, die im cabinet de toilette ohnmächtig werden.« Der Party-Profi F. Scott Fitzgerald hat die Richtlinien für eine gelungene Veranstaltung hoch gelegt. Keine einfache Turnübung. Doch man bemüht sich. Riechfläschchen für Ohnmachts-Erstversorgungen musste ich zwar nicht reichen, aber tief gekränkte Gäste, die gen Morgengrauen mit den Türen knallten, hatte ich durchaus im Programm. Es ging um die Liebe, das alte Luder.

»Was wollt ihr eigentlich genau für einen Mann?«, posaunte einer der Herren bei meiner kleinen Ausspeisung in die Damenabteilung.

»Er sollte mein bester Freund sein, und gleichzeitig sollte ich mit ihm den Sex haben können, den ich mit keinem meiner besten Freunde auch nur annähernd haben kann«, trompetete eine junge Schönheit zurück. »Ist denn das wirklich so viel verlangt?«

»Und dann sollte der Typ wahrscheinlich noch beherzt in die Toilette greifen, wenn Verstopfung angesagt ist, trotzdem morgens in sein Müsli weinen, weil es den Buckelwalen in den überheizten Weltmeeren nicht so gut geht, sich sexuell im migränefreien Allzeit-Bereitsstatus befinden und auch karrieremäßig die Nase vorn haben?« fragte sein Kumpel mit einem etwas perfiden Unterton.

»Bingissimo! Nicht zu vergessen: Waschbrett- statt Waschtrogbauch! Und eine gewisse Großzügigkeit kann auch nicht schaden...«, zwitscherte eine weitere.

Poinggg! Das Geräusch stammte von einem männlichen Geduldsfaden, der angesichts dieser Anforderungen gerissen war. »Weiber!«, brüllte jetzt sein Besitzer, »mit diesem fortschreitenden Realitätsverlust kann ich überhaupt nicht leiden!« Abgang, inklusive Türengeknalle.

Die schwierigste aller Turnübungen ist es offensichtlich noch immer, sich selbst auf den Arm zu nehmen. Und das gilt für beide Geschlechter. Ich übe weiter.

Ein russischer Abend

F und ich waren zu einem russischen Abend in einer Cottage-Villa geladen, der sich als deprimierend skandinavisch herausstellen sollte. Da das Leben eindeutig zu kurz ist, um sich zu langweilen, wurden wir schon bald vom »Cinderella-Syndrom« befallen. Kurz gesagt: Wir hauten vor Mitternacht ab. Die Nacht war dennoch eindeutig zu jung, um sie so klanglos versickern zu lassen. Der Schlaf vor Mitternacht, der kann uns nämlich mal.

»Möchtest du mir noch deine Strapsesammlung zeigen«, fragte ich F, »und mich auf ein kleines Getränk einladen?« Und schon saßen wir leichten Herzens und mit schwerem Rotwein vor ihrem Kamin. Dann verschwand F kurz, um mit einem Plattencover zurückzukehren.

»Schlag mich jetzt bitte nicht«, winselte sie, »aber ich brauch das jetzt.« Und schon drehte sich die junge Erika Pluhar auf dem Teller und fragte mit der ihr eigenen abgeklärten Melancholie: »Sag, wie schreibt sie das Wort ›Damals‹…Warst du mit ihr in Venedig?« etc.

»Damals« – 20 Jahre sind ins Land gezogen, seitdem ich diese Nummer das letzte Mal gehört hatte. Und sie erwies sich als so verlässlich wie damals.

F und ich schickten im Duett Tränchen auf Reisen und schmetterten wie die Kinder: »Da gibt's nichts zu erklären und nichts zu verstehen… Damals, damals…« Dann tranken wir auf Erika und all die Schicksalskilometer, die wir drei auf dem Liebestacho hatten.

»Schwör mir eines«, sagte F jetzt in Pluhar'schem Pathos, »verlieb dich nie in einen Mann, der den Wein glasweise bestellt, keine Briefe schreiben kann und originelle Krawatten trägt…«

»Niemals«, sagte ich gehorsam, »eher singe ich vor einem rabiaten Kosakenchor ›Ich weiß, es wird einmal ein Wunder geschehen‹!«

Wir gaben uns Fünf. So gesehen wurde es dann doch noch ein sehr russischer Abend. Und die braucht man manchmal wie einen Bissen Brot.

Die putzende Mary Poppins

Was ist der größte Liebesbeweis, den einem die beste Freundin machen kann? Jenseits von Unfugs-Solidarität und Empathie? Die Nummer ihres Raumpflegejuwels rauszurücken! Denn der Begriff Perle ist für die Dame, die jetzt wöchentlich zur Chaosminimierung bei uns antritt, Lichtjahre untertrieben. Alle Fulltime-Job-Bienen wissen, wovon ich spreche. Mürrische Putzteufel, die für den Zustand von Post-Dinnerparty-Küchen nur Augenpirouetten an Seufzsalven übrig haben, erzeugen Stress und schlechtes Gewissen. Beides macht einen schlechten Teint.

Mit S, einem serbischen Sonnenschein, habe ich einen Lotto-Achter gezogen. Ich habe plötzlich ein Leben, in dem T-Shirts nach Farbtönen geordnet werden; Munition für Gewürzmotten-Genozide ohne Aufhebens nachgelegt wird und das Bettchen so drapiert ist, als ob Paris Hilton darin Schäferstündchen abzuhalten gedenke. Verglichen mit S kommt Bree Van de Kamp* nahezu wie ein Messie rüber.

Der Fortpflanz, aus Rebellion mit Pedanterie gesegnet, ist in Panik, dass uns dieses Glück je wieder abhandenkommen könnte. »Mutter«, sagt sie streng, »du darfst SIE nicht enttäuschen. Du musst IHR Respekt für ihre Mühe entgegenbringen.«

Ich verstehe ihre Aufregung. Jetzt stehe ich am Montag, dem seit Neuestem schönsten Tag der Woche, gegen sechs Uhr auf, um säuberungstechnisch vorzuglühen und die Schmutzwäsche-Berge nach Farbgruppen zu ordnen. Ich hole Croissants. Setze neapolitanischen Spitzenkaffee auf. Schraube die Stimme auf Zwitscherlevel. Und nein, sorry, die Telefonnummer darf ich nicht rausrücken. Ich musste den Zettel mit der magischen Ziffernkombination vor den Augen der Vermittlerin verspeisen. Nur damit Sie einen Eindruck von der Fallhöhe kriegen...

---

* Bree Van de Kamp ist der rothaarige Putzteufel in der TV-Serie »Desperate Housewives«.

Die letzte Liebeskanone

Wir waren in einer makabren Mission unterwegs. Es galt, Unterwäsche für eine Tote zu kaufen. E's Erbtante war in ihrem 84. Lebensjahr von uns gegangen. Unter dem Weihnachtsbaum hatte sie noch auf hohem Niveau die gesamte Familie brüskiert. Ihren Jahrgangschampagner hatte sie sich in einer rosa Kühltasche selbst mitgebracht, weil sie »den Nuttenfusel meiner Spießerfamilie« weit unter ihren Trinkgewohnheiten fand. Als sie das Fläschchen vernichtet hatte, erhob sie sich in ihrem lachsfarbenen Fiebertraum-Givenchy und prostete sich zu: »Ich trinke auf mich, die ich bis zum heutigen Tag eine Liebeskanone geblieben bin.« Die betretenen Gesichter der Sippe waren ihr der liebste Applaus.
Wenige Tage später: Herzstillstand an Steinbrasse auf Fenchelsockel. Und jetzt, jetzt galt es, Tante Fay (sie hieß eigentlich Gudrun, was sie ebenfalls unter ihrer Würde fand) für die Ewigkeit aufzubrezeln. E hatte sich für ein mintgrünes Dior-Tailleur entschieden, aber für drunter wollte sie was Taufrisches. Schließlich würde Tante Fay damit noch lange eine Freude haben müssen.
»Wir brauchen was Zeitloses mit einem Schuss ins Mondäne«, erklärte sie der Dessous-Verkaufskraft mit der Matronen-Tolle.
»Wie alt ist denn die Dame?«
»Inzwischen alterslos, aber noch sehr gut erhalten.« Nach der Sondierung von Wäschegebirgen, die E alle nicht froh machten, trompetete sie:
»Geben Sie mir was aus der Luderliga, sie hätte es so gewollt!«
»Hätte?«
»Die Dame ist mausetot, aber das ist für eine Frau von Welt definitiv kein Grund, nachlässig gekleidet zu sein.«
Jetzt wurde die Matronen-Tolle von Hemmungsfreiheit durchflutet, und wir verließen den Laden mit sündigem Scharlachrot von hohem Bordellfaktor. Fay, so war E sich sicher, lachte sich da oben schief. Und nichts anderes war in diesem Moment von größerer Wichtigkeit.

Unter Glutbrüdern

Ich hab's gemacht. Nach sechs Jahren sanfter Weigerung bin ich jetzt Aspirantin im Club »Glut, Schweiß und Tränen« und Besitzerin eines Kugelgrillers, mit eingebautem Temperaturmesser und allem Pipapo. Wie viele Beziehungen in meinem Leben nahm auch diese einen katastrophalen Anfang.

»Den haben Sie wie nix zusammengebaut«, erklärte mir die Baumarkt-Fee, die meine Invasion ins Testosteron-Hoheitsgebiet voll unterstützte.

Jetzt torpedierte ich ihre Güte mit Hundeblicken. Sie kapitulierte: »Okay, ich mach's Ihnen. Gehen Sie inzwischen eine Runde.«

Nachdem ich mir in der Lötstationen-Abteilung lange Zähne geholt hatte, kehrte ich an den Tatort zurück. Die inzwischen merklich erblasste Baumarkt-Fee stand verzagt neben einem deprimierenden Durcheinander von Schrauben, Scheiben und Stahlrohren und erklärte mir kleinlaut, dass sie jetzt vielleicht doch auf mein ursprüngliches Angebot, das Ausstellungsstück ratzfatz einzupacken, zurückkommen wolle.

Ich kaufte Grillgut, Saucen, Kohle, brachte an der Alten Donau alles in Position. Der mit chemischen Hilfsmitteln erzeugte Rauch verursachte meinen plötzlich so schweigsamen Nachbarn nicht nennenswerte Atembeschwerden. Ich begann dann doch aufgrund meiner fachlichen Defizite zu weinen.

Meine Hilflosigkeit rührte die Männer kilometerweit. Sie kamen, hatten alles im Griff und grillten, als ob es kein Morgen gäbe. In der anthropologischen Abhandlung »Why Do Men Barbecue?« beantwortet der Evolutionsforscher Richard A. Shewder auch die Titelfrage: »Das Aufgreifen einer barbarischen Sitte aus den Pioniertagen vermittelt dem zivilisierten Mann die Illusion, dass er im Besitz seiner angestammten Machtterritorien ist.«

Ist es nicht das Allerschönste im Leben einer kleinen Frau, zivilisierten Männern Illusionen und Freude zu schenken?

Reality-Telenovela

Z ruhte satt und zufrieden in ihrer persönlichen Reality-Telenovela. Im Garten ihres Schafberg-Anwesens trieben die ersten Blüten an jenen Gewächsen, die ein Landschaftsarchitekt nach wochenlangen »Green-Consultings« akribisch arrangiert hatte. Auf dem javanesischen Teakholztisch lockten Papayaschnittchen, der Fortpflanz in Form von drei in Sorbettönen gestylten Mädchen, deren Vornamen alle an die Pseudonyme von französischen Nobelprostituierten gemahnten, tollte auf einer von einem preisgekrönten »Leisure Designer« kreierten Wohlfühloase. Irgendwo in der gnadenlosen Idylle hing auch noch ein Gatte in den Seilen, der rechtschaffen grau wirkte. Offensichtlich zehrte die Finanzierung dieses Lederleitner-trifft-Terence-Conran-Brimboriums an seinen Kräften.

»K«, gellte sie ihm zu, »wenn du ausgechillt hast, wirf doch schon einmal den Kugelgrill an. Ich habe neuseeländische Lammrippchen gekauft...«

Mit jenem Blick, den Ochsen in Dritte-Welt-Ländern an den Tag legen, ehe sie an den Pflug gespannt werden, rappelte sich K aus seinem Loom-Chair hoch. Man sah ihm an, dass seine Abenteuerlust schon lange in den Ruhestand getreten war.

»Sind sie nicht zum Fressen?« schwelgte Z mit Blick auf die Brut, »Also, wenn Frauen keine Kinder wollen, müssen sie durch und durch krank sein.«

»Ich kenne prachtvolle Weiber, ohne jeden Hexenfaktor, die sich fürs Aussterben mit Stil entschieden haben«, antwortete ich ihr.

»Und? Wirst du mir allen Ernstes verklickern, dass die glücklich sind!?!«

Wir wurden jäh unterbrochen, denn das Sorbet namens Natalie pfefferte ihrer minzfarbenen Schwester gerade eine aerodynamisch ausgeklügelte Sandkastenform um die Ohren, was diese mit feuerwehrsirenenartigem Geschrei quittierte.

So behielt ich mir den Satz »Nur Idioten sind glücklich!« und zählte die Minuten, bis man diesem Höflichkeitsbesuch den Todesstoß versetzen konnte.

Bonjour, les Parisiennes!

Sie tragen extravagant gemusterte Turbane. Frivole Ohrringe. Ihre Lippen leuchten boudoirrot. Im Überschlagen ihrer Beine sind die Pariserinnen Weltmeisterinnen. Ihre Blicke erzählen von Leben jenseits der Zimmertemperatur, ihr Parfüm davon, dass sie nie auch nur im Entferntesten daran denken werden, ihre Weiblichkeit wie einen lästigen Hund aus ihrem Dasein zu verscheuchen. Egal ob sie 85 oder 107 Jahre auf dem Tachometer haben. Den Jugendwahn der Amerikanerinnen finden sie so vulgär, wie Kaffee im Gehen aus einem Pappbecher zu trinken. Möglicherweise speicheln sie in ihren eigenen vier Wänden Blattsalat an Dialogen von Magerjoghurt ein, aber wenn sie im Restaurant sitzen, dann zelebrieren sie die Nahrungsaufnahme, wie es sich in einer Romanszene von Balzac schicken würde. Im Marais sehe ich eine Dame, die ihren Rollator mit Grandezza und in Stöckelschuhen vor sich hin schiebt. Von den ausgereiften Frauen von Paris kann man viel lernen, was Würde und Souveränität angeht. Das Schöne an ihnen ist, so erzählte mir einmal Michael Heltau, dass sie morgens vor dem Spiegel ausufernd zwirbeln, pinseln und sich schmücken, aber ihr Stil-Arrangement dabei immer unangestrengt und wie aus der Hüfte geschossen wirkt.
Während ich mit meinen besten Freundinnen ihnen in den Cafés und Brasserien beim Leben zusehe, muss ich an Colette denken, jene Schreibamazone, die fast 80 geworden war und über Feminismus nie nachgedacht, sondern ihn einfach gelebt hat. Gegen Ende ihrer Straße notierte sie in ihrem Tagebuch: »Was für ein herrliches Leben ich doch hatte! Ich wünschte nur, ich hätte es früher bemerkt.« Diesen Satz schrieb ich mir auf Büttenpapier und legte es mir unter den Kopfpolster.
Das Leben ist manchmal doch mehr Paris als Amstetten. Man muss es nur rechtzeitig schnallen.

Kir loyal auf Tanja

Ich lag in meinem Bett bei meiner Freundin A im Landesinneren von Südafrika und weinte. Dicke Tränen tropften auf den Tanja-Blixen-Band »Afrika – Dunkel lockende Welt«.

Hat sie die Dichte der beschriebenen Sonnenaufgänge nicht vertragen, werden Sie sich jetzt fragen, oder nervt die Kolumnistin uns einfach mit einer Attacke vulgärer Melancholie?

Nichts von alledem. Ich weinte um die dänische Schriftstellerin Tanja Blixen, um den hohen Preis, den sie für ihre Freiheit zahlen musste, und ob der Tatsache, dass sie nie wieder auf den Klangwolken von Caruso-Arien auf die Einfahrt ihrer Kaffeefarm zugaloppieren wird. Denn der britische Großwildjäger Denys Finch Hatton, der ihr das Grammophon geschenkt hatte, war in seinem Flugzeug in der Savanne verbrannt. Frau Blixen setzte seine Überreste auf jener Anhöhe bei, die die beiden Jahre zuvor, im Zustand der höchsten Glückseuphorie, gemeinsam zu ihrer letzten Ruhestätte auserkoren hatten. Tragik, Drama, Pathos das ganze Programm.

Richtig gut zu schluchzen begann ich allerdings dann erst bei der Lektüre des Nachworts. Der kritische Literaturhistoriker desillusionierte grausam, indem er erklärte, dass die Liebe zwischen Tanja und Denys zum Zeitpunkt dessen Todes längst zu einem Rinnsal versickert war, weil er sich geweigert hatte, die finanziellen Sicherheiten zur Rettung der Farm zu stellen. Posthum hatte sich die alte Blixen den geliebten Verräter quasi schöngetrunken, indem sie ihn in ihren Afrika-Erinnerungen literarisch verklärte. Dann trank ich einen Kir loyal auf Tanja und all die Frauen, die die Stärke besessen hatten, aus Liebe schwach zu werden. Und pfiff auf Ambrose Bierce, Autor des Satzes: »Romantik ist das Sedativum für Versager.«

Zyniker haben nämlich von Gefühlen so viel Ahnung wie unser Finanzminister vom Konzept eines Steuerparadieses.

Der Herr ist ein Hirte

Das sommerliche Mogli-Dasein neigt sich dem Ende zu. Man beginnt schweren Herzens die Baströckchen wieder in die Garage zu hängen und in die bebauten Gebiete aufzubrechen. Auf der Erledigungsliste ganz oben prangt »Klatsch-Updating«. Die bisherige Bestmarke liefert S mit folgender Story: K, eine gemeinsame Bekannte unter herbem biologischen Uhr-Druck, trägt ein süßes Geheimnis unter dem Herzen. Als Urheber der Leibesfrucht gilt ein Hirte auf einem kanarischen Eiland.
»Wie wahnsinnig romantisch!«, flöte ich. »Zieht der Knabe jetzt hierher und wird in der Innenstadt eine Herde eröffnen?« In meinem inneren Kino sehe ich eine wildmähnige Johnny-Depp-Variante, nur mit Stock und einem Felltanga bekleidet, seine Schäfchen auf dem Graben ins Trockene bringen. Meine Fantasie scheint mir bisweilen auch chefarztpflichtig, aber die Vorstellung wirkte durchaus beflügelnd.
»No, no, no!«, wackelte S jetzt mit dem Zeigefinger, »unser Pablo ist nicht mehr so mobil. Außerdem hat er bereits fünf Kinder von verschiedenen Urlauberinnen und auch eine eigene, gar nicht so kleine Familie.«
»Wie alt ist denn der Herr Hirte?«
»56«, prustete S jetzt los. »Seine Bandscheibenproblematik ist aber etwas jünger.«
Zwei Tage später fasste ich mir ein Herz und stellte mich bei K telefonisch mit Glückwünschen ein.
»Ach, wie süß von dir«, zwitscherte sie.
»Und wie originell von dir«, antwortete ich.
»Das dachte ich eben auch. Von einem degenerierten Software-Manager kann schließlich jeder ein Kind haben. Pablo ist so wahnsinnig authentisch und das Produkt seiner Lenden sicher ökologisch einwandfrei.«
Die Romantikerin in mir schauderte. Genetisches Shopping als neue Konsumvariante also. Beklemmend unromantisch, aber teuflisch praktisch.

Hohes Schrullenaufkommen

Wir befinden uns bereits in einer Altersgruppe, in der hohes Schrullen-Aufkommen zu vermelden ist. Manche Herren werden zum Beispiel von Fassungslosigkeit übermannt, wenn sie einen kurzen Blick in meine Handtasche werfen. Das Ding bietet rein größenmäßig Platz für eine Kernfamilie. »Warum schleppst du bitte ständig drei Sonnenbrillen, zwei Packungen Seidenstrümpfe und einen Doppler Parfüm mit dir rum?«, wollte einer von mir wissen. »Das ist doch nicht normal…«
»Normal steht auf meiner Job-Description eher im unteren Drittel«, antwortete ich ihm. »Ich möchte außerdem gewappet sein, wenn mich Krieger Gottes am Graben in Geiselhaft nehmen.« Dann betrachtete ich das Innenleben seines Autos: CDs in Hüllen, und zwar noch in den passenden, Adrettheit, wohin das Auge schweifte. Ich schüttelte mich: »Ich fürchte, wir sind unüberbrückbar verschieden…«
»Das könnte doch auch sehr schön sein.«
»Die ersten drei Monate allenfalls. Aber wenn sich der hormonelle Nebel lichtet, wirst du einiges an mir nicht mehr drollig finden. Es wird dich nerven, dass ich immer, auch in der kleinsten Clutch, fieberhaft nach meinem Handy suche, wenn es läutet… Du wirst nicht begreifen, warum ich mit meinen Freundinnen mindestens vier Mal täglich kommunizieren muss. Es wird dir ein Riesenrätsel sein, warum jemand, der so nichts besitzt, so verschuldet ist. Und auch so gerne trinkt, so laut lacht und nie nur ein paar Gummibärchen, sondern immer die ganze Packung verdrückt. Und ich werde mir denken, dass ein Mann, der seine Winter-reifen bereits Mitte Oktober anschrauben ließ, Bruce Springsteen hört und im Kühlschrank keinen Unfug, sondern nur das Nötigste stehen hat, für mich völlig ungeei…«
Jetzt stopfte er mir das Maul. Auf eine durchaus anregende Weise. Und sagte dann: »Und jetzt, jetzt hältst du einfach einmal die Klappe…«

Die böse Circe

Alma, Alma, Alma! Berufsbedingt verbrachte ich die letzten Tage mit der Geniefresserin Alma Mahler-Werfel. Ich wütete in ihren Biografien. Unglaublich, wie viele Männer sie in die Raserei gestürzt hatte. Die brillantesten Exzentriker winselten vor ihren Toren, hechelten in Briefen, drohten mit Selbstmord und betranken sich bis zur Besinnungslosigkeit. Oskar Kokoschka ließ sich sogar eine Puppe von ihr anfertigen, als die »böse Circe« seiner überdrüssig wurde – um seine Entzugserscheinungen zu lindern. Sie schrieb gelangweilt: »OK ist mir ein unersehnter Fremder geworden.« Der Hass seiner Mutter auf Alma, die aus ihrem Sohn einen solchen Jammerlappen gemacht hatte, war so groß, dass sie »diese Kokotte« erschießen wollte.

»Was hatte Alma, was uns abhandengekommen ist?«, fragte ich K, eine Kennerin der Wiener Fin-de-siècle-Salonlöwinnen. Schönheit konnte nicht der alleinige Treibstoff ins freiwillige Verderben für all die intellektuellen Spitzenkräfte gewesen sein. »Schön is a Königspudel nämlich a«, erklärte mir schon Freizeitphilosoph Ernsti an der »Alten Donau«, als wir ein Kolloquium zum Thema Frauen abgehalten hatten. »Lange Leine, feste Zügel in unregelmäßigen Intervallen und immer noch eine Option in der Tasche«, lautete K's These, »das ist das darwinistische Prinzip. Mantelpaviane müssen eine Revierbedrohung wittern, damit sie Salti schlagen. Sie brauchen ein gewisses mondänes Desinteresse. Wir sind viel zu patent und rückrufbereit.«

Im letzten Satz lag viel Wahrheit: Alma trug nie Joggingensembles, ließ kochen und ihr Parfüm beim Herrn Balmain anrühren. Sie hatte Launen, Zickenanfälle und unfassbar schöne Seidenkleider. Ihr Credo »Wenn man sich nicht wie eine Göttin benimmt, dann wird man auch nicht wie eine behandelt« sollte man sich ins Tagebuch notieren. Als ersten Schritt.

Biologischer Pressluftbohrer

Großes Leiden angesichts von Stoffhäschen in Patschhändchen. Himmelschreiender Weltschmerz bei der Alete-Werbung. P, 39½ Jahre alt, hört ihre biologische Uhr auf Pressluftbohrer-Pegel ticken. Und nichts kann sie trösten. Schon gar nicht der Ich-habe-mich-gerade-frisch-getrennt-Mann an ihrer Seite, dem seine halbwüchsigen Kinder aus erster Ehe, inklusive der Mutter der Brut, finanziell ohnehin die Haare vom Kopf futtern. Aber ja, er liebt P von ganzen Herzen, nur Vermehren, also bloß nicht. »Ich werde grimmige Pflegerinnen mit zigeunerbaron-artigen Damenbärten engagieren müssen, damit mir später irgendjemand das Speichelrinnsal aus den Mundwinkeln tupft«, schluchzt sie und findet das »Angelina, adopt me«-T-Shirt, das ich ihr mitgebracht habe, völlig zu Recht geschmacklos. Auch den Trost, dass Frauen heutzutage bis 66 Leben verschenken können, kann ich mir bitteschön wieder mitnehmen. Man will ja schließlich nicht im Pflegeheim Lainz das Wehentraining absolvieren.

Was für ein Geschenk des Himmels, dass mein wild pubertierendes Kind jetzt Glanz in unser Elend bringt.

»Wie schaust du denn wieder aus?« konstatiert es grußlos. »Ich brauch übrigens Zaster, weil ich ein paar Freundinnen zum Komatrinken treffe. Und morgen ist die Bude hier sturmfrei, kapiert, wegen des ›Scary-Movie‹-Abends mit der Jackie und dem Joe. Vergiss nicht einzukaufen.«

»Wie grauenhaft«, schüttelt sich P. »Dieses Monster war doch einmal ein süßes, knubbeliges Etwas, das man rosa anziehen konnte. Was ging schief?«

»Es sind wahrscheinlich die Hormone in den Hühnern«, seufzte ich. Entre nous: Mein Kind ist reizend; für nur 15 Eulen hat sie mir diesen Abschreckungs-Slapstick geliefert. Und, Leute, ein definitiv lohnendes Investment, denn P fühlte sich plötzlich so was von im Lot.

Im Bett mit dem Mörder

Die letzten Wochen watete ich durch das Leben von Jack Unterweger*. Dass die Frauen auf das tätowierte Tier abfuhren, war hinlänglich bekannt. Die grässlichsten Serienkiller in Amerika hatten ja ganze Zoos von Plüschtieren in ihren Todeszellen. Erstaunlich war bei Unterweger die Quantität: 151 Bekanntschaften mit sexuellem Ausgang in nur 673 Tagen registrierte er in seiner Trophäensammlung. Und das soziologische Spektrum, das die abdeckten: Opernsängerinnen, Politikergattinnen, Krankenschwestern, Künstlerinnen, Sekretärinnen, Journalistinnen, Psychologinnen. Umwerbungsgespräche konnten knapp gehalten werden, die meisten waren nach wenigen Minuten im Bereitschaftsmodus. Selbst in der Endphase vor der letzten Verurteilung trudelten noch Wäschekörbe voll weiblicher Fanpost ein, inklusive Nacktfotos.

Ich meldete Erklärungsbedarf bei Unterwegers Psychiater an. Er nannte mir drei Arten von Frauen, die sich aus dem Fan-Bataillon herauskristallisiert hatten: der Typ bourgeoise Dame, die ihr Madonnenimage mit einem sadistischen Triebtäter beflecken wollte. Die Kategorie Krankenschwester, die von einem Suchen-Bergen-Retten-Syndrom beseelt war. Und dann gab es noch die Gruppe einsame Hofratswitwen, die sich aus einem nahezu komischen Motiv auf den Killer eingeschossen hatten: Die Liebe zu einem »Lebenslänglichen« hatte die fantastische Nebenwirkung, dass sie sich des Mannes sicher sein konnten, weil er ja nicht weglaufen konnte. Was sich im Falle Unterweger als tragischer Irrtum herausstellen sollte.

Ich musste an Clint Eastwood denken, der in einem Film einer Ex den Satz »Wenn du eine Garantie im Leben willst, dann kauf dir einen Toaster« um die Ohren geknallt hat. Und daran, dass Frauen prinzipiell nicht auf die Welt gekommen sind, um verstanden zu werden.

---

* Jack Unterweger war ein österreichischer Schriftsteller und
Frauenmörder. Er beging 1994 im Gefängnis Selbstmord.

Die besonders lustige Witwe

Neulich saß ich neben einer herrlichen Witwe bei einem Post-Vernissagen-Dinner. Sie hatte Beine wie eine Impala-Gazelle, so viele Wohnsitze wie andere Handtaschen und erzählte von einem Leben mit monegassischen Sonnenaufgängen, Fünfuhr-Cocktailsausen über den Dächern von New York und all den berühmten Menschen, die ihre Küchen schon beim Pastakochen devastiert hatten. Wenn man schon selbst nicht knietief im Glamour watet, ist es doch erfreulich, zumindest als Zaungast am illustren Leben teilhaben zu können.

»Aber eines begreife ich nicht«, stellte sie irgendwann betrübt fest. »Hier in Österreich sind die Männer so... na ja... nicht fröhlich.«

Ich wusste genau, was sie meinte. Zu miesepetrig und flirtfaul, wenig Aphorismen-Akrobatik, stildefizitär, ungalant, große Leidenschaft fürs Lamentieren, Jammer-Pepis eben.

Abgesehen davon: Während man in den Metropolen Europas die Gesellschaft der lustigen Witwe suchte, wären nach dem Tod ihres geliebten Mannes die Einladungsstapel in Wien merklich schmäler geworden. Eine alleinstehende Frau passe einfach nicht in diese gesellschaftlich vorgegebene Paar-Spießigkeit.

»Sei doch froh«, mischte sich die hinreißende Schauspielerin, ebenfalls Solistin, vom anderen Ende des Tischs jetzt ein. »Ich habe sie bis hierhin, diese Ehegattinnen, die der Meinung sind, dich retten zu müssen: ›Lizzie, du musst zum Essen kommen, es gibt da einen Mann, den muss ich dir unbedingt vorstellen. Lizzie, du warst jetzt wirklich lang genug allein!‹ Und man möchte ihnen zuzischen: Lebt ihr einmal schön eure Leben – geschenkt – aber bitte zwingt mich nicht in eure Drolligkeiten, ich würde vor Langeweile sterben!« Doch leider, fügte sie hinzu, wurden wir ja alle für solche herzerfrischenden Ehrlichkeitsattacken versaut.

Und dann schmetterten wir im Chor: »Scheiß-Gute-Erziehung, verfluchte!«

Ein Axtmörder beim Mädchenitaliener

»Du musst mir jede halbe Stunde eine SMS schicken!«

»Endlich wieder eine sinnstiftende Aufgabe in meinem patscherten Leben! Warum eigentlich?«

»Weil der Mann auch ein Axtmörder sein könnte. Oder mich an ein heimgebasteltes Foltergerät in einem Keller fesseln könnte...«

»Warum triffst du eigentlich einen Axtmörder bei unserem Mädchenitaliener?«

»Es ist ja noch nicht heraußen, ob es sich um einen echten handelt.«

»Was macht er denn im Nebenberuf?«

»Er sagt, er ist Unternehmensberater. Auf qualitylove.com wird doch gelogen, bis der Arzt kommt. Denn bei der Krawatte, die er auf dem Profilbild trägt, würde jedes Unternehmen schreiend davonpreschen.«

»Wie sieht er denn aus, der Schlips?«

»Bunt, um nicht zu sagen: zu bunt.«

»Zweite Fachfrage: Warum triffst du einen potenziellen Axtmörder, der zu bunte Krawatten trägt und lügt, beim Mädchenitaliener?«

»Weil sich ansonsten nur ein Chirurg und ein Mathematikprofessor gemeldet haben. Und ich war nie Rechenkönigin in der Schule.«

»Was ist schlecht an einem Chirurgen?«

»Es war ein Baumchirurg. Und der Schnittlauch in der Suppe ist mir genug Natur.«

»Sieht er eigentlich gut aus, der Axtmörder?«

»Fast ein bisschen zu sanft für seine Branche.«

»Was aber, wenn er nur ein gewöhnlicher Folterknecht ist und du später an besagter SM-Maschine hängst. Dann kannst du mir ja erst recht kein Lebenszeichen geben. Was tun? Lilly von ›Cold Case‹ kontaktieren?«

»Job Description Spaßbremse, oder? Wenn du jetzt kompliziert wirst, frag ich einfach wen anderen.«

»Nein, nein! Man muss doch den turbokapitalistischen Paarungsritualen aus dem Internet eine Chance geben – Romantik ist so old school.« – Jetzt hatte ich diesen Bomben-SMS-Auftrag endgültig an einen Mitkonkurrenten verloren. Zu schade aber auch.

Dauergekränktes Ich

Im Zuge der Arbeit an einem Artikel befragte ich eine angesehene Psychiaterin über die größten seelischen Defizite der Gesellschaft. »Die Leut'«, sagte sie, »nehmen sich alle viel zu wichtig und sind genau deswegen viel leichter zu kränken und zu verletzen.« Der pathologische Terminus für diesen Befindlichkeitsflächenbrand lautet narzisstische Störung. Aber wie soll man denn nicht gekränkt sein, wenn man sein ganzes Leben zehn Kilo zu viel und 10 000 Euro zu wenig hat? Und die wenigen Verhältnisse, die einem vergönnt sind, von so einem erbärmlichen Hollywood-Faktor sind? Außerdem: Wie soll man es überhaupt auch nur irgendwie verkraften, dass man von Affen abstammt und irgendwann genauso im Nichts verpuffen wird wie ein Lercherl-Schas? Da helfen nur Selbstironie, Verdrängung und Alkohol. Und natürlich Chuzpe. Als Vorbild möge da mein Freund K dienen.

»Miststück, eiskaltes!« knurrte er, nachdem er von seiner Freundin wegen eines anderen verlassen worden war. Ihr Exodus fand übrigens nach seinem monatelangen Doppelspiel statt. K hatte nämlich mit seiner Chiropraktikerin intensiv g'spusiert.

»Hast du dir das nicht ein bisschen verdient?«, piepste ich.

»Hast du einen Teller Irre verspeist?«, konterte er. »Wie kann diese Frau mir und vor allem sich das nur antun?«

»Nimmst du dich nicht vielleicht ein bisschen zu wichtig?«

Jetzt kam eine nicht von der Hand zu weisende Gegenfrage: »Möglich. Aber wenn ich's nicht tue, wer macht es denn dann?«

In meinem Buch jüdischer Witze fand ich später die beste Definition für Chuzpe: »Chuzpe ist, wenn ein Elternmörder vor Gericht für mildernde Umstände plädiert, weil er Vollwaise ist.« Da wusste ich: Schnell in den nächsten Chuzpe-Laden, bevor das Zeug gut, aber aus ist.

Jetzt schlägt's Converse!

Andere Frauen lassen sich Lammembryonen-Pampe spritzen, ich löse
mir zwecks Frischzellenkur ein Ticket nach Berlin. Meine Freundin E,
nahezu eine Veteranin im Coolness-Disneyland Berlin-Mitte (für ratten-
scharfe Insider: »Middddääh«), gibt mir im Vorfeld unseres Wochend-
Trips einen Crash-Knigge, um Blamagen bei ihren Kumpels vorbeugend
entgegenzuwirken. Man arbeitet dort nicht, schon gar nicht regelmäßig,
sondern hat »so ein paar Projekte am Laufen«. High Heels sind unter
echten Midddääh-Girls große Nein-Neins, also zu Hause lassen. Einen Plan
zu haben, ist prinzipiell saugestrig; auf die Frage, was man denn hier so
vorhätte, wäre »Stressfreies Abhängen« salonfähig. »Coolsein, aber richtig«
ist zwar keine Kinderjause, aber von hohem Spaß-Faktor. Im Geheimtipp
von einem Vegetarierschuppen gibt es Hysterien wie Buchweizen-Carpaccio
an Taleggioschaum und ein riesiges blaues Bild, auf dem lakonisch »Ficken
– mit American Express« steht. Den anwesenden Yoga-Faschisten gefällt's.
Wir radeln zu einer Pollesch-Sause im Prater-Theater und sehen Sophie
Rois zu, wie sie sich mit Sätzen wie »Solange deine Hämorrhoiden keinen
Stift halten können, sind sie in der Opposition!« die Stimme heiserbrüllt.
Wir krallen uns im »Spätkauf« ein Fläschchen »Rotkäppchen«-Sekt. Ich
kaufe mir, so als ob das für eine Frau von 46 Jahren die natürlichste
Sache der Welt wäre, ein Paar graugrüne Converse OHNE Schnürbänder
und bekomme einen Schlag in die Würde-Gegend versetzt, als ein
Midddäh-Girl die Dinger mit der staunenden Bemerkung »Das Modell
gibt's noch? Die waren nämlich in New York vor zwei Jahren sehr
angesagt...« quittiert. Wie krass ist das denn?! Ein Glück, dass wir in
dem Moment gerade in einer Bar namens »Lass uns Freunde bleiben«
absacken und ich vom ganzen »stressfreien Abhängen« ohnehin schon
sowas von erschöpft bin.

Eine Evolutionsbremse namens Mutti

»Drittes Dinner-Date, keine Beischlafeinforderung, aber schon will er, dass ich seine Mutter kennenlerne. Was hältst du davon?«, fragte F.

»Klarer Fall von Abschlussorientierung in Kombination mit einer gewissen Schüchternheit. Charmant bis rührend, würde ich meinen. Kein Junge für nur eine Nacht, sondern was Solides. Was Neues in der Beziehungs-farbkarte. Gratuliere!«

»Ich will seine Mutti aber nicht kennenlernen.«

»Wieso?«

»Weil ich sie bereits kenne. Indirekt. Bei allen drei Treffen hat sie insgesamt elf Mal angerufen. Sie hat nichts zu sagen, aber ihre Stimme ist dabei sehr laut. Sie klingt wie eine Springmaus, die mit Stromschlägen gefoltert wird.«

»Du bist grausam.«

»Nein, die ist grausam. Sie weiß, dass er mit mir ist, müllt ihn aber mit Nullmeldungen zu. Ihre neuesten Blutdruckwerte, wie blöd der Nachbar wieder einmal nicht gegrüßt hat, dass die Friseuse ihres Herzens auf Urlaub ist.«

»Vielleicht ist sie einsam.«

»Einsamkeit ist kein Schicksal, sondern selbst gebastelt. Außerdem: Was ist von einem 45-jährigen Mann zu halten, der seine Mutter nicht unter Kontrolle hat?«

»Dass er den Abnabelungsprozess verpennt hat und sich als Partnerersatz missbrauchen lässt.«

»Danke, das ist aber auch wirklich tröstend. Mit solchen Typen lassen sich auch sicherlich gut Kriege gewinnen und Völker gründen.«

»Gib ihm eine Chance und stell ihn zuerst deiner Mutter vor.«

Gefrierschock-Blick: »Bloß nicht! Dann kann dieser Evolutionsbremser schon einmal einen Suchtrupp für seine Cojones formieren.«

Ich seufzte: »Nun ja, wenn du dein Glück so mit Füßen treten willst.«

»Dann wird es mir einmal vor lauter Dankbarkeit auf die Schulter klopfen, weil ich ihm so viele herzzerfetzende Enttäuschungen erspart habe.«

Eines ist in jedem Fall sicher: »Kompliziert« ist der zweite Vorname unserer Altersgruppe.

Princess Polly

D und ich steuerten in unserer Zille auf der Alten Donau. Rushhour auf dem Wasser. Ein Elektroboot, manövriert von einer tief verschleierten türkischen Mitbürgerin, nahm direkt und flott Kurs auf uns. »Achtung!« zeterten wir sinnloserweise. Denn die Dame, offensichtlich vom Leben ähnlich überfordert wie wir, donnerte jetzt mit vollem Karacho in »Princess Polly«.

»Kein Problem, gar kein Problem« kommentierte sie freundlich lächelnd die Kerbe, die sie uns geschlagen hatte, und zog dann fröhlich winkend von dannen.

»Geht's der noch irgendwie?« sagte D und verabreichte mir ein kreislaufstützendes Medikament in Form von Prosecco.

»Sie erinnert mich ein wenig an einige Männer in meinem Leben«, wollte ich jetzt partout tieferen Sinn aus dem Zwischenfall ziehen. »Die steuern auf mich zu, schlagen mir eine Delle und machen sich dann munter vom Acker. Auf den Lippen noch ein Sätzchen wie ›Also nichts zu danken.‹«

»Wie ich dir immer sage: Du zickst zu wenig …«

»Zicken ist so mörderisch anstrengend. Mit der Energie, die man für dieses Hard-to-get-Theater mobilisieren muss, könnte man einen ganzen Roman schreiben.« Mein Körpertelefon läutete. Auf dem Display blinkte der Name eines Herrn, dessen Sternzeichen-Befindlichkeiten ich neuerdings in den Morgenzeitungen akribisch studierte. »Könntest du mich ein wenig an den nicht vorhandenen Mast fesseln, damit ich jetzt nicht abhebe und mein Mysterium nähre?«, bat ich D. Sie schüttelte den Kopf: »Du musst es aus eigener Kraft schaffen.« Tapfer ignorierte ich das Läuten.

»Braves Mädchen!« sagte D. Als sie im Wasser planschte, rief ich ihn heimlich zurück. Meine Rätselhaftigkeit war mir nämlich in diesem Moment herzlich blunze. Und Charles Baudelaire sekundierte mit dem Satz: »Nur der leidet, der wie ein Narr die Dinge des Gemüts ernst nimmt.«

Lady Macbeth 2.0

F hat jetzt diesen Claire-Underwood-Look kopiert: edle Schlichtheit in Anthrazit und Weiß, gekrönt von einem flotten Kurzhaarschnitt. Das ganze Konzept signalisiert: »Ich bin sexy, aber ich habe es, im Gegensatz zu euch Tussis, nicht notwendig, damit hausieren zu gehen.« Die Stil-Mutation hat auch F's Sprache infiziert. Sie sagt jetzt Dinge wie »Die Soundso leidet an einer gewissen Fokus-Problematik...« oder »Wie ich diese Geschichte ›spin-doctore‹, liegt auch noch im Argen.«
Claire Underwood ist die von Robin Wright dargestellte »First Lady« in der Fernsehserie »House of Cards« und eine Art Lady Macbeth 2.0. F betreibt noch eine Pasteten-Werkstatt im Rochus-Viertel in Wien, aber vielleicht ist es nur noch eine Frage der Zeit, bis sie die Bezirksgrößen von 1030 aushebelt und in einem Machiavellischen Machtrausch Richtung Ballhaus driftet, um dort das politische Mittelmaß ein für alle Mal Mores zu lehren.
»Ich wette mit dir«, raunte sie mir zu, als sie mir ganz White-House-elegant »Eistee an Minzedialogen« reichte, »die kommende Staffel wird so enden, dass Claire Underwood, die ja schon jetzt Vize ist, ihren bezaubernden Gatten kaltstellt und so die erste Präsidentin der USA wird. Das wird ein großer Tag für den Feminismus.«
Ich verzichtete darauf, F darauf aufmerksam zu machen, dass »First Claire« a) Fiktion ist und es b) auch nicht als Triumph zu werten ist, wenn Frauen ihre männlichen Mitbewerber an Shakespeare'scher Grausamkeit noch übertrumpfen. F, die Pastetenkönigin, war nämlich schwer verwundet. Ihr First »Ex« Kurti hatte sie vor einigen Wochen wegen einer russischen Ausdrucks-Kunsthistorikerin sitzen lassen, deren Dekolleté bis knapp über den Boden reichte und die von ihrer ganzen Attitüde »totally Versace« war, wie sie es selbst nannte. Gegen diese hormonelle Besatzungsmacht war wenig auszurichten – schon gar nicht mit Leinenkostümen und Eistee an Kurzhaar.

Bloß keine Winsel-Mamsells

Unlängst wieder durch die Kurzgeschichten der formidablen Dorothy Parker gewatet. Brillant geschrieben, aber allesamt ein Armutszeugnis für das weibliche Geschlecht. Dotty verstand die Frauen, aber sie verachtete sie aus tiefstem Herzen. Die meisten ihrer traurigen Heldinnen sind, wie meine Tante Lou das nannte, »Winsel-Mamsells«, also Frauen, die sich in hysterischer Verzweiflung in sterbende Lieben wie Pitbull-Terrier verbeißen. Je aussichtsloser die Situation zu werden droht, desto weniger sind diese Pitbull-Hysterikerinnen bereit, loszulassen. Parker brachte das Dilemma, für das Wälder gerodet wurden, um mit Buchtiteln wie »Wenn Frauen zu sehr lieben« bis »Ich hasse dich. Verlass mich nicht« Rat- und Trostlosigkeit zu spenden, wie immer in gnadenlose Kürze: »I loved them until they loved me« und vice-versa natürlich.

War doch schon immer so: Die Klein-Pepis, die man im Sandkasten mit aller Kraft nicht geschen hat, hechelten, aphrodisiert vom Ignoriertwerden, irgendwann nach Zuwendung. Und den Fritzis, denen man in der Volksschule willfährig seine Fizzers und Dreh & Drinks überantwortet hat, sind einem dann mit einer anderen siebenjährigen Schlampe durchgebrannt – einer eben, die ihr mondänes Desinteresse besser zu dosieren verstand. Trotz ihres Röntgenblicks für die Liebe verübte Dorothy zwei Selbstmordversuche, was ihre Freunde zu der Bemerkung veranlasste: »Dotty, wenn du dich weiter so umbringst, wirst du dir noch einmal richtig weh tun.« Ihre Zeitgenossin Coco Chanel, ebenso erotisch ambitioniert und emanzipiert, rechtfertigte im Alter von 61 ihre Liebesaffäre mit einem Nazi vor der französischen Geheimpolizei mit folgenden Worten: »Meine Herren, von einer Frau meines Alters kann man nicht erwarten, dass sie sich einen Pass zeigen lässt, wenn sie die Möglichkeit hat, einen Geliebten zu finden.« – Politisch verdammt unkorrekt, aber verständlich.

Frei schweben in Paris

Es ist das letzte Foto, das ich von ihr habe: Sie steht vor einem Laden, in dem es nichts als gerüschte Regenschirme gibt. Für die feinen Damen. Also nicht für uns. Und darauf waren wir stolz. Paris im vergangenen März. M trägt auch außerhalb des Bildes ihr Au-revoir-Tristesse-Lächeln. Paris war für sie keine Stadt, sondern ein Zustand. Es war schon ihr dritter Frühling in diesem Zustand. Sie schwebte. Ich wurde im Freifliegen angelernt.

Zum Warmwerden tuckerten wir mit dem 69er-Bus quer durch die Stadt. Wir kauften Multikulti-Besen in Gambetta. Wir aßen bei den Nachfahren von Rousseau ein Tatar. Sie wäre fast, aber nur fast auf den Schoßhund von Fanny Ardant im »Deux Magots« getreten. Wir legten uns auf die Pirsch vor Depardieus Fischhandlung und harrten, dass er seine Verkaufsdamen durch die Luft wirbelte. Wir trödelten in ihrer Lieblingsgasse, der Rue du Cherche-Midi, unter einem puffroten Baldachin, bei Chablis. »Atme die Luft ein!«, befahl sie, »denn das ist die Gasse der feinen Verlage!«

Wir besuchten das Wohnhaus von Victor Hugo. Im Audienzzimmer wurde sie richtig wütend, denn hier musste Balzac oft stundenlang warten, ehe er vorgelassen wurde: »Unseren Maître, stell dir vor, wie einen dreckigen Hund hat ihn die Frau vom alten Hugo behandelt!« Balzac war ihr heilig. Wahrscheinlich hatte sie in ihrem Leben nur unwesentlich weniger geschrieben als er. »Den Großmeister der Baustelle Mensch« nannte sie ihn. »Und nächstes Mal müssten wir unbedingt zu seinem Grab im ›Père Lachaise‹ und natürlich zu dem der Piaf und dem von Marie Trintignant, dort wo immer Blumen liegen wie frisch geweint.« Nein, einsam fühlte sie sich hier nie: »Das Wort ist mir hier noch nie eingefallen. Und wenn, hat es eine Wärme, dass man nicht einmal den Tod fürchtet.« Ich werde deinen geliebten Krummbeinigen allein besuchen müssen, im nächsten Frühling, Marga. Und mir einfach vorstellen, dass du nicht weit bist. Paris wird das schon irgendwie hinkriegen.

Vertschüss dich, Mitte!

Nein, ich gehöre nicht zu jener Art von Frauen, die sich in einer weißen Hemdbluse und barfuß in die Dünen setzen und behaupten, dass es vollsuper ist, immer älter zu werden. Und dazu vielleicht noch ein paar Sätze aus der »Ich-habe-meine-Mitte-gefunden«- oder »Ich-muss-niemandem-mehr-etwas-beweisen«-Schublade ins Publikum schleudern. Das ist doch alles so verlogen wie die Behauptung, dass ihre Gesichtchen nur mit Ananas-Smoothies und Meditation in Topform bleiben. Ich merke ständig, dass alles nicht wie früher ist. Ich bleibe beim Zappen bei Naturdokus über Schwarzadler hängen, weil ich das beruhigend finde. Ich habe Rispentomaten in Oma-Gläser eingekocht. Ich bin bereits eineinhalb Stunden vor Abflug auf den Flughäfen. Früher hätte ich alles unter einer Lautsprechermahnung, zum Gate zu kommen, für unsportlich erachtet. Zum Geburtstag bestellen meine Freundinnen nicht mehr einen brasilianischen Stripper in Polizeiuniform, der mir ans Allerheiligste fassen will. Riesenaltersvorteil. Ich liebe den Morgen. Ich lerne den Schlaf vor Mitternacht persönlich kennen. Ich fange nicht gleich an zu kotzen, wenn jemand das Wort »Wandern« in den Mund nimmt. Ich bin ehrlich froh, dass ich nicht Madonna bin, die noch immer in Latex stangenturnt. Die Frau sah noch nie so alt aus wie bei ihren verzweifelten Versuchen, jung zu wirken. Und ich bin dankbar. Dankbar, in einer Zeit sozialisiert worden zu sein, für die die Talking Heads, The Clash und Les Rita Mitsouko den Sound kreierten und man nicht bis 25 bei seinen Eltern wohnte, weil man nämlich lieber in Kagran Böden geschrubbt hätte, als eine solche Weichei-Existenz zu fristen.
Aber was soll man von einer Generation erwarten, die freiwillig Taylor Swift und Justin Bieber hört, die Kardashians für originell und die »Twilight«-Saga für Literatur hält?
In jedem Fall kein Mitleid.

Ruhm-Kugeln

Die Frau betrachtete den Regiegott und schürzte ihre Lippen auf Schlauchboot-Niveau. Wahrscheinlich hatte sie in den Ausläufern ihrer Kindheit viel zu viele Sophia-Loren-Filme gesehen. Dann kam der schöne Satz: »Nicht, dass du glaubst, dass ich das jedem sage, aber ich möchte dir so gerne noch heute Nacht zeigen, wo Gott seinen Hauptwohnsitz hat.«

Es ist immer wieder furchtbar, mitanzusehen, was Erfolg mit Frauen anstellen kann. Und zwar der von Männern.

In meinem Freundes- und Bekanntenkreis gibt es ein paar Jungs, die mit übergroßen Portionen bei der Talentvergabe gesegnet wurden und es zu Ruhm gebracht haben. Dass das bei Frauen aphrodisierende Wirkung hat, ist nichts Neues unter der Sonne. Schon als Moses die Nummer mit dem Roten Meer machte, wird manch aus Ägypten Ausgezogene in ihren besten Sandalen gehaucht haben: »Ich habe noch nie einen Mann dermaßen souverän Wasser teilen gesehen. Und diese Zehn Gebote sind der Hit; ich konnte sie einfach nicht mehr weglegen. Sag, du schlimmer Prophet, wie fällt dir das nur immer ein?«

Aber inzwischen sind doch ein paar Jährchen ins Land gezogen. Und in der Fan/Musen/Groupie-»So wie ich wird dich keiner verstehen«-Branche ist offensichtlich alles beim Alten geblieben. Würde ist bei diesen Ruhm-Kugeln häufig aus dem Verhaltensrepertoire gelöscht. Aber ganz klar: Auch in diesem Kriegsgebiet klafft die Gender-Gap.

Eine Freundin, die als Primaria in einer Klinik das Sagen hat, flüsterte mir unlängst zu: »Ich sage potenziellen Herren für Herz und die südlichen Regionen meines Leibes einfach nur mehr, dass ich Krankenschwester bin. Risikominimierung von Kastrationsängsten.« Denn Erfolg hätte im umgekehrten Fall ihren Erfahrungen zufolge auf Männer die »Wirkung von Injektionsnadeln auf Kleinkinder.«

Ein paar Jahrhunderte werden wir einfach noch brauchen.

Frustrierte menopausale Zicke

Joan Crawford war die Großmutter aller Furien, eine Fünfsterne-Bitch aus Hollywoods versunkener Welt. Auf der Karte, die mir ein Freund geschickt hatte, erhob sie den unartigen Mittelfinger und fauchte: »My only regret is that I did not tell enough people to fuck off.« Der Satz brachte mich in die Grübel-Bredouille: War man zu lieb für diese Welt? Einerseits waren wir ja von klein an in Richtung Harmonie und Nur-keine-Wickel-Konsens sozialisiert worden, aber die, die immer verständnistriefend mit dem Kopf wackeln, werden oft nicht für satisfaktionsfähig gehalten. Wenn diese Kopfwackelhaltung dann als besonders weiblich gelobt wird, kriege ich einen Kabelbrand.

Ich erinnerte mich, dass ich beim Psychotherapeuten auf die Frage nach der Zielsetzung unseres Zusammenseins folgenden Wunsch deponiert hatte: »Bitte bilden Sie mich zu einer buddhistischen Kampfmaschine aus.« Und tatsächlich: Über die Jahre hab ich mir einen Gelassenheits-Airbag erwirtschaftet. Inzwischen hat sich auch folgende Erkenntnis festzementiert: Wenn du den Leuten Frechheiten oder gar die Wahrheit an den Kopf wirfst, lächle dabei wie Lady Di in der Verlobungsphase und sei höflich wie eine Salondame aus einer Hofmannsthal-Komödie. Marke: »Ich bin tief beeindruckt und voller Respekt für Ihre Konsequenz, hier den egomanischen Borderline-Bastard zu geben. Mit dieser Leistung kann man es in Metropolen wie Katzelsdorf sicher zu ein paar Theatervorhängen bringen.«

Seinen Zorn sollte man in jedem Fall auf Sparflamme halten. Denn doppelmerke: Wenn eine Frau ausrastet, ist sie eine frustrierte menopausale Zicke, die ihre Hysterien nicht kontrollieren kann. Reagiert ein männlicher Mitbürger so, heißt es, er wäre zielstrebig, fokussiert, natürlich autoritär; eben einer, der weiß, was er will.

Und, nein, von Gerechtigkeit war hier nie die Rede.

Der Müllmann-Test

Es lief verdammt gut flirttechnisch. Zumindest für F. Sie hatte den
Müllmann-Test mit Auszeichnung bestanden. Der Müllmann-Test war
F's persönliche Feuerprobe für den eigenen Begehrenswert. Wenn
nämlich nicht einmal die jungen, frechen, üppig tätowierten Kerls in
Orange den Blick müde hoben, wenn man durchs Stiegenhaus
gestöckelt kam, hatte man ein Problem. Dann waren Einchecken ins
metabolische Bootcamp und Schlaf vor Mitternacht angesagt. Denn
der Moment, »wo einem die Männer nur mehr nachschauen, wenn man
auf einer Bananenschale ausrutscht«, würde sich ohnehin im Höllen-
tempo nähern.

Auch auf Facebook feuerte F Frühlingserwachen-Raketen ab. Sie bekam
ein neues »Profil« hin, wo sie mit einem aufmüpfigen Blick in einem
sündig roten Teil posierte, hart an der Grenze zu einem französischen
Problemfilm-Luder. Mit der Konsequenz von regen Reaktionen. Eine
lautete Original so, und das ist – doppelschwöre – nicht erfunden (die
orthografischen Unebenheiten sind authentisch): »Hey, Schönheit!
Ich suche mich eine Begleiterin, die mit mir thermen gehen würde. Ich
bezahle 100 Euro pro Stunde, das inkludiert Thermeneintritt und
eventuel Fahrschein auch. Die Begleitung besteht darin: mich dich in
Bikini anschauen lassen, mit mir dich unterhalten und in Wasser
kuscheln. In keinem Fall küssen und Sex! Bitte sag mir bescheid, ob du
für mein Jobangebot dich interessiert. Dicker Kuss - Jo.«

Es war nicht der Aufruf zur steuerschonenden Geheimprostitution, der
F jetzt auf die Palme brachte: »Was glaubt dieser Blindgänger eigentlich?
100 Euro? Sind wir im Urwald, oder was? Sieht dieser Lianen-Jo nicht,
dass er in die Businessclass einchecken will?«

Noch zickte der Frühling wie eine Stummfilmdiva, aber er machte sich
in unseren des Winters so überdrüssigen Köpfchen bereits mehr als
bemerkbar.

Clive, Darling!

Ich schämte mich, aber ich fand, dass Clive Owen das heißeste Teil unter der Sonne ist. Auslöser für diese spätpubertäre Schwärmerei gab die grandiose Soderbergh-Serie »The Knick«, wo Clive Owen als suchtzerfressener, monomanischer, bindungsparanoider Starchirurg in einem Jahrhundertwende-Spital Forschungsexzentrik bis über den Anschlag betreibt. Wie er dort Weltekel und Genie in seinen Blick packen konnte, war ganz großes Bubentennis. Ich heilte mich von diesem unwürdigen Clive-Crush mittels Autotherapie. Ich zog mir jede Menge seiner Interviews auf YouTube rein, in denen Owen so durchschnittlich, normal und ergreifend schlicht vor sich hin plapperte, dass sein ganzer Sexappeal auf Smartie-Niveau schrumpfte. Als er von einer Reporterin gefragt wurde, ob es irgendeine dunkle Obsession in seinem Leben gebe, antwortete er unbedarft, dass es so etwas sehr wohl gebe. Er könne kein Spiel des F. C. Liverpool versäumen, wo immer er sich auch gerade befinde. Angesichts soviel Gewöhnlichkeit »war der gräßliche Spuk von mir«, wie Alma Mahler diese Art von Krankheit einmal bezeichnet hatte.
Abgesehen davon: Owen hat seit über 20 Jahren eine völlig durchschnittlich aussehende Frau, deren Scheitel sich deutlich lichtet und die zu seinen Gunsten ihre Schauspielkarriere aufgegeben hatte. Extrem sympathisch, extrem unsexy. Das Pierce-Brosnan-Phänomen.
Meine Tochter, die sowieso fand, dass Owen ein uninteressanter alter Sack mit »Teddybärenfresse« wäre, flüsterte mir unlängst: »Mama, du bist nicht alleine. Die Mutter von dem Soundso hat zu Hause einen richtigen Clive-Altar.« In diesem Moment erinnerte ich mich an ein Interview mit Konstantin Wecker, aus dem er mich mit dem Satz »Man ist nicht annähernd so besonders, wie man glaubt« entlassen hatte.
Ciao, Clive! Es war schön, aber es war.

Merci, Madame Baum!

Unlängst fand ich in einem Antiquariat eine Ausgabe des »Uhu«, ein elegantes Berliner Magazin der Weimarer Republik. Für dieses Periodikum schwang unter anderem die formidable Vicki Baum den Federkiel – neben Colette, Brecht, Benjamin etc. In Baums philosophischem Problemaufsatz aus dem Jahr 1930, der sich mit der Frage »Was macht und wann ist eine Frau begehrenswert?« beschäftigt, blinkte mir folgende Passage entgegen: »Gescheitheit ist nicht gerade günstig für die Anziehungskraft einer Frau, und Überlegenheit ist das Letzte, was der Mann der Frau verzeiht. Da aber heute eine Menge Frauen einer Menge Männern überlegen ist, müssen diese durch Verstand benachteiligten Frauen so viel Verstand haben, dass sie ihn das nicht merken lassen.«

Merci, Madame Baum! In 86 Jahren sind wir bei genauerer Betrachtung keinen halben Zentimeter weitergekommen. Ich sehe unheimlich kluge Frauen ihre Intelligenz an der Garderobe abgeben, damit sie ihre Typen nicht aus der Love-Life-Balance bringen. Ihre Stimmen klingen dabei wie Mütter, die ihren geistig nicht sehr ausgeschlafenen Kindern erklären, dass sehr bald alles sehr gut werden wird; ihre Blicke sind auf plätzchen-äugige Bewunderung positioniert.

Und just jene Männer, die immer wieder behaupten, wie wichtig ihnen Humor, Intelligenz und der ganze innere Werte-Tralala bei Frauen denn nicht sind, haben dann oft jene Sorte von Damen im Handgepäck, die einen Witz gern gleich mit der Pointe eröffnen und Baudelaire für einen sehr guten Rotwein halten.

»Ich pfeif jetzt einfach auf die inneren Werte«, sagte G, während wir uns in der Mucki-Bude abrackerten, »denen will es nämlich keiner so richtig besorgen.« Und dann trainierte sie mit voller Kraft den kulleräugigen Du-bist-aber-ein-starker-großer-Mann-Blick. 50 Mal. Die ahnungslose Irre wollte die Hoffnung auf ein Happy End einfach nicht aufgeben.

Auf die Montagsmodelle!

»Es reicht. Ich klappe das Buch der Liebe zu.« K tat diese gewaltige Aussage ohne den leisesten Anflug von Koketterie oder Ironie.

Nach einer Schrecksekunde schrie ich: »Spinnst du! Du bist gerade einmal 40 plus.«

»Eben. Und zwar sehr viel plus. Und in dieser Altersgruppe ist der Markt so leergefischt wie das Mittelmeer.«

»Blödsinn. Ständig schwärmen neue Scheidungswaisen aus. Theoretisch müsste ein Kommen und Gehen wie auf dem Frankfurter Flughafen herrschen.«

»Wo steht der Optimismus-Topf, in den du als Kind gefallen bist? Die, die diskussionsfähig wären, werfen ihre Köder in der 30-plus-Gruppe aus. Und dort werden sie meist auch fündig. Wir hingegen sind, oh grausame Evolutionsbiologie, auf die 50-plus-Jungs beschränkt. Und dort sind jede Menge Montagsmodelle unterwegs. Bandscheibenvorfälle, Depressionen, Meinl-Anleihen, seelische Invalidität durch Kriegsverletzungen an mehreren Beziehungsfronten. Die Schmerzmittel, um in der Zielgruppe durchhalten zu können, sind noch nicht auf dem Markt.«

»Vielleicht ist Österreich einfach nicht…«

»… der richtige Angelpunkt? Da magst du recht haben. Aber ich war schon im französischen Parship. Mit einer einzigen Rückmeldung! Und das war ein 58-jähriger Rauchfangkehrer aus der Auvergne.«

»Sei doch nicht so versnobt! Die Auvergne soll sehr schön sein. Und Rauchfangkehrer bringen doch Glück!«

»Du kannst einem mit deiner guten Laune wirklich auf die Nerven gehen.«

»Miesepetra! Dann vergrab dich doch in deinem misanthropischen Fuchsbau und mach mal ausführlich Menopause.« »Ehrlichkeit uncut« ist nämlich eigentlich mein allerneuestes Lebensmotto.

Jetzt lächelte sie erstmals: »Na endlich! Diese Märchentante hat ja auch menschliche Züge!«

Ich reichte ihr ein Getränk und sagte: »Auf die Montagsmodelle im Mittelmeer. Oder so ähnlich…

»Is in a relationship!«

Meine Freundin K ist von der Tatsache, dass sie sich seit Kurzem in einer Beziehung befindet, so angetan, dass sie nicht nur ihr nächstes Umfeld im Minutentakt daran erinnert (»Ich bin ja jetzt zu zweit«), sondern es auch ihre 4999 Freunde, von denen sie manche sogar persönlich kennt, auf Facebook wissen ließ.

Der Fortpflanz findet diese Art von Offenlegungen »triple-A-peinlich« und flüstert mir: »Mutter, versprich mir eines: Poste keinen neuen Beziehungsstatus, keine Blumen, kein selbst gebasteltes Backwerk, keine Flugtickets und schon gar keine Selfies im Flugzeug. Ansonsten müsste ich mich nämlich von dir in der Sekunde scheiden lassen.«

»Und was ist mit Katzen, Koj-Karpfen, herumtorkelnden Babys, Sonnenaufgängen, Spitalsbetten, Tischdekos, es ist ja bald Osteralarm, und Urinproben?« Neuerdings beobachte ich nämlich auf Facebook einen steigenden Krankheitsexhibitionismus, was möglicherweise damit zu tun hat, dass sich meine 4999 Freunde in meiner Altersgruppe befinden. Viele der Betroffenen scheinen dabei über eine Art ästhetisches Teflon zu verfügen und selfisieren sich in Zuständen, in denen man sich aus dem bebauten Gebiet in der Nanosekunde verkriechen sollte.

Unser Facebook-Knigge-Gespräch führten der Fortpflanz und ich übrigens in einem ulkigen kleinen Restaurant, das von einem Internetblasen-Opfer als Zweitexistenz gegründet worden war. Dementsprechend Montessori waren Service und Ambiente.

Nach dem Abservieren fragte der Blasen-Wirt: »Hat's Ihnen nicht geschmeckt? Sie haben ja gar nix gepostet!«

Ich entschuldigte mich: »Verzeihung! Wie konnte ich nur so abartig analog sein.«

African Queen

Andere Frauen holen sich ihre Adrenalinräusche beim Marmeladeeinkochen, ich gerate lieber in Seenot. Der Sturm fegt über den Altausseer See, die Wellen klatschen beklemmend hoch über den Rand meiner Nussschale, der Himmel trägt weltschmerzgrau. Ich finde, dass ich fatale Ähnlichkeit mit Katharine Hepburn in »African Queen« besitze, nur verdammt noch mal: Wo ist Bogey? Genau nirgends nämlich.

In meinem inneren Lichtspieltheater wird der Film »Mein Leben ohne mich« abgespielt. Schon das Begräbnis hätte es in sich. Bob Dylan gibt, charmant autistisch wie immer, »Like A Rolling Stone« zum Schlechtesten, Didi Chmelar konnte für den Lie-down-Monolog gewonnen werden; meine vier besten Freundinnen werfen mir seufzend meine Lieblingsschuhe hinterher – sie hätten sie nämlich gerne selbst noch aufgetragen; noch am offenen Sarg werden A's Krautfleckerln verteilt; mein Bankbetreuer bekommt jedoch keinen Bissen runter, weil er vergessen hat, mir eine Kreditversicherung aufzudrängen. Alles sehr berührend.

Jetzt fällt mir siedend heiß ein, dass meine Leiche ja gar nicht im Sonntags-Badeanzug gefunden werden würde. Das kann ich nicht auf mir sitzen lassen, also rufe ich den Bogey von Altaussee, den Pauli, an. »Pauli«, piepse ich in meiner besten Ich-bin-ein-schwaches-Weib-Stimme, »Seenot, volle Kraft voraus. Rette mich bitte und zwar genau jetzt!«

»Hearst fahr eini«, sagt der, »geht doch eh überhaupt ka Wind…«

Es geht so kein Wind, dass ich an Land röchle und dort wie ein schreckens-starres depressives Reh am Gestade hospitalisiere.

»Weiber«, sagt der Pauli, als er die Nussschale und mich einklauben kommt, »dann is doch wieder fesch, dass die Manda gibt…«

»Oberfesch. Aber gibt's eigentlich irgendetwas Schöneres, als gebraucht zu werden«, zirpe ich jetzt, noch immer dem Impala-Reh-Genre verhaftet.

»Da tät' ma einiges einfallen«, sagt der Pauli, denn er ist nicht nur Boots-verleiher und Gastronom, sondern auch Philosoph.

»Sei bitte nicht so retro«

»Mama«, sagte das Kind, »kauf schon einmal einen schnittigen Sparstrumpf und wirf kräftig Schotter hinein, damit ich später einmal meine Eizellchen einfrieren kann.«

»Schatzi, du bist gerade einmal 20, du hast doch noch Tonnen Zeit.«

»Eben nicht. Die rast im Schweinsgalopp dahin. Flugs bin ich 25, hänge in meinem Burn-out-Debüt und hab noch immer keine Weltreise gemacht, weil die Wirtschaftskrise mich in die Mühlen prekärer Beschäftigungen zwingt. Wahrscheinlich kriegt mein Typ genau dann eine Mein-Leben-braucht-wieder-Sinn-Krise, brennt mit einer 17-jährigen Kickbox-Bezirksmeisterin durch und ich schaue durch meine lieben Fingerchen.« Sie blinzelte durch ihre aufgefächerten Hände und setzte dabei ihren allerärmsten Mädchen-mit-den-Schwefelhölzchen-Blick auf: »Schließlich hab ich echt keine Lust, mit 38 mein sauer Verdientes irgendwelchen abgefeimten Fertilitätsspezialisten unterzujubeln! Oder in einer Samenbank zu shoppen.«

Für das Kind war 38 definitiv das Alter, wo man nichts mehr zu befürchten hat, weil es auch nichts mehr zu hoffen gibt.

»Von so viel Lebensplanung krieg ich jetzt echt Sodbrennen«, seufzte ich.

»Ich kenne außerdem Prachtkinder, die das Resultat von One-Night-Stands sind.«

Sie packte mich am Handgelenk: »Hiergeblieben, du Hippie-Braut! Man braucht ein Konzept. Das Leben ist eben keine Jamsession…«

»Denke an Herrn Lennon! Das Leben ist das, was dir passiert, während du damit beschäftigt bist, Pläne zu machen.«

»Mama, als dieser Dude erschossen wurde, war ich noch nicht einmal auf der Welt. Sei bitte nicht so retro.«

»Old School ist das neue Angesagt. Die fantastischen Sachen, die mir passiert sind, waren übrigens nie geplant.«

»Wie zum Beispiel…?«

Ich tippte ihr auf die Schulter: »Wie zum Beispiel das da!«

»Einmal Opfer, immer Opfer«

Der Fortpflanz ist im Großeinsatz. Krisenmanagement mit Blaulicht. Da könnten sich die von VW mit ihrem Abgas-Skandal zwei Scheibchen abschneiden. Das Kind wirft sich aber nicht für schnöde Image-Rehabilitation, sondern für einen guten Zweck ins Zeug. Eigentlich gleich für mehrere: jene Liebesbiografien ihrer 20 besten Freundinnen, in denen sich gerade Bruchstellen auftun.

Der Herbst erweist sich bei den jüngeren Menschen als ein hartes Trennungspflaster. Das Kind rennt durch die Wohnung wie ein aufgewühlter Panther, hinter sich her zieht sie Wortfetzen wie »Ist dieser Dude wo angerennt? Das lässt du dir sicher nicht gefallen!« oder »Vergiss ihn, was willst du mit einem Mann, der mit einem teilalphabetisierten Schoßhündchen gleich ins nächste Relationship schlittert?« Oder sehr harsch mit feministischem Subtext: »Einmal Opfer immer Opfer, merke dir das.« Manchmal, wenn das Liebes-Waterloo noch nicht ganz verloren scheint, gibt sie auch Einlenkungs-Ezzes: »Du gehst jetzt einmal zwei, drei Tage auf Tauchstation, damit er den Schmerz der Lücke fühlen kann, und dann wirfst du dich noch einmal in die Charmeoffensive ... und zwar vorwurfsfrei, hörst du?« Letzteres scheint ihr besonders wichtig, denn im Zuge von Beratungsausflügen beim anderen Geschlecht checkte sie, dass Männer an Frauen, abgesehen von der Frage »Was ist das jetzt eigentlich für dich?«, ganz besonders diese »Immer hast du nicht«-Kaskaden nicht ausstehen können. Zwischendurch murmelt sie nur, erschöpft vom therapeutischen Beiwohnen: »Bin ich froh, dass ich Single bin ...«

Da ich mir angesichts des Desillusionierungsgrads Sorgen um meine zukünftigen Enkelkinder mache, schreie ich: »Du bist viel zu jung für Zweisamkeits-Agonie.«

Sie sieht mich sehr streng an und sagt: »Dafür, dass man sich nichts gefallen lässt, ist man nie zu jung.«

Für Fräulein Grün

Diese Kolumne ist Lili Grün gewidmet. Ich kenne Lili nicht. Aber ich vermisse sie. Seitdem mir ihr nach 78 Jahren wieder aufgelegter Roman »Alles ist Jazz« in die Hände gefallen ist, ist sie mir zu einer Freundin geworden. Das Buch spielt im Berlin der 1930er-Jahre. Lilis Alter Ego heißt Elli; sie trägt einen fetzigen Pagenkopf, will zu viel und hat zu wenig. Die Kluft zwischen ihrer Realität und ihren Sehnsüchten hält sie unter Dauerstrom. Im Kabarett schmettert sie vor zwölf Gästen »Ich möchte ein Luder sein / und ordinär sein / Sag Liebling wärst du mir dann endlich treu?«

Dabei verbirgt sich hinter der großen Klappe eine bodenlose Romantikerin. Das verbindet uns ein bisschen. Nicht nur für die Kunst wirft Elli ihr Herz über Bord – auch den Herren reicht sie es zur freien Entnahme. Irgendwann wird er schon kommen, der »Rechte«. Da zerschellt ihre Freundin Hedwig Ellis Illusionen: »Es gibt bloß Unrechte! Der Rechte ist immer der, auf den man wartet, den man sich ausmalt! Wenn einmal einer daherkommt, ist er schon gewöhnlich.«

Danke, Lili! Diese Erkenntnis bringt mich weiter als alle Ratgeber aus der Selbsthilfe-Hölle im Buchladen. Im kommenden Jahr wird weniger ausgemalt und mehr der Realität zugezwinkert.

Lili hatte große, aufmüpfige Augen und einen lebensgierigen Mund. Nach ihrem Debüt galt sie in Wien 1933 als literarische Hoffnung. Sie war zu lungenkrank, um zu flüchten. Am 27. Mai 1942 wurde Lili, Tochter eines Schnurrbartbinden-Fabrikanten, aus dem Massenquartier in der Neutorgasse abgeholt und mit 981 anderen Juden ins weißrussische KZ Maly Trostinec deportiert, wo sie noch am Tag ihrer Ankunft, dem 1. Juni, ermordet wurde. Sie war 38.

»Keine Angst, keine Angst vor dem Leben haben, klopft das Herz«, schrieb sie. Heute Abend werde ich eine Kerze für meine neue Freundin Lili Grün ins Fenster stellen.

Frech im Spätherbst

Unlängst hatte ich das Vergnügen, auf der Buchmesse die Schauspielerin Erni Mangold kennenzulernen, deren Memoiren eben erschienen waren. Wir sollten Bitte-recht-freundlich-sein!-Gesichter machen, und der Fotograf bat sie, etwas näher zu mir zu rücken.

»Na wirklich net«, kläffte die Schauspielerin, »sonst glauben noch alle, dass wir ein Pantscherl miteinander haben.«

»Wär auch kein Schaden…«

Jetzt musterte sie mich kritisch von oben bis unten und merkte dann staubtrocken an: »Ehrlich gesagt: Sie wären mir eigentlich schon ein bisserl zu alt.«

Die von mir zeitlebens verehrte Volksschauspielerin, die in der Sportart Blatt-vor-den-Mund-Nehmen noch nie besonders talentiert gewesen ist, zählt auf dem Papier 84 Jahre. Nur haben weder ihr Gesicht noch ihr Geist und schon gar nicht ihr Körper die leiseste Ahnung von dieser Tatsache. Ich schlug die narzisstische Kränkung der entgleitenden Wettbewerbsfähigkeit einfach mal in den Wind und beschloss, mich ganz auf die Freude zu konzentrieren: die Freude, dass man auch im Spätherbst des Lebens wie ein freches Mädchen durch das Dasein tollen kann – ohne dabei auch nur im Geringsten in die Gefahrenzone eines peinlichen Jugendwahns zu tappen.

Das Geheimnis der Zeitlosigkeit liegt in der Fähigkeit, die Zeit zu ignorieren. Und darin, sich bei Arbeit, Sport und Spiel nie mit dem Status des Zaungasts zu begnügen. Nicht aufregen kann man sich schließlich, wenn man tot ist.

Ich erinnerte mich an einen Nachmittag mit Dr. Ruth Westheimer, der berühmtesten Sextherapeutin auf diesem Planeten, 83 Jährchen jung. Wir saßen beim Demel, köpfelten in diese verruchten Haselnusscreme-Schweinereien mit dem rosstäuscherischen Namen »Fragilités« und ich fragte sie: »Ist Essen jetzt der Sex des Alters oder nicht?«

Sie sah mich sehr streng an und antwortete: »Kinderle, Sex ist der Sex des Alters. Punktum!«

Plötzlich ägyptische Prinzessin

K ist graugrün im Gesicht. Sie nimmt einen tiefen Schluck aus ihrer entgiftenden Enziantinktur-Bouteille und seufzt: »Ein Wahnsinn normal, Herr Bergmann.« Das war eine Standardantwort, die die Boxerlegende Hansi Orsolics dem Sportreporter zu geben pflegte. In unserem Tussianisch hieß das so viel wie »Alles im dunkelroten Bereich.«

Dann fragte sie: »Was ist das?« Und begann ihre Hüften nach Art einer arabischen Puffvorsteherin zu wiegen. Dazu brüllte sie: »Durch den Bauchtanz hab ich endlich zu meiner Ursprungsform zurückgefunden. Ich war nämlich in meinem allerersten Leben eine ägyptische Prinzessin mit einem Hofstaat von Sklaven. Und wenn ich dann so richtig hochtourig in der Beckengegend bin, schrei ich ›Wascht mir den Zweiten von links und bringt ihn in mein Zelt!‹ Das ist quasi wie eine sexuelle Jukebox, mein ägyptischer Sklaven-Hofstaat. Ich bereue nicht viel im Leben, nur zwei Dinge: Erstens, ich hätte meine Brillen schon viel früher bei Fielmann kaufen sollen. Und hätte ich nur viel eher gewusst, dass ich eine ägyptische Prinzessin bin, ich hätt' euch und vor allem mir so viel erspart.«

»Ich tippe auf eine Borderlinerin mit multipler Persönlichkeitsstörung?«

»Falsch, das ist nur meine Mutter. Meine Mutter ist nämlich jetzt jünger als ich. Und findet mich voll spießig – mit meinen Bohnensprossen-Kochabenden im metabolischen Balance-Zentrum, meinem Venen-Aerobic und dem Vorsorge-Firlefanz.«

»Und was sagt der Papa?«

»Er ist hauptberuflich verzweifelt, hat sich aber erkundigt.«

»Wonach? Sanfter Entmündigung? Scheidung ohne Tränen?«

»Nein, er hat sich informiert, was die Pharaonen bei hochgradigen Balzaktivitäten für ein Outfit getragen haben.«

Ich verstand ihr Graugrün. Bei so jungen Eltern schaut man als Kind ganz schön alt aus der Wäsche.

Generation Chillax

Und? Was habt ihr Grazien heute so vor?«, frage ich die Fortpflanz-Meute, die sich bei uns am Samstagabend zusammenrottet.

»C-H-I-L-L-E-N«, kommt es im Chor.

»Wollt ihr gar nicht ausgehen in irgendeinen heißen Club, Ausdruckstanz an Shots von garstigen Getränken und so weiter?«

»Bloß nicht, ich bin viel zu verspannt. Greif mal, Mama. Eigentlich bräuchte ich wieder dringend eine Cranio-sacral-Massage.« Das Kind reibt seine Fingerchen aneinander, um zu signalisieren, dass Muttern Mäuse rüberwachsen lassen sollte, wenn ihr das Wohl ihres Lebensinhalts nur einen Funken wert wäre.

»Das ist alles psychosomatisch«, konstatiert eine der Gören. »Im Nacken sammelt sich der ganze Seelenmüll. Sagt mein sensomotorischer Körper-therapeut…«

»Apropos Therapie«, konstatiert eine andere, »ich habe meine Alten jetzt so weit: Ich gehe nächste Woche zu einem Sigi, damit bereits jetzt die Weichen für mein gesundes Beziehungs-Ich gestellt werden.«

»Zu einem was?«

»Einem Sigmund-Freud-Dude, einem Navigator für meine Seele.« Der Fortpflanz schickt mir einen strengen Blick: »So einen Sigi könnte ich auch gebrauchen. Bei der Kindheit! Mutter verheiratet, aber mit ihrem Laptop, Vater unter ferner liefen, emotionale Dauerverarmung mit wechselnden Au-pair-Mädchen…«

Ich greife zum Telefon: »Sollen wir Amnesty International anrufen? Damit sie dich aus diesem Käfig der Unmenschlichkeit befreien?«

Das Kind verdreht die Augen und schnaubt: »Mutter, bitte nicht witzig sein!«

Himmel! Diese Gören sind gerade einmal 20 und benehmen sich wie dekadente Lebensmitte-Hauptberufsgattinnen. »Was werdet ihr eigentlich mit 50 machen, wenn ihr bereits jetzt solche Sorgen habt«, frage ich die Truppe.

Und die Antwort lässt nicht lange auf sich warten: »C-H-I-L-L-E-N, was

sonst!«

Männer wie Krautfleckerl

Neulich weit nach Mitternacht heimgekommen und noch gezappt. Fatalerweise lief auf irgendeinem Popelkanal »Out of Africa«, noch dazu war der Film gerade bei einer der schönsten Liebesszenen der Hollywoodgeschichte angelangt: Robert Redford und Meryl Streep sind auf Safari, und er wäscht ihr die Haare. Ich war natürlich in der Sekunde überschwemmt, wie immer bei »Out of Africa«; in der Regel schon bei Streeps erstem Satz (»Ich hatte eine Farm in Afrika …«). Als ich am Ende tränenblind das Löwenpärchen auf Redfords Grab liegen sah, fragte ich mich: Warum triggerte just diese Geschichte bei mir einen solchen emotionalen Tsunami?

Es gab viele Antworten: Frau, schreibende, mutige Frau, die sich am Ende ihrer Welt gegen einen Machoclub durchsetzt, und dann war da natürlich die mit der Blixen geteilte Faszination für den Mann mit Näheparanoia. An jene Jungs, die sich in meinem Leben nur auf Stippvisite befanden, werde ich mich noch im letzten Bett erinnern. Selbst wenn sie einen Satz wie Redford als Denys abließen, der da lautet »Du hast das Alleinsein für mich ruiniert«, wusste man am nächsten Tag, dass das eine Fünf-Sekunden-Wahrheit war, an der man sich nicht festbeißen durfte.

Mein Psychotherapeut hatte komplizierte Erklärungsmodelle für meine Ich-bin-dann-mal-weg-Typ-Hingezogenheit entwickelt. Doch in Wahrheit gibt es eine ganz einfache, die wir bei Torberg nachlesen können. Als der Tante Jolesch auf dem Sterbelager das Geheimnis ihrer legendären Krautfleckerl entrissen werden sollte, seufzte sie nur milde: »Immer zu wenig, immer zu wenig …«

So gesehen sind manche Männer wie die Jolesch-Krautfleckerln. Erst wenn sie sich knapp dosieren, lernt man sie so richtig schätzen.

Mondäne Migräne

Ich muss hüsteln lernen. Mondäne Migräne haben. Oder ein paar extravagante Lebensmittelunverträglichkeiten wie eine Hummer-Hysterie oder eine Austern-Allergie entwickeln. Einen Welpen-Tonfall trainieren. Generell mehr Spaß am Leiden finden. Sätze glaubwürdig einstudieren wie »Ich glaube, das wird mir alles ein wenig sehr zu viel« oder »Ehrlich gesagt, das ist mir jetzt eine Schuhnummer zu groß« oder »Ich bin bis zur Paralyse verunsichert«. Mir auch einmal eine Schreibblockade gönnen. Der Stapel unbezahlter Rechnungen auf meinem Schreibtisch hat mir dieses Vergnügen bislang versaut. Meine Blick-Farbkarte erweitern – um die Nuancen »Bambi friert und will nach Hause« und »Ich bin ein hochnervöses und deswegen äußerst unberechenbares Rennpferd«. Mit einer Ross-Konstitution, wie sie mir von meinen Bergbauern-Ahnen geschenkt wurde, dem Immer-Funktionieren und Gute-Laune-Haben, hat man zwar viele Freunde, macht aber keine Meter. Weder im Job noch in Herzensangelegenheiten. Macht man einmal schlapp, kriegt man maximal einen jovialen Du-schaffst-das-schon-Schlag auf den Rücken gepoltert. Und wird dann von denen, die auf dem Schutzinstinkt-Reservoir der Menschheit Trampolin springen, rechts überholt.

Die Künstlerin Zelda Fitzgerald hat diese Kunstfertigkeit einmal so beschrieben: »Kaum waren wir den viktorianischen Anstandsdamen entronnen, kultivierten wir Südstaatenmädchen diese rosarote Hilflosigkeit.«

Sie verbrannte in einer Anstalt für Geisteskranke, ist also eigentlich kein rasendes Beispiel für diese Arme-Mädchen-kommen-überall-hin-These. Da fällt mir ein: In Rosarot sehe ich bescheuert aus. Mir steht Flintenweib-Schwarz. Die Migräne-Manöver müssen also leider auf immer vertagt werden. Null Jukebox, mein Leben.

Vivat Lotterleben!

Der Fortpflanz äußert Gewaltbereitschaft, nachdem ein taxifahrender Mitbürger uns zuerst wegen Gepäcks in Marlene-Dietrich-Dimensionen die Mitnahme verweigern wollte und dann den Koffer so grantig in den Wagen donnerte, dass das Schloss brach. Dass ich mich weigerte, ko-in-Saft-zu-gehen, machte das Kind noch wütender: »Bist du in einen Smiley-Trank geplumpst oder was?«

»Schatzi«, flötete ich später im Gang des Flugzeugs, wo eine Barbapapa-Familie gerade den Weltrekord im langsamsten Einschlichten von Taschen im Gepäcksfach aufzustellen versuchte und sich von einer Zehn-menschen-Schlange nicht aus dem Konzept bringen ließ, »ich habe vor, es einmal in meinem Leben mit Gemütlichkeit zu probieren. Was man nicht ändern kann, sollte man wegblenden.«

Wir fuhren nach Paris. Ich wollte das Kind einmal nicht nur Comiclaute vor einem Computer grunzen hören und hoffte auf ein Konversationslevel jenseits der Immer-tragst-du-nie-den-Mist-hinunter-Debatten. Wir bezogen eine Wohnung, die wie aus dem Amélie-Film geplumpst schien und inmitten einer Fressstraße gelegen war. Von einer Käse-Boutique plumpsten wir in den nächsten Terrinenladen, und dazwischen kam es noch zu einem Éclair. Schon am Nachmittag des ersten Tages hatten wir mehr geredet als in den vergangenen vier Wochen. Es hatte uns beide Zehntausende Kalorien gekostet, aber jede einzelne war ihr Geld wert. Da fiel es nicht ins Gewicht, dass unser reizender Hausmeister nicht wie Benjamin Biolay und nicht einmal wie Depardieu aussah.

Kurzfristig bekam das Kind wegen unseres Lotterlebens einen kurzen Schlechtes-Gewissen-Ausschlag. Dann erklärte ich ihr nur, dass die berühmteste Liedzeile der berühmtesten Sängerin dieser Stadt »Ich bereue nichts« lautete und dass das unter gar keinen Umständen ein Zufall sein konnte.

Liebesbriefe auf Balzac-Niveau

Ich sitze mit dem Fortpflanz im Flieger nach Paris. Wiederholungstat.
Vor einem Jahr hatten wir schon einmal hier Station gemacht. Klar doch:
Das ist unvernünftig. Aber genau deswegen fühlt es sich ja so gut an.
Außerdem ist mein Konto genauso in Schieflage, wenn ich nicht nach Paris
fahre. Der Fortpflanz und ich ergehen uns in Kalorienfieberfantasien,
während wir an einem mehlwurmfarbenen Toast der Firma Niki herumkauen. Die Orangenschokolade bei Denise Acabo – jener Frau, die auch
mit 75 in einer Schulmädchenuniform in ihrem Süßigkeitenolymp in der
Nähe der Place Pigalle ordiniert. Sie war als Kind im Klosterinternat
immer so unartig gewesen, dass sie keine Bonbons bekommen hatte und
sich mit dem weltbesten Zuckerlgeschäft an den Spaßbremsen von Nonnen
rächte. Wir malten uns die in Kräutersauce schwimmenden Schnecken
bei Chartier aus, die dir Kellner am Rande des Schlaganfalls auf das Papier-
tischtuch knallen. Das ganze Lokal sieht aus wie ein sehr Kokotten-
tauglicher Ballsaal aus einem Toulouse-Lautrec-Gemälde. Wir stellten uns
die Butterberge vor, die bei Monsieur Delmontel jeden Morgen zu abartig
guten Croissants modelliert wurden.
Ich dachte an Joseph Roth, der fast wahnsinnig vor Glück wurde, als er
einen Job als Paris-Korrespondent bekam. Weil hier jedes Wäschermädel auf
Balzac-Niveau Liebesbriefe zu verfassen imstande war. Als wir ankamen,
fühlten wir uns wie Roth in seinen besten Tagen. Es waren nicht sehr viele
gewesen. Ich dachte viel an M und sah sie eigentlich tausend Mal um
die Ecke biegen. Mit ihren ausgehatschten Leopardenstiefeln. Paris war ihr
Sauerstofftank gewesen. Ein Jahr ist es her, seit sie nicht mehr da ist.
Ich schlurfte ins »Deux Magots«, wo M und ich uns so fantastisch schlecht
benommen hatten und die Ober so hinreißend darüber hinweggesehen
hatten. Und heulte wie ein Kind.
Der Ober reichte mir ein halbes Tischtuch. Das hätte ihr gefallen.

Dr. Polly Freud

»Ich hätte es wissen müssen«, sagte C mit versteinerter Stimme.

»Was denn?«

»Dass dieser Mann ein infantiler Supergau ist, mit Liebe nicht umgehen kann und solche Angst vor Frauen hat, dass er sie ständig abwerten muss. Es gab Tonnen von Signalen.«

Psychotalk, Interpretationsmarathons über männliche Unzulänglichkeiten, warum auch nicht. Wenigstens macht ja das Wetter gute Laune. Ich setzte meinen besten Dr.-Polly-Freud-Blick auf – eine Mischung aus Kompetenz und Anteilnahme. Schließlich sah man ja ständig Arztserien im TV.

»Welche denn?«

»Mit welchem Hass er über seine Ex gesprochen hat. Dass er immer, wenn es zwischen uns gut lief, einen Nähe-Koller aufgerissen hat und in der Versenkung verschwunden ist. Und er es geliebt hat, andere Frauen vor mir anzubaggern. Da hatte er so ein richtig sadistisches Glitzern in seinen verquollenen Stecknadelaugen. Ich Idiot!«

Dr. Polly Freud: »Du hast von Anfang an gewusst, wie der Typ tickt.«

»Und warum hab ich dann monatelang eine Schlacht geschlagen, die ohnehin nicht zu gewinnen ist?«

»Deine Hormone waren eben noch nicht so weit. Die hatten Festtagsstimmung und waren dementsprechend benebelt.«

»Hormone sind Fetzenschädel!«, seufzte sie jetzt erleichtert, die Schuldzuweisung an schwachmatische Botenstoffe delegieren zu können.

»Und außerdem...«

»Was?«

»Gilt in unserer Altersklasse bereits das, was der Volksschauspieler Hanno Pöschl einmal über die Sondierungslimits bei Rollenangeboten im österreichischen Film gesagt hat.«

»Und zwar?«

»Wenn i als Verdurstender durch die Wüste geh und endlich zu aner Oas'n komm, sag i net: Na danke, die g'fallt ma net, i wart lieber auf die nächste.«

»So verzweifelt sind wir bereits?«

»So pragmatisch, humorbegabt und hinreißend stur.«

Wenn ein Bewerb für die Miss Küchenpsychologie des heurigen Jahres ins Leben gerufen werden würde, hätte ich fantastische Chancen, Leute.

Sonntags-Unterwäsche

Irgendwelche Killerviren setzten unserem Essen ein abruptes Ende.
Meine Freundin, ohnehin durch ein Trennungstrauma nicht in Topform,
krümmte sich. Sie ächzte: »Ich muss zu Gott sprechen, am großen,
weißen Telefon.« Über Stunden sollte sie das Gott-Telefon nicht mehr
verlassen. Zwar waren wir in der Pampa in ihrem Zweithaus, aber
irgendein Arzt würde doch selbst hier Bereitschaftsdienst schieben. Ich
klingelte mich durch. Ein fliegender Medizinmann wurde uns in
Aussicht gestellt. »An welchen Zeitradius hatten Sie gedacht?«, fragte
ich das vermittelnde Fräulein.
»A Stund, zwa«, meinte die.
»Könnten aber auch drei sein?«
»Könnten ja, müssen aber nicht.«
Die war sicher aus Wien. Ich machte meine röchelnde Freundin arztfein.
Es klingelte unvermutet bald. Ich öffnete. Weiche Knie. Da stand ein Mann,
der wie eine Mischung aus Elvis und Johnny Depp aussah. Er behauptete,
der Arzt zu sein. Während meine Freundin eine Infusion verpasst bekam,
legte ich in Windeseile Make-up auf. Ich war kurz versucht, etwas Frivoles
à la »Was macht ein Mann wie Sie an einem beschissenen Ort wie diesem?«
vom Stapel zu lassen, piepste aber nur: »Kommen Sie öfter hierher?«
Und Elvis-Johnny grinste: »Wenn Not am Mann ist.«
Ich beschloss, bei meinem nächsten Pampa-Besuch eine elegante Krankheit
mitzubringen – vielleicht eine Gichtattacke oder so was. Und dachte,
dass das Leben wirklich durchtrieben ist. Einem einen solchen Elvis im
vermeintlich flirtfreien Ödland aufzutischen!
Ich musste an Tante Lou denken, die noch im hohen Alter ihren Angaben
nach »eine Granate im Bett« war. Die sagte: »Kinderle, geh auch an
Wochentagen immer mit der Sonntags-Unterwäsche außer Haus. Man kann
nie wissen, ob man einen Verkehrsunfall hat. Und einen Rettungsfahrer
zum Erröten bringen möchte.«
Also, Mädels: Immer in der Einser-Panier, auch in unverbautem Gebiet.
RIP, Tante Lou, und danke.

Ein fixes Zuhause im Komödienfach

So. Es war mir nicht zu blöd. Ich habe versucht, meine Ferienliebe aus dem Jahr Schießmichtot in Paris ausfindig zu machen. Ich hatte (anfangs) insofern Glück, als dass die nicht einen Allerweltsnamen wie Jean Mouton besaß und nur eine einzige in Frage kommende Nummer registriert war. Vor mehr als drei Jahrzehnten war diese Romanze gelaufen, die in La Rochelle ihren wilden Auftakt genommen hatte. Das elektronische Telefonbuch forderte mich auf, meiner gesuchten Person auch gleich um 5,90 eine Postkarte mit entzückenden Motiven (schnäbelndes Pärchen im Park, Sonnenstrahlen, Blumenherzen) zukommen zu lassen. Ich nahm dankbar an, es ersparte mir verlegenes Telefongestammel. Ich schickte also die Sonne an Geschnäbel los – mit einem nicht ganz unverbindlichen Text. Zwei Tage später ereilte mich der Anruf einer exquisit höflichen Sekretariatsdame, dass der Maître sich freuen würde, mich im »Deux Magots« zu treffen. Mein Herz pulsierte. Maître? War der Mann Starkoch geworden? Egal.

Im »Deux Magots« wieselte mir ein circa 65-jähriger Mann mit Ulkusfalten, der circa eineinhalb Köpfe kleiner war als ich, freudig entgegen. So viel konnte ich in den paar Jahren nicht gewachsen sein! Und auch sonst hatte er wenig mit jenem belmondoesken Beau mit Hakennase gemein, von dem ich noch immer 75 lavendelblaue Liebesbriefe zu Hause habe. Der »Maître«, wie sich herausstellte ein Anwalt und Berater des Justizministers, erklärte mir nach dem zweiten Cognac, dass er keine Ahnung gehabt hatte, von wem diese Postkarte stammen könnte, man aber für alles offen sein müsse. Er wäre zwar verheiratet, aber in seiner Ehe liefe es nicht mehr so, der Wechsel seiner Frau hätte auch auf ihre Libido Einfluss genommen. Spätestens dann kapierte ich, dass ich im Komödienfach mein fixes Zuhause hatte und für das Genre Melodramen einfach zero geeignet war.

Beklemmung mit Entzündung

Die Pariserin Chantal, von Beruf Ehefrau, bekämpfte ihre Langeweile mit Unglück. Auch natürlich im Urlaub auf dieser griechischen Insel nahe der türkischen Grenze. Ihre drei Kinder, die alle aussahen wie aus einem Jacadi-Poster gepurzelt, hatten Nannys – und zwar jedes eine. Von denen wurden sie den lieben langen Tag am Strand bezwitschert – Sandburg hin, Seepferdchen her. Ihr Mann hingegen wohnte in seinem Computer. Also hatte Chantal jede Menge Zeit, auf hohem Niveau zu leiden. Wir waren schon zum dritten Mal diese Woche mit ihr in das »Medical Center« gedüst. Nach einem Blutdruck im Sturzflug, der Champagner-Allergie (ja, sie vertrug ihn so schlecht, aber liebte ihn so sehr), war sie diesmal überzeugt gewesen, eine miese Muschel erwischt zu haben.

»I think, she is in love with me!«, hatte Wassilij, der Inselarzt, mir bei diesem »Noteinsatz« zugeflüstert.

»I think, she is in love with misery«, raunte ich zurück. Denn wenn Chantal nicht gerade an »Beklemmung mit Entzündung« (© Johann Nepomuk Nestroy) litt, widmete sie sich ihrem zweitliebsten Hobby: dem Schwarzmalen. »Nicht den Hund angreifen, der hat sicher Tollwut«, »Auf dem Berg essen? Bei dem Wind holen wir uns den Tod« etc. Sie hatte sich die für alle Beteiligten anstrengendste Methode auserkoren, um im Radarsystem der Wahrnehmung zu bleiben.

Eines Nachmittags brachten wir sie vom Strand nach Hause. Vor dem Eingang stand ein Krankenwagen; Sanitäter trugen gerade ihren Ehemann auf einer Bahre heraus. »Es ist das Herz«, stöhnte der Gatte und hielt sich die Brust. Anstatt dass Chantal an seine Seite raste und ihn mit einem Tsunami an Sorge, Trost und Zuwendung umspülte, verschränkte sie die Arme und konstatierte fast ein bisschen beleidigt: »Er hat mit Sicherheit das Gleiche wie ich immer.«

»Und das wäre?«

»Nichts«, sagte sie und konnte nicht mehr aufhören, dreckig zu lachen.

Being-Single-sucks-Momente

»Ich hasse Wochenenden«, flüsterte F.

»Bist du naturtrüb?«

»Nein, aber es ist einfach eine deprimierende Anhäufung von BSSMs.«

»Was ist das? Ein rechtsradikaler Wanderclub?«

Sie schüttelte den Kopf wie ein durch Zoohaltung zermürbter Elefant:
»Das steht für Being-Single-sucks-Moments. An Sonntagen könnte man
schon seit Stunden tot im Bad liegen und niemand würde es merken.«

Ich versprach ihr Trost durch verhaltenstherapeutische Radikalmaßnahmen:
»Wir werden am Samstagvormittag zu Ikea gehen – die Zweisamkeits-
hölle schlechthin. Er: ›Wir brauchen nur Kellerregale, und zwar drei Stück
Sörensen unbehandelt – und keine Teelichter, Serviettenringe und
Besteckbänkchen in Hunderterpackungen.‹ – Sie: ›Immer denkst du nur
an dich. Ich will uns doch nur ein gemütliches Heim machen!‹ –
Er: ›Aber mit meiner Kreditkarte! Ich brauche Stauraum, hörst du, sonst
werde ich gleich einmal wahnsinnig ungemütlich!‹ Sie (den Tränen nahe):
›Weißt du was? Du kannst dir deinen Stauraum rektal wohin! Und dir
deinen Coq au Vin mit Faber-Castell an die Wand pinseln. Gib mir sofort
die Autoschlüssel!‹« Und all diese Miniatur-Strindbergs passieren,
während du dich von deinem Masseur durchkneten lässt, in der Badewanne
in einem neuen Frauenporno schmökerst oder dir im Kino ansiehst, wie
entbehrungsreich das Streben nach ewiger Liebe sein kann.«

»Okay, guter Plan für Samstag. Aber was machen wir am Sonntag?«

»Da besuchen wir einen Partnerschafts-Töpferkurs auf einer
Selbstverwirklichungs-Sommerakademie.«

»Fühlst du dich nie einsam?«

»Allein, aber nicht einsam. Wir sind eben keine Sonntagskinder, sondern
Montagsmädchen.«

»Montagsmädchen, die das Monopol auf ihren Stauraum besitzen«, fügte
sie triumphierend hinzu.

Ich hatte gewonnen. Für eine Woche zumindest.

Laufmaschen in der Seele

»Wo bist du?«»Laufmaschen in der Seele«»Wir hätten viel früher damit
aufhören sollen, später zu sagen!«»Geh mit mir ins Bett – ein Mal
noch, one for the road sozusagen…« Die Via dolorosa der Attacken auf P's
Würde fand sich im Ordner ihres Handys »Gesendete Mitteilungen«
(von 0.38 bis 2.47 Uhr). Der Grad der Direktheit in den Botschaften an den
Ex war offensichtlich mit jedem Hundertstel Promille gefährlich gestiegen.
Es war noch dazu nicht einmal ein taufrischer Ex; das Rien-ne-va-plus mit
dem Mann lag schon eineinhalb Jahre zurück. »Wie oft hab ich dir
gesagt«, rügte ich sie, »weg mit dem schlimmen Finger nach Mitternacht
– die Nacht + Alkohol = sentimentale Mails + Verzweiflungs-SMS. Eine
Formel, die einen Peinlichkeits-Kater nach dem ersten Erwachen garantiert.
Soll ich dich jetzt mit einer Federboa verdreschen, dass wir uns das
endlich merken?«
Sie eröffnete das Schmoll-Eck: »Okay, es war vielleicht nicht richtig, aber
mir war g'rad so danach.« Sie hielt das Pedal am Trotz-Gas: »Es hat mich
außerdem so wahnsinnig befreit.«
Ich beschloss, P zum Jesu-Wiegenfeste mit einer neuen Erfindung
zwangszubeglücken: ein Handy mit eingebautem Alkoholtest. Wenn
man in Situationen schluckbedingter emotionaler Auflösung der
Versuchung anheimfällt, sich den Abgebauten, hühott, an den Hals zu
werfen, gibt das Ding Geräusche von sich, die die Alarmsirenen der
Kriegszeit auf Wiegenlieder-Niveau verkommen lassen.
Blieb noch eine Frage offen: »Was hat er eigentlich geantwortet?«
»Nichts«, sagte sie mit der Stimme einer Fünfjährigen, »der Kontakt mit
mir tut ihm sicher noch zu weh.« Sie verkroch sich in 5000 Demel-Kalorien.
»Glück ist harte Arbeit«, hatte der Dalai Lama unlängst angemerkt.
Unglück die noch viel härtere, Eure Heiligkeit!

Tische im Himmel

Jedes Jahr seit 2006 steht dieser kleine Frauentrupp an einem Sonntagvormittag im April an diesem Grab in feinster Nachbarschaft – Hugo von Hofmannsthal ruht in der Parallelstraße. Manche von uns mit turmhohen Sonnenbrillen, wenn es am Vortag etwas länger gedauert hat. C's Mutter, inzwischen 80 plus, verteilt die Pappbecher. Dann trinken wir Champagner, schütteln die Köpfe und sagen Sätze wie »Man kann es nicht glauben, wie lange das schon wieder her ist« oder »Das hätte ihr gefallen.« Und jedes Mal muss ich dann ganz fest einen Kieselstein am Boden fixieren, weil ich noch immer losheulen könnte, aber auch, weil ich mich schäme.

Ich schäme mich, weil ich sie angelogen habe, als sie mich nach der verheerenden Diagnose gefragt hatte: »Polly, wird alles wieder gut werden?« Und ich habe damals mit der festesten Lügenstimme, die ich finden konnte, geantwortet: »Du musst ein bisserl durchhalten. Ich verspreche dir: Wir werden wieder auf den Tischen tanzen.«

Sie war eine fantastische Waffenschwester in der Neigungsgruppe Wir-glauben-vor-allem-an-ein-Leben-vor-dem-Tod, und wir ließen es gerne krachen. Und zwar auch so laut, dass unsere damals noch kleinen Fortpflänzchen die Augen gerne gen Himmel rollten. Wir tranken noch Champagner auf ihrem Sterbebett, in dem sie so schmächtig wie ein Vöglein in den riesigen, weißen Laken lag.

Und dort wiederholte sie auch den Satz: »Du hast mir versprochen: Wir werden wieder auf den Tischen tanzen.«

Aber hätte sie noch eineinhalb Jahre durchgehalten, wenn sie gewusst hätte, wie beschissen ungerecht dieser Kampf mit 99,9 prozentiger Sicherheit ausgehen würde? »Verzeih mir«, flüsterte ich.

Und in diesem Moment tanzten die Sonnenstrahlen los. Und ich hörte sie kichern: »Jetzt weiß ich auch, warum du so eine große Nase hast – weil du so eine Schwindlerin bist.«

Ich hoffe inständig, dass es im Himmel Tische gibt.

Blutdruck-Herausforderungen

Meine Großmutter ist 95 und entsetzt. Sie hat in meinem ersten Roman
»Venus im Koma« Stellen gefunden, die na ja… »Also, was jetzt, Oma?«
Sie verkriecht sich schamesrot in ihren Grießnockerln, denn man müsste
sich jetzt in Regionen begeben, die eigentlich zu tief liegen.
»Jetzt sag schon.«
Sie lugt zaghaft hinter ihrem Nockerl hervor: »Also ich staune… diese
Freizügigkeit, was gewisse Sachen betrifft… Und das alles auch noch
gedruckt. Also zu meiner Zeit.…«
»Zu deiner Zeit gab es nach fünf züchtigen Spaziergängen einen
verschämten Wangenkuss, aber dann schon im Schweinsgalopp einen
ordnungsgemäßen Heiratsantrag… Mein Papa und dein lieber Sohn
hat schon einen kilometerlangen Bart, weil er noch immer vergebens
darauf wartet, dass ihm der, der um meine Hand anhält, nicht gut
genug sein kann…«
»Bei deinem Beruf ist ja gar keine Zeit für viel anderes.«
»Papperlapapp! Ich würde in der Sekunde mit der Schaufel in meiner
Terminhalde umgraben, um Luft für eine zarte Romanze zu schaffen –
verschämtes Erröten und Austausch von nach »L'Air du Temps« duftenden
Spitzentaschentüchern inklusive.«
»Und? Was hält dich ab?«
Ich zeigte nach draußen: »Die Marktlage, Oma, die beschissene
Marktlage…«
»Bitte sag doch wenigstens verheerend. Vielleicht solltest du doch ein wenig
weniger selbstständig wirken. Das schreckt die Männer doch nur.«
»Die, die das schreckt, sind sowieso Lulus…«
Jetzt kicherte sie: »Wirklich abortig, deine Ausdrucksweise!«
Ich versprach ihr bei meinem nächsten Besuch wirklich schlüpfriges
Schriftgut mitzubringen.
»Ich will dieses moderne Zeugs nicht.«
»Das Zeugs heißt ›Das Delta der Venus‹, ist von Anaïs Nin und über 70 Jahre
alt. Da wirst du erst die Ohren anlegen.«
»Ob das mein Blutdruck vertragen wird?«, rieb sie sich jetzt schon einmal
in Vorfreude die Hände.

Weg von der Natur

Letzte Woche hatte ich ein bisserl viel Natur um die Ohren. Es begann damit, dass sich neben meinem Sofa jeden Tag aufs Neue gar nicht so kleine Häufchen aus Ästen und Blättern bildeten. Eines Morgens lernte ich auch die gurrende Verursacherin des Übels kennen, die sich mein Wohnzimmer zur Brüt-Oase erkoren hat. Wer mich nur ansatzweise kennt, weiß, dass Ratten, Tauben und Strache-Reden bei mir in der Sekunde hysterischen Ekel zur Folge haben. Und kein Mann im Haus...

Ich raste einen Stock nach oben und zerrte meinen grundgütigen Nachbarn aus der Dusche, der das Grauen in die Flucht schlug. Am Nachmittag suchte ich Kontemplation auf der Alten Donau. Es war ein gleißend heißer Tag und ich trieb schlafend auf der Zille im Wasser. Im Traum erschien mir der Mann, den ich so sehr geliebt hatte, dass er mit der Zurückliebung auf demselben Niveau heillos überfordert war. Ich brüllte: »Hau ja ab, aus meinem Traum, vertschüss dich!«

Aber er, er sah mich nur an und sagte: »Du Kleingeist! Wär es dir vielleicht lieber gewesen, dein Leben hätte ohne mich stattgefunden?«

»Pfuhh«, knurrte ich, »viel weniger Schmerzen – aber schmerzlose Farblosigkeit, also nein.«

Er grinste. Selbst im Traum hatte er das unverschämt gut drauf. Ein Fauchgeräusch stieß mich jetzt zurück in die Realität. Mir schwante nichts Gutes, denn drei Zentimeter über meinem Kopf sah ich ein grimmiges Schwanengesicht. Ich brüllte »SOS Mitmensch.« Der Schwan fauchte amüsiert zurück. Ich packte das Paddel, er klotzte mit dem Durchmesser seiner Flügel.

Der Mann aus meinem Traum, der sich jetzt so was von rehabilitieren hätte können, war natürlich auch wieder genau nirgends. Blöde, blöde Emanzipation! Falls es jemanden interessieren sollte, ich habe überlebt. Nicht heldenhaft, aber immerhin.

Eine Gärtnerin namens Richard

Meine langlebigste Freundschaft ist 37 Jahre alt. Sie gehört M, die in Spanien lebt und jetzt vor ihrer Hochzeit mit einem britischen Hippie-Bohèmien mit russisch-aristokratischem Background steht. Sie strahlt vor Glück. Der Zukünftige hat einen Riesenkoffer mit den herrlichsten Geschichten im Handgepäck. Seine Mutter war mit Coco Chanel, beide Damen nur mit leichten Leopardenfellen bekleidet, in St. Moritz Schlitten gefahren; in London hatte Oskar Kokoschka bei der Familie nach der Emigration gewohnt. Auf dem Landsitz pflegte ein Gärtner namens Richard Dienst zu tun. Ein ganzer Kerl mit viel Brustwolle und kräftigen Händen. Irgendwann kam der Familientross früher als angekündigt angereist. Und da stand Richard dick geschminkt, mit einer blonden Monroe-Perücke in einem paillettenbestickten Abendkleid und meterhohen Stöckelschuhen beim Heckentrimmen und erschrak zu Tode. Schließlich war er verheiratet, hatte vier Söhne und lebte in der englischen Provinz. Er rechnete damit, sofort gefeuert zu werden. Da seine Dienstgeber aber selbst exzentrische Menschen waren und liberal wie weltoffen obendrein, schenkten sie ihm ab diesem Moment jedes Jahr zu Weihnachten eine herrliche Glamour-Robe und er durfte fortan, wann immer er wollte, im Diva-Look harken, stechen und schaufeln.
Ich dachte an Karl Rossmann in Kafkas »Amerika«, der im tödlichen Fieberwahn vom »Naturtheater von Oklahoma« träumt – einem Ort, wo jeder willkommen und frei ist und seine geheimsten Sehnsüchte leben kann. Und freute mich für Richard, der zwar nur 60 Jahre alt werden sollte, aber bei seiner aristokratischen Herrschaft sein ganz persönliches Naturtheater von Oklahoma gefunden hatte und ausleben durfte.
Suchen Sie sich Ihres! Jetzt!

Tausend Rosen, Hilde!

Samstag ist bei mir Kinoheultag. Da sehe ich mir gerne mitten am Tag
mutterseelenallein Filme an, die einer denkenden Weibsperson
fortgeschrittenen Alters unwürdig sind. Hollywood-Schwachsinn eben,
wo Bambi-Frauen wie Kate Hudson oder Anne Hathaway vom
Schicksal den Mittelfinger gezeigt bekommen, ehe sie ihr Waschbrett-
bauch tragender Sargnagel dann doch in die gut geheizte Monogamie
abschleppt.

Diesmal war der Knef-Film dran. Ja, ja, natürlich kann ein Quietsch-
entchen wie Heike Makatsch »la Knef« nicht einmal annähernd gerecht
werden. Trotzdem Geflenne volle Kraft voraus. Ich erinnerte mich an
jenen Nachmittag in Berlin, als ich die Knef in ihrer kleinen Wohnung für
ein Interview besuchen durfte. Es war nur wenige Wochen vor ihrem
Tod. Sie saß stramm wie ein preußischer Soldat auf ihrem Sofa und hatte
drei verschiedene Mineralwassersorten vor sich stehen. Einmal Diva,
immer Diva. »Kinderle«, sagte sie, »ich hatte den schönsten Körper Europas,
und dann eben nicht mehr. Und wenn man das persönlich nimmt,
ist man doch so doof, dass die Kuh schreit…« Als wir uns im Thema Liebe
verfingen, sah sie mich scharf an: »Hauptsache war immer, dass es dabei
pompös zuging, nie nebulos und schmächtig. Ausruhen können wir uns
ja schließlich, wenn wir tot sind.« Und dann bat ich sie ungeheuerlicher-
weise, mir was vorzusingen. Nach einer kurzen Irritation stand sie – unter
sichtbaren Schmerzen – auf und schmetterte: »Für mich soll's rote Rosen
regnen, mir sollen sämtliche Wunder begegnen…«

Es war einer der Momente, in denen ich meinen Beruf abgöttisch liebe.
Spätabends rief sie mich an und lachte mit der schönsten Stimme Europas
in den Hörer: »Kinderle, schreiben Sie lieber: »Ich hatte EINEN der
schönsten Körper Europas. Sonst glauben die, dass Tante Hilde endgültig
durchgedreht ist.«

Tausend Rosen, Tante Hilde!

Große Falotte, große Hingabe

Die Dame, die mich zum Tee geladen hatte, besaß jene Mischung aus Altersschalk, Gelassenheit und eleganter Ironie, die es für den ollen Lebensherbst unter allen Umständen anzustreben gilt. Sie hatte eine bewegte Biografie hinter sich gebracht: Emigration nach New York (ihre Küche dort war sogar einmal von Marlene Dietrich verwüstet worden), eine in Würde gescheiterte Diseusenkarriere, ein verzocktes Vermögen. Ihre Spieltische waren Männer. Vor allem für jene, auf deren Lachen man tanzen und deswegen auch ausrutschen konnte, hatte sie ein »blechernes Händchen« besessen.

»Die größten Falotte habe ich mit der größten Hingabe geliebt. Vollidiot, ich. Aber schön war's«, grinste sie und schritt zu ihrer »Trophäengalerie«. Auf einer Kommode stand eine Armada von Silberrahmen, in denen verwegen blickende Kerls mit dynamisch wehender Frisur auf Berggipfeln, Yachten und in flotten Flitzern die Aussicht auf »unhappy ends« verströmten. »Der da zum Beispiel«, sagte sie und griff sich ein besonders aufmüpfig wirkendes Exemplar, »dieser schreckliche Schuft! Er war durchaus zwei, drei Stunden lang in der Lage, einen davon zu überzeugen, dass man die einzige Frau auf diesem Planeten war ...« Sie seufzte: »Er brannte mit meiner Smaragdbrosche und dem Poolreiniger meiner Nachbarin durch ...« In ihrer hysterischen Verzweiflung hätte sie ihm damals sogar telegrafisch mit Selbstmord gedroht und dann tatsächlich »minutenlang mit Buttermesserchen an den Pulsadern rumgesäbelt«. Auf einer Postkarte aus Capri hatte der Sargnagel dann sogar geantwortet: »Hör bitte auf, dich ständig umzubringen. Dein Pathos verursacht mir Sodbrennen.«

Gab es Erkenntnisproviant nach dieser und allen anderen Geschichten? »Kinderle«, schüttelte sie entschieden den Kopf, »würde beim Lieben der Verstand am Steuer sitzen, wäre die Menschheit schon ausgestorben.«

»Ich habe reichlich Bekannte, darunter meine wahren
Freunde, die Exfußballer, die Paradiesvögel der
Peripherie, die Händler mit Waren aller Art. Alle habe
ich schon klammheimlich bei der Lektüre von
»chaos DE LUXE« beobachtet. Sie nicken dabei fast
wie die grundgütige Komparserie des seligen
›Seniorenclub‹, sie lächeln dabei, wenngleich schon
etwas rostig an den Rändern. Pollys Vorstöße in
die Nebenräume der menschlichen Seele empfinden
sie bestenfalls als tändlerischen Tadel, viel öfter
als Ermunterung zum drolligen Männchenmachen.«

Dieter Chmelar
Autor und Kolumnist

Rätselrallye Mann

»Talk low, talk slow and don't say very much.«
John Wayne

Das Ei der Missis Columbo

Der Sommer ist relativ leicht zu beleidigen. Deswegen muss man ihn ausführlich begrüßen. Und zwar mit moussierenden Getränken. So hingen wir in unserer Idylle an der Alten Donau und rackerten uns bei unserer liebsten Sportart ab – dem Sichgehenlassen. Ich hatte die Jungs aus der Nachbarschaft wirklich vermisst. Denn sie waren amüsant. Und klug.

De facto hatten sie eine Crossover-Philosophierichtung, den stoisch-lakonischen Epikurismus, zu ungeahnter Raffinesse entwickelt.

»Wenn die Depperten bei der Hitz' deppert sind, dann sind's so richtig deppert«, sagte der eine und blickte gen Sonne. Dann fragt er seinen Kumpel: »Kurti, wenn du jetzt – sag'ma – ringdingding dei Traumfrau herbestellen könntest, wie wär die so circa genau?«

Die Antwort kam prompt: »Da brauch ich ka Sekunden nachdenken. Des ist die Missis Columbo.«

Es folgten Neid und Anerkennung für diesen Geistesblitz: »Du, da bin i ganz bei dir – die bringt den Trenchcoat alle paar Wochen in die Putzerei und glänzt sonst durch Abwesenheit. Eigentlich eine ideale Gattin!«

»Original!«

Jetzt dachte ich an die inzwischen verstorbene Frau Hawelka, der ich im Zuge einer Reportage einmal zwei Nächte auf den Pelz gerückt war. Beim Buchtelmodellieren in ihrer winzigen Küche raunte sie mir verschwörerisch zu, dass es eine Grundvoraussetzung für das Scheitern von Beziehungen gibt: »Die, die ständig aufeinanderpicken, so auf symbiotisch, die reißen irgendwann garantiert eine Brez'n. Das hab ich hundertfach im Kaffeehaus erlebt.«

Das Ei der Missis Columbo als Lösung aller Beziehungsrätsel. Danke, Frau Hawelka, danke auch lieber Kurti!

Mützliche Hinweise

Partys, Partys, Partys. Schließlich hat man, weiß Gott, genug Marcel Proust gelesen, an Ingwertees genippt und sich gegenseitig mit Grippesymptomen niedergeschildert. Auf einer Sause kam ich neben einem sehr launigen Repräsentanten des Spaßgeschäfts zu stehen. Es war gegen halb drei, als uns das grimmig blickende Personal mit dem Lurch aus der Halle fegte. Man teilte sich das Taxi, denn der 40-plus Ausdruckskünstler wohnte in der gleichen Richtung. Im Wageninneren zerrte er ein Baseballkäppchen aus seiner Jacke und setzte es sich nach Art trotziger Street-Kids aus der mittleren Bronx verkehrt rum auf. Ich räusperte mich kurz und merkte an: »Nichts für ungut, schließlich befinde ich mich ja auch volles Kanonenprogramm im Reifungsprozess. Aber ist das nicht ein bisschen nicht altersadäquat?«

»Meine Freundin ist 23«, antwortete er.

»Und?«

»Beim Alter versteht die überhaupt keinen Spaß. Sie will, dass ich jugendlich und frisch wirke – auch wenn ich zu einer unfrischen Zeit nach Haus komm!«

Ich glückste: »Aber wäre da Schlaf vor Mitternacht nicht der effizientere Weg?«

»Dafür habe ich null Zeit…Aber schau…« Er wendete das Bronx-Kapperl in die erwachsene Richtung: »Wie sehe ich jetzt aus?«

»Wie ein verschlagener Schwarzmarkthändler vom Mexikoplatz, der abgelaufenen Kaviar unters Volk bringen möchte.«

Das fand er zumindest ein wenig komisch: »Böse, reife Frau. Und so hält man eben keine 23-jährige Göttin.«

»Klingt wahnsinnig anstrengend.«

Schweigen.

»Ist es auch.«

Nach seinem Ausstieg dachte ich an Madonnas Satz über junge Männer: »Sie wissen zwar nicht was sie tun, aber das können sie die ganze Nacht.« Nur: Deswegen kann ich mir jetzt auch kein nabelfreies Glitzer-T-Shirt kaufen und dann vielleicht auch noch tragen. Und was redet man, wenn der Morgen graut? Und außerdem: Neben ihrem Lover Jesus sah Madonna verdammt alt aus.

Barrikaden-Sturm

Ich möchte im Vorfeld zum Vatertag den heutigen Samstag zu einem
neuen Gedenktag ausrufen: den Tag für die Nerven jener Mütter, die den
Alimenten für ihre Kinder hinterherhecheln oder wie Kampfhennen
darum auf die Barrikaden gehen mussten und müssen. In meinem kleinsten
Umfeld kann ich dafür wie nichts ein Dutzend Beispiele lockermachen.
Natürlich: Bloß keine Verallgemeinerungen. Es gibt auch diese Vorzeige-
Trennungsdaddys, die widerstandslos mehr als gesetzlich notwendig
brennen und quasi als finanzielles Freifach auch schon einmal die Kohle
für die Zahnspange drauflegen. Zahnspangen gehen ja die Scheidungs-
väter per Gesetz nichts an. Aber die sind in der Minderheit – zumindest in
meiner Wahrnehmung.
»Er ist drei Monate hinten«, sagte Freundin K, die mit einem Lehrerinnen-
gehalt zwei Kinder über die Runden zu bringen hat. »Er behauptet, die
Geschäfte laufen zur Zeit so lausig.«
Und? Glauben diese Jungs, dass die Kinder aus pietätvoller Rücksicht für
eine niedrige Auftragslage die Nahrungsaufnahme kurzfristig einstellen
und bei ihren Füßen die Wachstums-Pausetaste drücken können? Oder sind
diese VVs (Versager-Väter) deswegen so knausrig, weil sie den Verdacht
nicht loswerden, mit ihren Unterhaltszahlungen eigentlich Muttis nächste
Prada-Tasche zu finanzieren?
In Tschechien haben die einen ausgeschlafenen Justizminister, der
säumigen Vätern in Zukunft den Führerschein kappen will. In unserem
Land, wo Autos und Haustiere die Kinder auf der Liebhabereien-Liste
übertrumpfen, wäre eine solche Sanktionsmaßnahme ein Höllenspaß.
Todgrantige Vatis, die ihre Zweit- oder gar Drittfamilien nicht mehr
schick ins Wochenende chauffieren können, weil ihre kleinliche Ex-Misch-
poche auf der Spaßbremse steht und deswegen der Lappen ade! ging.
»Like, like, like«, muss ich da im Facebook-Jargon ganz offen eingestehen.

Casa Mamita

»Dio!«, seufzte Bonita und verdrehte ihre Augen. »Gerade war alles so wunderwunderschön: Endlich verwitwet und Herrin in meinem Haus. Und schon rollt wieder dieser Tsunami durch mein Leben!«

Der Tsunami war ihr Sohn und Bonita die Vermieterin meiner Freundin M, die seit über einem Jahrzehnt im prächtigsten Winkel Mallorcas lebt.

Der 32-jährige Tsunami, so wehklagte sie weiter, hätte zuerst seinen Job und dann die Liebe seines Lebens, was für eine treulose Schlampe aber auch, verloren und jetzt seine Zelte wieder in der »Casa Mamita« aufgeschlagen. Doch, doch, er bringe durchaus auch etwas in die neue WG-Situation ein: »den Appetit eines Holzfällers und Pascha-Attitüden, die unseren bescheuerten Juan Carlos wie einen Vorzeigefeministen erscheinen lassen.«

Bonita ist das Opfer eines neuen soziologischen Phänomens, des »Busy Nest Syndromes«: Scharenweise kehren die hauptsächlich männlichen Kinder wieder in den Schoß ihrer Mütter zurück. Die Ursachen für den »Hotel Mama«-Strom sind unterschiedlich: Scheißkrise, böse Frauen, null Böckchen auf Erwachsensein. In einem Regionalblatt ist sogar von Eltern die Rede, die ihren 55-jährigen Sohn mit einem Kran aus ihrer Wohnung zwangsentfernen haben lassen; der Papa wollte seinen Hobbyraum zurückhaben.

»Ich bin doch keine Waschmaschine mit Herz!«, zeterte Bonita weiter. »Aber mit hervorragenden Kochkenntnissen«, erklärte M trocken.

Und M's Tochter brachte Bonitas Barthaare zum Zittern: »Was geht mit euch Müttern eigentlich? Braucht man euch nicht, seid ihr beleidigt. Gibt man eurem Leben wieder einen Sinn, jammert ihr erst recht wieder.«

»Wir sind eben nicht nur Mütter, sondern auch Frauen«, seufzte Bonita und verabschiedete sich, weil der Tsunami nur einen Termin in seinem Leben wirklich ernst nahm: sein Abendessen.

Im Pilcher-Fach

Tragödien, wohin das Ohr reicht. In den Boxen demonstriert die Carmen der Callas, wie viel Schmerzen in eine Liebe passen, und an einem Tischchen der Bar »La Divina« hört man ein schwules Pärchen sich in der deprimierenden Disziplin »Abschließendes Grundsatzgespräch« üben. Nach dem üblichen Schlagabtausch (»Du brauchst Freiraum?! Ist dieser Freiraum eigentlich gut gebaut?« – »Oh Gott, oh Gott, es soll ja jetzt schon sehr gute Medikamente gegen Paranoia geben…«) geht es wirklich ans Eingemachte: »Und was wird aus IHR?«

»Wie IHR? Du gehst doch!«

»Wer hat SIE nächtelang gehalten, als sie Keuchhusten hatte, sag, wer?« Jetzt bewegen sich zwei Schlappöhrchen in dem Vuitton-Fake, rund um ein Gähnen erscheint der Kopf eines potthässlichen Pekinesen. Die Urheberin des Sorgerecht-Eklats hat ihr »Power-Napi« beendet. Mit Gurrlauten wird »Eliette« von ihren – noch im Duett amtierenden – Bezugspersonen in Empfang genommen.

Bei E, meiner Champagnisier-Gefährtin, bewirkt das Szenario so was wie einen Melancholie-Schub. Ihr emotionales Immunsystem ist nicht in Bestform. Unfreiwillige Trennung von einer Lebensliebe, mit der sie sich vor unserer Verabredung zu einem Sind-wir-doch-Freunde-Gulasch getroffen hat. »Weißt du«, sagt sie wehmütig, »ich will, dass er glücklich ist. Auch ohne mich.«

»Soll ich jetzt gleich die Tierrettung rufen, oder was«, versuche ich ihre Harmoniesucht zu stoppen. Dem Mann sind nämlich nichts anderes als nässende Hautausschläge an den Hals zu wünschen. Schließlich hatte er sie mit einer Fünf-Worte-SMS entsorgt, nachdem er über Wochen zweigleisig gefahren war.

»Lieben heißt auch verzeihen«, verharrt sie im Pilcher-Fach.

Ich ordere beim Kellner einen nassen Fetzen und bitte E, mich damit in überschaubaren Intervallen zu schlagen, sollte mich je dieses Dulder-Syndrom ereilen.

Entschuldigung schon, mein Assistent heißt Skorpion. Ich kann gar nicht anders.

Zum Totlachen

»Du bist sterbenslangweilig«, sagte mein Freund K und grinste mich im Rahmen seiner Kräfte an. Er hatte mein Du-musst-mehr-Obst-essen-es-wird-schon-wieder-Konversationsgeschwafel so was von über: »Polly, lass das, es ist unter deiner Würde.« Dann wedelte er mit dem Plastikschlauch, der aus seiner Armbeuge hing: »Infusion on the rocks gefällig? Schließlich bist du hier, um mich aufzumuntern. Du stehst unter ziemlichem Zeitdruck: Ich werde nämlich bald sterben. Aber es hat auch Vorteile.«

Ich klappte kleinlaut den Brötchenkarton vom »Schwarzen Kameel« auf, den er sich gewünscht hatte: »Roomservice!«

Er fuhr durchaus heiter fort: »Eine Menge Vorteile. Ich werde nie wieder diese grauenhafte Kalbsbrust bei meiner Tante Emmi essen müssen. Ich bin posthum schuldenfrei wegen meiner vollsuprigen Ablebensversicherung. Erstmals seit der Volksschule! Und ich kann meinen zwei saugemeinen Ex-Frauen eins auswischen, weil mit mir auch ihr Unterhalt stirbt.«

»Fantastisch!«, konnte ich meine Tränen jetzt nicht mehr halten, »es könnte eigentlich kaum besser laufen.«

»Vielleicht sollte ich doch wieder in die Kirche eintreten.«

»Das ist egal«, flüsterte ich ihm, »ich hab das unlängst mit dem Dompfarrer ausverhandelt: Auch schlampige Ex-Katholiken haben eine Himmelchance, wenn sie ihre Mitmenschen nicht geärgert haben.«

»Fallen Ex-Frauen auch unter Mitmenschen?«, wollte er jetzt wissen.

»In dem Fall sicher nicht«, versprach ich ihm mit fester Stimme. Humor ist noch immer der beste Schaumgummi gegen die Angst.

Jetzt umklammerte er meine Hand: »Dabei hatte ich noch so viele Pläne.«

»Und weißt du, wie du Gott zum Lachen bringst?«

Jetzt prustete er los: »Indem du ihm deine Pläne erzählst?!«

Die Stationsschwester lugte jetzt durch die Tür herein und verstand die Welt nicht mehr.

Rennt runter wie Öl

»Ich hab uns in einen Ayurveda-Kochkurs eingetragen«, flüsterte mein Freund F seinem Spezi.

»Bist du wo ang'rennt? Sicher nicht!«, antwortete der, »ich hab eine unheilbare Curry-Allergie! Außerdem koche ich nicht!«

»Doch, nämlich bald vor Leidenschaft. Ayurveda-Kochkurse sind die Bartheken von heute. Dort wimmelt es nur von alleinstehenden Frauen, die essfertig sind. Und nur auf so sensible Typen wie uns gewartet haben. Außerdem brauchen wir dort keine Mitbewerber ausschalten, denn kein Mann mit einem auch nur nussgroßen Verstand besucht so eine Veranstaltung freiwillig.«

»Ich reiße beim bloßen Gedanken eine Erektionsproblematik auf.«

»Merk dir nur eines: pitta!«

»Bitte wie?«

»Es gibt drei Typen pitta, kapha, vata. Vergiss luftig und erdig. Egal, was passiert, du bist immer pitta – der feurige Typ. Das rennt runter wie Öl.«

»Ich glaub, ich geh doch lieber ins Internet.«

»Geh bitte, so viele schlanke, finanziell unabhängige 38-Jährige wie dort gibt's nirgends auf der Welt. Dort wird doch gelogen, dass sich die Balken biegen. Aber ich hab noch eine Alternative.«

»Und zwar?«

»Tangotanz-Kurse!«

»Wo steht das Gerüst, von dem du gepurzelt bist?«

»Glaube mir, noch besser. Lauter Frauen in vollem Kompensationsfieber.«

»Von was?«

»Leidenschaft, du Depp, Wollust, das ganze Brimborium.«

»Muss man dort selber tanzen?«

»No-na, oder willst du, dass irgendsoein Gelmanipulierter aus Argentinien alles abräumt.«

»Pfooh, das klingt wahnsinnig anstrengend. Vielleicht versuch ich's doch lieber erst einmal als Kurschatten und check mich in so einem Wellness-Schuppen ein.«

»Viel Spaß in der 50-plus-Generation. Ruf einmal an, wenn du da draußen bist. Grüße aus dem Krampfaderndelta!«

Spätestens jetzt war ich auf meinem Lauschposten wahnsinnig glücklich, kein Mann zu sein.

Triumph der Beigen

Angefixt von dem fantastischen »Platonov« (so viele kaputte Leutchen auf einem Fleck, die reinste Freude!) im Akademietheater, kugelte ich vor unserer Minimundus-Datscha an der Alten Donau und las Tschechow. Bei der Lektüre von »Iwanow« stolperte ich über eine herzerwärmende Warum-hat-mir-das-eigentlich-keine-Sau-früher-gesagt-Passage: »Heiraten Sie keine Psychopathinnen und keine Blaustrümpfe«, rät der Titel-Antiheld einem jugendlichen Geschlechtskollegen, »sondern suchen Sie sich etwas Durchschnittliches – ohne grelle Farben, ohne überflüssige Töne!« Am Ende der Warntirade lautet die letzte strategische Wegzehrung: »Je grauer und monotoner, desto besser.«

Begeisterung! Diese über 120 Jahre alte Botschaft erklärt endlich den Triumph der »Beigen«, den ich jahrelang nicht und nicht verstehen konnte. Denn die oft schillerndsten Männer landeten irgendwann bei wirklich beigen Frauen   Damen eben, die ausgerüstet waren mit einem Valium-Temperament, untertourigem Esprit und resignativer Duldsamkeit. Mit diesem Waffenarsenal schnappten uns diese Gähn-Technikerinnen seit Jahren die guten schlimmen Buben weg.

Die noch schlechtere Nachricht: Meistens erstickten die in diesen Idyllen gar nicht an Langeweile, sondern machten es sich dort so lange bequem, bis sie ebenso beige wurden. Manchmal mussten diese müden, erbeigten Jungs dann auch bei Meisterinnen der »grellen Farben und überflüssigen Töne« ein wenig Boxenstop machen. Doch die lassen sich dann natürlich bitten. Und zwar nicht ein Mal. Und genau deswegen ließ ich den aktuellen Anrufer, den ich unter »Johnny Trouble« eingespeichert hatte, jetzt einfach einmal elegant auf die Mailbox springen.

Entre nous: Es fiel mir alles andere als leicht.

Herrenwitz-Debatten

Ich frage mich, wie es den Männern eigentlich geht. Den Männern, die in dieser Herrenwitz-Debatte rund um den deutschen FDP-Politiker Brüderle* unisono als eben von der Liane geplumpste, testosterongesteuerte Unholde dargestellt werden, die sich wie King Kong greifen, was ihnen nicht zusteht. Ich kenne solche Männer nämlich nicht. Ich kenne jede Menge eitle Ich-Süchtler, deren Ego eine eigene kleine Postleitzahl braucht. Ich kenne Post-Midlife-Krisenten, die sich halb so alte Damen krallen, um sich und der Welt zu beweisen, dass sie noch ganze Kerle sind. Und dabei meist ein recht erbarmungswürdiges Bild abgeben. Ich kenne einen »Tatort«-Kommissar, der seiner Kollegin nach einer misslungenen Verfolgungsjagd zuflüstert: »Ich bin zu alt, zu dick und zu blöd.« Ich kenne junge Wollmützchenträger, deren Müttern die Väter abhandengekommen sind und deren Vorstellung von Männlichkeit von vielen Fragezeichen und noch größerer Verunsicherung begleitet ist. Ich kenne junge Familienväter, die keine Weichei-Panik entwickeln, wenn sie sich ihr Kind um den Bauch schnallen und ihrer Karriere für ein paar Monate nur zuwinken. So ganz ohne Versäumnisangst. Ich kenne junge Feministinnen, die sich beklagen, dass ihre Bar-Bekanntschaften Strickjacken tragen, traurige Mädchen-musik hören, einen auf einfühlsamen Freund machen, anstatt zu flirten. Ich kenne Tussen, die eine stereotype, antiquierte Form von Weiblichkeit ohne vorgehaltene Pistole, also ganz freiwillig, bedienen. Ich kenne Repräsentantinnen der Luder-Liga, die ihre Männer, sobald sie keine Player mehr sind, eiskalt lächelnd entsorgen.
Ich kenne gut situierte Damen, die in warme und arme Länder reisen, um sich dort im Männer-Supermarkt einen Liebhaber zu kaufen. Frauen sind nämlich oft auch nur Menschen. Und Menschsein ist generell keine Frage des Geschlechts, sondern des Charakters.

* Der deutsche FDP-Politiker Rainer Brüderle hatte 2013 eine
junge Journalistin letztklassig angebaggert und damit über
Monate eine Belästigungs- und Sexismus-Debatte entfacht.

Sehr »oarsch«

Er zog sich sein graues Strickmützchen tief ins Gesicht und murmelte:
»Wenn's oarsch ist, dann ist es sehr oarsch.«
Es war jetzt wirklich nicht der Zeitpunkt zu fragen, warum ausgewachsene
Männer in überheizten Räumen neuerdings Wollhauben tragen. Im Fall
von Jude Law und Brad Pitt greift das Argument ja noch irgendwie, dass
man damit die Paparazzi in die Irre zu führen gedenke. Aber P war in
einer seelischen Verfassung, in der Ironie so gefährlich verletzend wie ein
Tarantelstich werden könnte. Er hatte seine Kinder seit einem halben
Jahr nicht mehr gesehen. Teil des Rachefeldzugs seiner Ex, die er vor knapp
einem Jahr endgültig verlassen hatte. Wegen einer Frau, die ihm letzte
Woche erklärte, dass er sie jetzt nicht falsch verstehen möge, aber möglicherweise sei er doch nicht so der Richtige. Und ganz abgesehen davon wäre
sie eigentlich noch nicht so richtig bereit für was ganz Fixes. Wahrscheinlich
war es jetzt auch nicht der geeignete Moment, P darauf aufmerksam
zu machen, dass Frauen, die bei der Trennung der »Spice Girls« noch die
Schulbank drückten, nicht als Sparringspartner für erderschütternde
Lebensumwälzungen taugen. P sah seine Zukunft jetzt so schwarz, dass er
quasi als Unterstützung dunkle Sonnenbrillen aufsetzte. Ich hatte keinen
Trost im Handgepäck, denn ich brauchte mein ganzes Reservoir für meine
eigene kleine Jänner-Depression.
So erzählte ich ihm nur die Geschichte von Jack Nicholson, der bei einem
Interview in einem abgedunkelten Raum auch so ein Teil aufhatte. Als
ich den großen Jack schüchtern ersucht hatte, sie doch abzunehmen, um
die Gesprächssituation ein wenig aufzulockern, merkte der nur müde
an: »Mit Sonnenbrille bin ich Jack Nicholson, ohne nur ein hässlicher, alter
Mann.« – Doch auch dieses Anekdötchen fand P – komischerweise – gar
nicht lustig.

Alles verblasen

»Schau, der da drüben«, sagte S, der britische Zukünftige meiner Freundin, »der hat ein Vermögen von 75 Millionen Pfund verblasen.«

Der Verblaser war Cecil, ein kleiner, krummbeiniger Mann mit einer Gesichtsfarbe, die von Whisky-Konsum lange vor 18 Uhr erzählte. Rein optisch wäre er unter den Herren in mobilen Wohnsituationen am Westbahnhof nicht aufgefallen.

Wir saßen auf dem Marktplatz von Campanet, einem mallorquinischen Ort, in den es viele Aussteiger verschlagen hat. Zwei Tische weiter trank still eine Finnin vor sich hin, die ihrem kokainsüchtigen Reitlehrer so sehr verfallen war, dass sie eben ihre fünfköpfige Familie in die Luft gesprengt hatte. Links von uns führte eine Augsburger Boutiquenbesitzerin, die mitten in einer Burn-out-Tragödie steckte, eine Fiepslaut-lastige Konversation mit ihrem Windhund.

S raunte mit Blick auf die schiefe Hüfte: »Er besitzt nichts, der Arme, nicht einmal ein Pförtnerhäuschen.«

Ich warf ein Zitat des britischen Kickers George Best ins Gespräch: »Ich habe alles für Alkohol, Frauen und schnelle Autos ausgegeben, den Rest habe ich einfach verprasst.«

Dann erzählte S, dem der britische Jetset eine wohl vertraute Spezies war, von den schrägen Festen dieses Cecil: »Bei seinen Partys wurden Aquarien angeschleppt, in denen sich Haie und Barrakudas tummelten. In seiner Gstaad-Phase drehte er dann völlig durch: Er spazierte ständig kostümiert durch die Gegend – als Elfenkönig, manchmal aber auch als Rauchfangkehrer. Cecil fand die Arbeiterklasse immer so verdammt frivol. Was wäre die Welt ohne diese exzentrischen Menschen! Ein blasser Ort!«

Hätte ein Romancier Cecils Exzess-Vita zu einem Buch zu verdichten, würde die Quintbilanz seiner Biografie wahrscheinlich lauten: »Er hinterlässt wenigstens ein Kunstwerk, für das er alles gegeben hat: sein Leben.« Wir erhoben unsere Gläser in Richtung Cecil, den Oscar Wilde mit Sicherheit bis zum Antrag in sein Herz geschlossen hätte. Und ließen Whisky in unkleinkarierten Dimensionen an seinen Tisch bringen.

Total situationselastisch

Der freie Markt ist ein grausames Pflaster. Und jetzt die gute Nachricht: auch für die Jungs. Unlängst brauchte ich Zwiebel. Ohne die läuft in meiner Küche gar nichts. Es saßen hungrige Menschen um meinen Tisch. Also zum Nachbarn. Ich kannte ihn kaum. Dennoch nema problema mit den Zwiebeln. Aber dann seine Frage: »Sie sind doch vom Fach?«

»Ähem, wie meinen?«

»Na ja, Beziehungen und der ganze Schas.«

»Wo is das Problem?«

»Ich möchte mich ganz gern binden…«

»Schön für Sie…«

»Aber, ganz ehrlich…«

»Was?«

»I bin verzweifelt.«

»Sie sind doch a fescher, empathischer Bursch…«

»Ganz genau. Aber die Frau, ganz generell, schätzt das nicht. Es gibt kaum an Konsens.«

Das letzte Wort bereitete ihm einige Artikulationsschwierigkeiten. Ich setzte meinen Und-wie-geht's-Ihnen-damit-Blick auf. Das war unvorsichtig. Er: »Hat ane an Schmäh, gibt die sonst zu viel Gas.«

»Hähh?«

»Na, die ist zwar lustig, aber sprengt sich ständig vom Planeten, rein alkoholtechnisch. Hat ane kan Schmäh, will die gleich in Minute vier ein Grundsatzgespräch.«

»Welchen Inhalts?«

»Marke: Was ist des jetzt für die? Und wie soll des alles weitergehen? Wir müssen reden, weil i brauch a Beziehungskonzept…«

Die Zwiebeln waren teuer, weil ich sollte jetzt die Frage beantworten, warum Frauen gerne nach dem dritten Date und dem zweiten Beischlaf gleich wissen wollen, was man am kommenden Silvesterabend zu planen gedenkt. Und tatsächlich: Ich musste dem Mann recht geben. Wir sind viel zu viel »Was-ist-das-jetzt-genau-für-dich«-orientiert. Wenn wir den Angelegenheiten einfach »situationselastischen« Entwicklungsspielraum geben würden, hätten alle Beteiligten viel mehr Spaß. Apropos: Situationselastisch ist mein neues Un-Lieblingswort. Es gab dann spät, aber doch noch Essen. Situationselastische Nahrungsaufnahme. Und alle waren glücklich.

Soziale Verzauselung

Klar habe ich Männerfreunde. Kumpels, die mit mir ihre Kampfsport-
erlebnisse aus der ZBZ (Zwischengeschlechtlichen Beschnupperungszone)
bemurmeln wollen. Sich gerne um meinen Tisch scharen. Und mir
immer wieder versichern, wie wichtig ich in ihrem Leben bin und dass
ihre Existenz ohne mein »glockenhelles Lachen« einem schwarzen
Loch gleichkäme. Dann höre ich nichts mehr von diesen Jungs. Über
Wochen, manchmal sogar Monate.
Wenn ich dann einen von den Funkstillen durchklingle (schließlich wird
man stetig vom Leben in der Disziplin »Über den eigenen Schatten
springen« trainiert), bekomme ich oft statt einer Begrüßung nur Vorwürfe
– dass ich mich nie melde und mich so gar nicht um ihr Wohlergehen
scheren würde. In Folge texten sie einen mit allen Wehwehchen zu, die sich
in der letzten Zeit angesammelt haben, und benehmen sich, wie man
es von anstrengenden Müttern erwarten würde. Irgendwann am Ende der
Klage-Konversation kommt dann manchmal doch ein gelangweiltes
»Genug von mir. Wie geht's dir eigentlich so?«
Es ist wirklich interessant, wie unglaublich talentlos viele Männer bei
der Kontaktpflege sind. Das Außen- und Sozialministerium stellen auch
in Beziehungen meist die Frauen. Bei den großen historisch erfassten
Hitzewellen zählten die meisten Opfer zur Kategorie Mann, alleinstehend,
über 60. Frauen rotten sich auch in den späten Lebensphasen viel eher in
Rudeln zusammen. Ist wahrscheinlich evolutionsbiologisch zu erklären.
Beerensammeln und Kinderschaukeln war im Konvolut weniger langweilig;
beim Jagen war das Cliquenwesen eher kontraproduktiv.
Wie froh ist man wieder einmal, in die Fraktion der Beerensammlerinnen
geboren worden zu sein. Geringe soziale Verzauselungsgefahr.
Freundschaft!

»Catch and release«

Abends steche ich mit meiner Zille ins Straßenbahnerbad. Die Fleischlaberln dort gehören nämlich auf die Gottesbeweisliste. Die Ausspeisung
ist auch der Treff der Fischer, die an der Alten Donau stundenlang ihre
Kreise drehen und ab und an so einen apathisch blickenden Wels nach oben
ziehen, dem dann kurz wieder die Überlebensgeister einschießen. Mit
dem Lebensurteil »Kätsch and rilis« (auf Echtenglisch: Catch and release)
wird das Tier dann wieder in den Schlamm befördert.

Den genauen Sinn dieses »Sports« habe ich nie begriffen, aber hey, Männer,
ihr seid nicht auf die Welt gekommen, dass wir Weiber euch verstehen.
Wäre auch zu langweilig.

Unter den Petrioten saß der Herr K., der einen der Physiognomie der Welse
nicht unähnlichen Gesichtsausdruck sein Eigen nannte. Der Herr K. war
frisch geschieden. Nach 47 Jahren. Unfreiwillig. Ich stellte die blödeste aller
Fragen: »Warum ist sie gegangen?«

»I waß net.«

»Haben Sie sie nicht gefragt?«

»Warum? Hätt' i sollen?«

»Nun ja, nach einem halben Jahrhundert?«

Er sah mich müde an, so müde wie der Filialleiter-Stellvertreter eines eben
stillgelegten Postamts: »Hätt' eh nix g'ändert.«

Offensichtlich hatte der Mann in seiner Jugend John Wayne studiert, der
seinen Geschlechtskollegen irgendwann den Aufruf zur Kommunikations-
ökonomie mit auf den Weg gegeben hat: »Talk low, talk slow and then
don't say very much.« Irgendwo zwischen dem Welsianer und jener Sorte
von »aufgeschlossenen« Männern, die in jedem zweiten Satz »Und?
Wie geht's dir damit? Wir sollten reden!« flüstern, muss es doch eine
Art von Kompromiss geben. Aber wahrscheinlich nicht in meiner
Altersgruppe.

Jetzt denke ich an den saublöden Witz, wo eine Frau ihren Mann anschreit:
»Du musst endlich lernen, über deine Gefühle zu reden!«

Er: »Ich habe das Gefühl, dass ich dringend ein Bier brauche.«

»Ach, Schnuffelchen«

Fragen Sie mich nicht wieso und warum: Aber ich sitze mit sechs reizenden Homosexuellen, die alle bis nahezu an die Ohren tätowiert sind, in Berlin, Kreuzberg. Man gibt Rinderschmorbraten an Klöpschen.
Der Hausherr tut das, was alle Hausfrauen gerne bei Einladungen machen. Er entschuldigt sich ausführlich für die Qualität des Gereichten, üblicherweise würde das Fleisch wesentlich zarter ausfallen, pipapo, und auch die Klöpschen wären nicht so dolle.
Der Zwei-Meter-Riegel mit dem Tom-of-Finland-Schnauzer knüpft ihm jetzt zärtlich das Schürzchen von der Lederhose und brummt: »Ach, Schnuffelchen, was redest du denn da! Der Braten ist doch höchste Welt-klassen-Lage.«
Jetzt schenkt Schnuffelchen Tom ein verschämtes Lady-Di-Lächeln und zwitschert: »Lüg nicht so unverschämt, du Schlimmer.«
Umarmung, Applaus, Wodka für alle. Ich bin gerührt. Auch, weil ich als »Heten-Tusse« so gastfreundlich in dieser Schwulen-Idylle auf-genommen wurde, aber vor allem, weil das liebevolle Miteinander der zwei Hünen meinen zerzausten Glauben an die Liebe wieder in die Gänge bringt.
Als ich gen Morgengrauen die Treppen runtergehe, sehe ich unten eine zwergengroße Frau sich die viel zu hohen Stufen hinaufplagen. »Lass mal, Wonderwoman!«, sagt der Mann an ihrer Seite und nimmt sie wie selbstverständlich unter den Arm. Als wir einander passieren, grinst sie mir unter seiner Achsel entgegen: »Liebe Frau, manchmal bin ich richtig gerne klein!«
»Großsein macht ja doch nur Arbeit«, sagte ich, und das gefiel ihr so gut, dass ich noch ein Tässchen Kaffee in der zwergengerecht gebauten Garçonnière bekam. Fragen Sie mich nicht wieso und warum: Aber ich sitze gegen vier Uhr morgens in der Küche einer mir unbekannten Liliputanerin in Kreuzberg und fühlte mich plötzlich ziemlich glücklich.

Weihnachts-Amnesie

Das ist die Geschichte vom Mann, der sein Gedächtnis verloren hat. »Hören Sie einmal, Amnesie, Serienkiller und multiple Persönlichkeiten sind so was von out«, würde mir der hektische TV-Produzent zupoltern, hätte ich diese Geschichte zu einem Film-Treatment trimmen wollen. »Der volle Klischee-Schrott! Mit so was holen Sie niemanden hinter dem Ofen hervor.« Aber da wir ja – dem Himmel sei Dank – ganz unter uns sind, erzähle ich sie Ihnen trotzdem. Denn sie ist traurig und schön zugleich.

Der Mann war Manager in einem Unternehmen, das Stress als Indiz für dynamische Lebendigkeit betrachtete. Seine Biografie besaß die üblichen Begleiterscheinungen: eine kaputte Ehe, die auch durch einen Paar-therapeuten nicht mehr zu retten gewesen war, als Konsequenz daraus auch nur mehr eine halbe Tochter und eine neue Beziehung, pragmatischerweise mit einer dynamisch Lebendigen aus der eigenen Firma.

Irgendwann brach der Mann auf offener Straße zusammen und erwachte mit einer leeren Festplatte im Kopf. Er betrachtete das Ralph-Lauren-Schnittchen, das steif und fest behauptete, seine Lebensgefährtin zu sein, hochgradig irritiert. Da sein Hirn plötzlich von so erfrischender Luftigkeit war, hatte er viel Platz für die Beackerung der Frage »Was ist in meinem Leben so schiefgegangen, dass ich es mit dieser Art von humorloser Karrierefurie teilen möchte?« Dann lernte er sein Kind kennen und fand es völlig widernatürlich, mit ihm nur jedes zweite Wochenende und den Mittwochabend zu verbringen. Grenzenlos verwirrte ihn die erste Begegnung mit der Frau, mit der er angeblich ein Jahrzehnt auf der Achterbahn der Emotionen gerattert war. Denn er verliebte sich Hals über Kopf in sie und hielt damit auch nicht hinterm Berg. Darauf begann sie haltlos zu schluchzen, denn sie hatte in der Zwischenzeit einen Mittelklasse-wagen in eine Gesprächstherapie investiert, um sich emotional von ihm abzukoppeln.

So wurde die Leerzeit zu einer echten Lehrphase und irgendwie fand der Mann ohne Gedächtnis, dass das eine Art von ganz besonderem Happy End war. Es hatte sich um einen akuten Fall von Weihnachts-Amnesie gehandelt.

Drüber reden?

»Reden, reden, reden!«, sagte mein Kumpel K. »Warum müsst ihr Weiber immer alles bequatschen?«

»Ich habe überhaupt nichts gesagt«, antwortete ich spitz, »aber wir können dieses Lamm auch gerne schweigend miteinander verzehren.«

»Und ang'rührt seid's ihr dann auch noch wie Gloria Swanson in der Menopause!«

Ich schnallte, dass ich am heutigen Abend trotz meiner bezaubernden Kochkünste K als Watschenfrau für meine Geschlechtsfraktion herhalten musste. »Offensichtlich läuft es mit der Teuersten nicht so tosend?!«, versuchte ich einzurenken.

»Nicht so tosend? Du scherzt! Die Alte hat ein Hobby, und das lautet Grundsatzgespräche. Wenn ich vergessen habe, ihre Fummel in der Putzerei vorbeizubringen, findet sie, dass ich eine Abwertungsspirale eröffnet habe und das ein Akt der passiven Aggressivität ist. Dabei habe ich einfach nur vergessen.«

»Vielleicht schläfst du einfach zu wenig mit ihr…«

»Du wirst es nicht glauben: Auch darüber will sie mit mir reden. Und zwar immer dann, wenn ich in die schönste Form des Schweigens hinübergleite.«

»Den Sex?«

»Nein, in den Schlaf, du Zicke!«

»Du schläfst also zu wenig mit ihr.«

»Das habe ich jetzt überhaupt nicht gesagt. Auch du verdrehst mir das Wort im Mund.«

»Möchtest du drüber reden?« Österreich, 12 Punkte! Ich hatte ihn endlich zum Lachen gebracht. Ich erzählte ihm die Geschichte vom Dialog eines Pärchens in der U-Bahn, den ich unlängst belauscht hatte.

Sie: »Sag doch einmal was!«

Er: »Was? Was soll ich sagen?«

Sie: »Na, woran du grad denkst.«

Er: »I denk an nix…«

Sie: »An nix denkt man nicht. Was verschweigst du mir?«

Er: »Nichts. Nichts. Nichts.«

Sie: »Du bist so gefühlskalt.«

Und so weiter und so fort.

Unfall-Berichte

Mein Freund D ist ein grundgarstiger Kerl. Das ist auch quasi sein Geschäftsmodell. Vor allem zwischengeschlechtlich. Er signalisiert den Frauen ganz klar, dass ihn dieser Zweisamkeits-Firlefanz unendlich langweilt. Dass es ihn anödet, an Teelichtern und Trockenblumengestecken ein total tolles Gespräch zu führen. Dass er die Löffelstellung von allen Positionen am allerentbehrlichsten findet. Dass er Heimabende ausschließlich mit dem Menschen, den er am meisten liebt, verbringen will: mit sich selbst. Dass Ausgehen für ihn nur bedeutet, im Kreise seiner Kumpels böse Geschichten in Begleitung von harten Getränken zu inhalieren. Frauen sind bei solchen Anlässen nur dann geduldet, wenn sie die gleiche Schmähfall-Grenze besitzen.

Das wirklich Erstaunliche ist, dass seine Rüpelhaftigkeit die Weiber bei der Stange hält. Sie sind nämlich der granitfesten Überzeugung, dass der Mann eigentlich wahnsinnig viel Liebe braucht. In der Immobilienbranche fiele so einer unter Bastlerhit. All die Evis, Susis und Gittis sind sich hochtourig sicher, dass nur sie diese Nuss zu knacken imstande sind. Irgendwann geben diese Idylle-Terroristinnen natürlich w. o., weil die Kräfte sie verlassen. Dafür besitzt D geschärfte Intuitions-Antennen. Dann schlägt er zu und holt die verbalen Porsches aus seiner SMS-Garage: »Wer Großes will, darf nicht klein beigeben« oder »Fang mich auf!«. Nach solchen Wortmassagen kommen die wieder in die Gänge – bis ihre Illusion vom Glück mit D endgültig an die Wand gefahren ist.

»Tun sie dir nicht leid?«, frage ich.

Er schüttelt den Kopf: »Alles Freiwillige. Ich kann mich nicht erinnern, ihnen einen Revolver und die Aufforderung ›Rette mich‹ an die Schläfe gehalten zu haben.«

Wieder einmal bestätigt sich F. Scott Fitzgeralds Weisheit: »Zu einem Unfall gehören immer zwei.«

Zum Teufel mit der Kindheit

»Du musst wissen: Er hatte eine wahnsinnig schwierige Kindheit«, raunte mir meine Freundin Z zu, als ich sie um die biografischen Eckdaten eines Mannes fragte, der mir, sagen wir salopp, nicht ganz wurscht war. Kindheit? Der Mann war Mitte 50!

»Wie schwierig circa – Vater Taglöhner, Mutter Gelegenheitsprostituierte, Fließwasser ein Problem?«

»Keine Charles-Dickens-Kindheit, Schatzi. Aber eine emotional sehr kalte Mutter…«

Immer Ärger mit diesen Müttern! Von denen es vor allem zwei Extreme zu geben scheint. Da existiert ja auch noch die Sorte, die um ihre Söhne wie ein adorierender Derwisch um das goldene Kalb rotiert. Womit auch wieder die Weichen für eine prächtige narzisstische Persönlichkeitsstörung gestellt wären. Denn natürlich glauben diese verwöhnten Racker dann auch später, dass sie das Ah und Oh des Weltenlaufs verkörpern und Frauen vor allem dazu dienen, ihnen ihre Großartigkeit zu versichern.

Irgendwann hatte ich einen weltberühmten Psychiater gefragt, was für eine Art von Frauen für solche Kingsize-Egos am besten geeignet wäre. »Meine Liebe, was für eine Frage«, hatte er gekichert, »Masochistinnen natürlich. Nur die können mit solchen Exemplaren glücklich werden.«

Auch kein echter Trost. Oder, eben das andere Extrem: Die Jungs wurden, wie der Mir-nicht-wurscht-Mann, eben schon im Windelalter auf Herzenswärme-Diät gesetzt. Dann haben wir das Modell Er-kann-keine-Liebe-geben-weil-er-selbst-nie-welche-empfangen-hat. So oder so mühsam. Doch Männer ohne Mütter sind ja bekanntlich leider Mangelware. Ich finde, irgendwann sollte man seiner Kindheit generell dann doch einen Abschiedskuss auf die Stirn drücken und, egal wie vertrackt sie auch immer gewesen sein mag, sich selbst für sein akutes Unglück verantwortlich machen. Doch da wäre dann eine ganze Branche ratzfatz arbeitslos.

Im hormonellen Nirwana

»Und so sieht der Blick von ihrem Wohnzimmer aus...«
Gehorsam betrachtete ich einen kleinen, struppigen Vorgarten auf dem Handy.
»Und hier, hier sind wir beim Badminton. Sie spielt nämlich so gerne, meine Zauberfee. Schau, wie gut ihr das weiße Spielhöschen steht.«
Ich simulierte weiter artig Ergriffenheit. »Und was ist eigentlich ihre Lieblingsspeise? Ihr Aszendent? Das Buch, das sie sich auf die Insel mitnehmen will? Mit wem würde sie gerne keinen Abend verbringen? Ist sie eher ein Fruchteistyp und wenn ja, welche Sorten?«
Dankbarkeit in Stereo strömte mir jetzt aus M's Kulleraugen entgegen. Der zarte Anflug von Ironie in meinem Fragen-Feuerwerk war im hormonellen Nirwana verpufft.
»Die Zauberfee und du«, stotterte er, »ihr müsstet euch unbedingt schnell kennenlernen.« Denn nur wenn ich ihre Augen auch live sehen könnte, hätte ich eine leise Ahnung von dieser Magie, dieser Aura, diesem Charisma!
Ich winkte Stendhal zu und seinem Satz »Der Verliebte hat keine Zeit, geistreich zu sein!« Stendhal verdrehte nur die Augen. Doch plötzlich wurde ich diesem so eintönigen Abend dann doch noch dankbar. Er hatte mir nämlich eine famose Erkenntnis beschert: Männer sind fetzen-deppert. Nämlich genauso fetzendeppert, lachhaft und eine einzige Zumutung für die Außenwelt wie wir, wenn es uns erwischt hat. Es war ein Irrtum, zu glauben, dass die diese Zustände viel besser im Griff hätten und uns somit haushoch im Nahkampf überlegen wären. Das machte mich froh und nahezu unerträglich tolerant. »Kann ich noch einmal ein Foto von ihr sehen?«
»Natürlich. Wahnsinnig gerne.«
»Was für eine Schönheit! Und diese vielen putzigen Lachgrübchen in diesem Super-G'sichterl!«
Jetzt sah er mich besorgt an: »Alarmstufe Sehtest! Das sieht doch ein Blinder, dass das Aknekrater sind, meine Liebe!«

Der Fluch der Hochzeits-Barbie

»Biddäh, biddäh, sag's mir!«, winselte mein Freund K. »Warum sind Frauen so scharf darauf, geheiratet zu werden?« Seine Akute hatte ihm nämlich einen Misstrauensantrag bezüglich seiner Trauungswilligkeit gestellt, und zwar einen emotional hochtourigen. Dementsprechend war es jetzt 2.47 Uhr nachts (nur Spießer sagen morgens), und die Kellner des Cafés demonstrierten bereits jene enervierte Geschäftigkeit, die signalisierte, dass es hier nichts mehr zu holen gab – schon gar keine letzten Runden.

K war bereits zum Abbusseln streichfähig, und deswegen verordnete ich ihm jetzt eine fette Burenhaut an Pfefferoni-Dialogen am Würstelstand.

»Alssso... Warum?«, ließ er nicht locker.

»Frühkindliche Prägung: Frauen wollen geheiratet werden, weil sie alle einmal von ihren Müttern eine Brautkleid-Barbie hingeknallt bekommen haben. Dieses Damokles-Bonbon schwebt dann lebenslang über ihnen...«

»Wissen diese Barbie-Tussn eigentlich auch, dass nach so einer Hochzeit, den weißen Nachthemden und dem lächerlichen Tüll am Kopf ein Ding namens Ehe kommt?«

»Du meinst Mülltrennungsdebatten anstelle von Marathon-Fummeleien im Nachtzug nach Venedig?«

»Jenauu, meine Süßßße... Und jetzt küss mich biidddäh...«

»Wenn hier ein Nachtzug nach Venedig in der Nähe wäre, jederzeit... Aber...«

Rawumms, da lag er. Trotz harten Aufpralls selig grinsend.

»Gnädigste, dem werten Gatten geht's net so ganz«, grinste der Herr neben uns, der nach einer mobilen Wohnsituation roch. »Der weiß offensichtlich net, was er an Ihnen hat...«

Jetzt brachte sich K völlig überraschend wieder ins Spiel. »Doch, doch«, lallte er, sich hochrappelnd. »Polly-Mausi, willst du mit mir in guten wie in schlechten Zeiten trinken und über meine lausigen Witze lachen?«

Und ich zwitscherte: »Nein, nein und nochmals ja!«

Erotische Rettungsschirme

»Diese Krise kann doch auch schöne Seiten haben«, versuchte sich F angesichts meiner Fassungslosigkeit zu rechtfertigen. Sie hatte mir gerade verraten, dass sie vor fünf Wochen in die Pleitenation Griechenland gereist war, und zwar in das Zentrum des Elends selbst, Athen. Die Mission des Trips war »das Aufspannen eines erotischen Rettungsschirms« gewesen. Aber sicher, während man sich hier sinnlos abmühte, um bei Kochkursen oder bei irgendwelchen schwindligen Online-Services einen meist ohnehin längst vergebenen Mann abzugraben, wäre dort zwar der Staatshaushalt tiefer im Keller als die »Titanic«, aber dafür eine Herren-Hausse »in full swing«! Ist ja auch völlig logisch, fand F: »Wo gibt es sonst so viele prächtige männliche Repräsentanten der Mittelklasse, deren Zukunft mit solchen bleigrauen Wolken verhangen ist. Denen muss ich doch wie ein irdischer Engel vorkommen.« Und tatsächlich hatte F nach langem Ausharren in einem Café ein Exemplar gefunden, das durchaus fand, dass der Existenzkampf als Mittelschullehrer mit einer von ihrer Arbeitslosigkeit zermürbten Frau, inklusive eines asthmakranken Sohnes, mehr Realität zu bieten hatte, als er zu vertragen gewillt war. »Liebe auf den ersten Blick«, sagte F verklärt, »Dimitri bricht jetzt die Zelte ab und will nach Wien kommen. Wir werden Babys haben.«
F war 47; Dimitri hatte zwar null Kohle, war aber schon Mitte 50. Ideale Voraussetzungen also, um als Familienvati noch einmal durchzustarten. Abgesehen davon: Diese Form des erotischen Missbrauchs einer Notsituation grenzt an Sexualkolonialismus, wie ihn schreckliche Ösi-Männer mit Ukrainerinnen oder Filipinas betrieben, und war zynisch.
»Falsch, du idiotische Romantikerin«, kläffte sie zurück, »es ist nicht zynisch, sondern praktisch. Meine Spende lebt nämlich, und wie.«

Herzenskarambolagen

Es weinte etwas in unserer Wohnung. »Pssst«, sagte der Fortpflanz, »das ist der D. Er hat eine Herzenskarambolage. Ich hab ihn zum Heulen eingeladen.«

Wie rührend! Ein schluchzender Fast-Mann. Dass ich das noch erleben durfte. »Soll ich heißen Kakao machen oder eine Salamipizza ordern?«, tobt in mir sofort die Krankenschwester. »Wann hat sie ihn denn verlassen?«

»Es war umgekehrt: Er ist gegangen, weil er sich neu verliebt hat. Und jetzt schickt ihm die Ex die schönsten Nachrichten der Welt. Dass sich der Himmel verfinstert, weil er nicht mehr in ihrem Leben ist, und dass sie eine ganze Weile, nämlich den Rest ihres Lebens, auf ihn warten wird...«

Mehr brauchte es nicht, und auch ich lag heulend auf der Couch. Aber nur kurz. Denn wohltuende Erkenntnis machte sich breit. Die leiden auch, wenn sie gehen. Das ist schön, sogar sehr schön. Denn – unter uns Pfarrersköchinnen – im Verlassen hatte ich wenig Erfahrungswert, da waren mir diese Falöttchens meist so was von ratzfatz zuvorgekommen. Einem einzigen Mann in meiner Liebesbiografie hatte ich wirklich sehenden Auges das Messer ins Herz gerammt. Es handelte sich um einen feinnervigen Franzosen, passionierten Proust-Leser, Saxofonspieler, das ganze Denkende-Softie-Programm. Heute noch bin ich im Besitz von 44 lavendelblauen Büttenpapierbriefen, die auch 29 Jahre später nach seinem »Chanel« riechen. Ich hatte ihn verlassen, weil ich mich mit 17 einfach noch nicht so richtig bereit für ein Leben in einem Pariser Vorort mit Grünflächen und fünfgängigen Sonntagseinladungen gefühlt hatte. Und jetzt? Jetzt eigentlich erst recht nicht.

»Gibt's was zu essen?«, unterbrach der Herzpatient meinen Gedankenfluss. »Mir geht's schon viel besser.«

»Was, so schnell?«, tadelte ich ihn scharf. »Unerhört!« Und wählte artig die Nummer des Pizza-Postillons.

Kein Fleischlaberl eingebaut

Mein Dorf, mein Boot, meine Umkleidekabine mit Kochgelegenheit, mein Wurstsalat, meine Abflussproblematik. Während andere Leute in Fincas Pareo-Wettwerbe veranstalten, habe ich meinen seelischen Ponyhof an der Alten Donau gefunden. Die Einparkmanöver mit der Nussschale »Princess Polly« hat man zum großen Missfallen meiner Sportkameraden halbwegs unter Kontrolle. Früher saßen die Herren noch erste Reihe fußfrei, um mich beim lustigen Gekreise um die eigene Achse zu beobachten.

»Hearst«, bedauert der Lieblingsnachbar, »auf di is a ka Verlass mehr. Du machst uns ja gar kan Löwinger mehr.«

Der letzte Löwinger ist noch gar nicht so lange her: Mit Verve warf ich den Anker aus dem Boot in die Fluten, allerdings mit dem dazugehörigen Seil. Blond als Schicksal. Wenn man es gerne still haben möchte, sollte man sich in einem Fass mit Friedhofsblick einmieten, denn bei uns menschelt es, volle Kraft voraus.

In Wurfweite diskutieren der Lieblingsnachbar und sein Spezi das Beziehungsdrama des Besuchers. »Aber sie ist schön, hat eine Superfigur«, will der Nachbar den Kumpel dazu animieren, nicht alles gleich über Bord zu werfen.

»Schön is wurscht, und a gute Figur hat a Königspudel a.«

Mein Stichwort: »Hurra! Ist euch das wirklich wurscht?«

»Wenn's sonst net passt, dann is so«, lautete die lapidare Antwort.

»Is so« wurde dann übrigens noch zum Gimmick des Abends. Als ich »Is so« aus lauter Begeisterung zum 67. Mal benutzte, sah mich der Lieblingsnachbar ein bisserl streng an: »Beste, ich glaub, du häkelst mi a bisserl. Weil, schau her...« Er klopfte sich auf die Brust: »I hab' da nämlich kein Fleischlaberl eingebaut, sondern ein Herz.«

Dieser Satz hatte jetzt echtes Qualtinger-Niveau. Ja, is so. Ich hoffe sehr, dass der Lieblingsnachbar so viel kein eingebautes Fleischlaberl besitzt, dafür keine Tantiemen dafür einzufordern.

Durch mit Drama-Prinzessinnen

Wir machten uns bereit für eine Hochzeit, die den Untertitel »Unpackbar« trug. H, ein flamboyanter Mann im Mittelteil seiner besten Jahre, parkte sich also ein. Aber mit was für einer Sparring-Partnerin! Die Dame war so unscheinbar, dass man ihr einen feuerspeienden Drachen auf ihre Stirn tätowieren müsste, um sich an ihr Gesicht zu erinnern. Sie lächelte meistens milde, wahrscheinlich war sie schon auf der Säuglingsstation mit diesem milden Lächeln gelegen, und beendete nahezu jeden Satz mit der Bemerkung »Sehr nett übrigens«. Sie trug Twinsets an Zuchtperlenketten. Upperclass-Handarbeitslehrerinnen waren bislang nie in H's Beuteschema gefallen.

»Erklär es mir bitte«, bat ich seine Herzensfreundin, die mir netterweise einen dramatischen Hut für die Veranstaltung lieh.

»Vielleicht ist sie eine absolute Granate im Bett«, warf F ein, »von der wir noch was lernen könnten.«

Die Herzensfreundin schüttelte den Kopf: »Er hat es mit dem Blutdruck.«

»Und deswegen muss man eine Frau mit der Aura einer Küchenrolle heiraten?«

»Sie ist sehr lieb. Wirklich. Und er ist durch mit den Drama-Prinzessinnen.« H hatte immer unter den schönsten Frauen gewildert – und dort vor allem in der Abteilung »Fantastisch aussehende Nervenbündel mit pathologischer Aufmerksamkeitsproblematik«. Das letzte Exemplar aus dieser Rubrik hatte sich immer wieder mit dem Brieföffner dramatisch am Dekolleté geritzt, das echte Massaker aber mit Hs Kreditkarte angerichtet. Als er das nicht so tosend fand, kratzte sie die Worte »Kleingeistiger Erbsenzähler« mit Nagelfeile in seinen Vintage-Mercedes. So gesehen war die Zuchtperle wahrscheinlich irgendwie logisch. Wir tranken also auf H's Blutdruck und den alten Oscar Wilde, der schon immer gewusst hatte: »Frauen heiraten, weil sie neugierig, Männer, weil sie müde sind.«

Hubschraubereinsatz

An dieses penetrante Surrgeräusch habe ich mich inzwischen gewöhnt. Nur an den dazugehörigen Anblick noch nicht. Mein Zimmernachbar, einer der klügsten Journalisten des Landes, läuft mit einem kleinen Fernsteuergerät und stur fixiertem Blick durch den Gang. In seinem Visier ist ein kleiner Militärhubschrauber, der im Zickzack-Kurs die Wände entlang torkelt. Wenn das Ding dann doch gegen einen Türpfosten prallt, ertönen eines mongolischen Bierkutschers durchaus würdige Fluchsalven der Selbstbezichtigung. Und immer wieder brülle ich dann den gleichen Satz: »Das kann ja wohl bitte nicht dein Ernst sein!«

»Doch, doch, mein voller …«, lautet stets die Replik.

Ja, ja, dass Männer Kinder mit Schulden sind, ist nichts Neues unter der Sonne. Ich habe schon Repräsentanten des gehobenen Managements mit roten Stationsvorstehermützen auf dem Kopf ihre Modelleisenbahnen dirigieren sehen. Und bin nur knapp der Lynchjustiz entgangen, als ich befreundete Fischersmänner verlacht hatte, die sich angesichts ihrer Beute in Form verschlierter Welse vor Begeisterung kaum mehr einkriegen konnten.

Doch dennoch bleiben einige Fragen offen: Hört die Pubertät des Mannes irgendwann auf? Warum fallen wir Weiber hilflos wie Lemminge immer wieder gerne drauf rein? Und finden diese beharrliche Infantilität auch noch drollig? Plus: Warum haben wir Idiotinnen uns eigentlich beim Erwachsenwerden ganz vorne angestellt?

»Honey«, flüsterte mir meine Psyche jetzt, »stell dir dich vor mit deinen 46 – spätnachts, ganz allein mit einem kreischrosa Barbiehaus, und du spielst, sagen wir, Ken-kommt-nach-Hause-und-Barbie-hat-ihm-was-Gutes-gekocht. Könntest du dich dann in diesem Leben noch eine Sekunde lang ernst nehmen?« Ich schüttelte entschieden den Kopf.

Handelsabkommen

»Uns trennt die gemeinsame Sprache«, begründete Karl Kraus das vertrackte Verhältnis zwischen Ösis und Piefkes. Aber noch viel besser lässt sich das Zitat auf die Buben-Mädchen-Sache anwenden.

»Warum hab ich es nur gesagt?«, winselt das Testosteron-Striezelchen in meinem Büro.

»Was gesagt?«

»Sie hat mich gefragt, wie ihr die Hose steht. Und ich hab wahrheitsgemäß geantwortet: ›Die macht irgendwie keinen optimalen Hintern.‹ Mehr hab ich nicht gebraucht… ›Du findest also, dass ich einen lausigen Hintern habe‹, hat sie gebrüllt.«

Während Frauen oft um ihr Leben reden, um ja nichts zu sagen, erschüttert uns beim Mann oft der eklatante Mangel an Diplomatie, auch Ehrlichkeit genannt. Ich finde diese Haltung zunehmend so erfrischend wie verlockend.

»Austern, Champagner, ich lad dich ein«, ließ mich ein Mann unlängst wissen, den ich rundum unsexy fand: Er trug unter anderem einen in seinem Mustermix an ein bulgarisches Testbild gemahnenden Pullover, hatte zwei Ex-Frauen, deren Gemeinheiten er ständig bemurmelt wissen wollte, und prächtig wucherndes Nasenhaar.

Dass sich dieser Mann bei mir mehr vorstellen konnte, als ich mir jemals vorstellen wollte, hatte ich geschnallt. Im Zuge der neuen Ehrlichkeit antwortete ich also: »Mit uns wird's in jedem Fall nix… also nein.

»Völlig egal«, antwortete er, »nicht mehr als ein Freundschaftsessen, versprochen.«

Und ich aß Austern bis hart an der Eiweißkolik.

Als ich mir knapp nach Mitternacht ein Taxi rufen ließ, reagierte er pikiert: »Jetzt schon? Ich dachte, wir gehen noch wohin…«

Ich schüttelte den Kopf.

Er: »Aber meine Austern waren dir gut genug…«

Potzblitz! Da schlug jetzt die Frau im Mann durch. Mir schwante Übles: Wenn Frauen sich in Zukunft die schnörkelfreie Direktheit der Männer klauen und Männer wiederum auf den Pfaden weiblicher Verschlagenheit wandeln, ist wieder kein Happy End in Sicht.

Don't cry for me, Federico!

Ich dachte viel an Federico Nachtigall. Das war jener Taxifahrer gewesen, der mich vor einiger Zeit aus Buenos Aires auf den Flughafen chauffiert hatte. Mitten im Stau war Federico plötzlich schluchzend über seinem Lenkrad zusammengebrochen. Einfach so. Ein Challenge-Programm für meine wundgescheuerten Nerven. Natürlich war ich ohnehin zu knapp losgefahren und außerdem angeschlagen, weil man mich am Vortag bankrottgeraubt hatte. – Okay, es war nicht ganz so dramatisch. Man hatte der doofen Touristin einfach völlig pragmatisch auf dem Busbahnhof die Geldtasche gezogen. Jetzt erschütterten Explosionen des Schmerzes Federico so sehr, dass er mehrfach mit seinem Glatzkopf auf das Lenkrad schlug. Weder Bonbons noch Taschentücher mit Evita-Aufdruck konnten ihn aus dem Tal seiner Tränen retten.

Irgendwann brach es aus ihm heraus. Bevor ich zugestiegen war, hatte er die Nachfahren von Bonnie und Clyde als Fahrgäste gehabt. Sie hatten ihn mit einem Revolver befuchtelt und ihm dann die ganze Monats-»Butter« abgenommen.

»Federico«, flüsterte ich in meinem Behinderten-Spanisch, »du wirst dir auch einen Revolver kaufen und im nächsten Jahr ein großer, starker Mann sein...« Ich dachte, dass man dieses gedemütigte Ego vielleicht mit einer kleinen Dosis Machismo aufrichten könnte. Catástrofe!

Waagrecht spritzten die Tränensalven jetzt aus Señor Nachtigalls Augen. »Sind Sie verrückt...? Es wird ein Massaker geben, sinnlos und schrecklich... Die werden schießen, ich werde schießen. Blut, alles voller Blut... Meine arme Mutter!«

Hier stand er, der neue Botschafter für Aggressionsfreiheit und Weltfrieden, und ich war so gerührt, dass ich ihm mein Evita-Taschentuch reichte: »Don't cry for me, Federico!«

Als mich das Bodenpersonal dann um eine Kolibrizungenlänge nicht mehr in den Flieger lassen wollte, machte ich denen einfach den Nachtigall. Explosionen des Schmerzes. Und siehe da: Es funktionierte. Viva el sentimiento!

Waagrecht schnellende Tränchen

Unlängst einem Liebesbriefe-Forscher begegnet. Der Mann hatte für ein Theaterprojekt Tausende Gefühlselaborate analysiert. Und verblieb mit der Erkenntnis, dass immer dann, wenn sich Verlustängste und Eifersucht türmen, vor allem Männer zu schreiberischen Höchstleistungen sich hochzurappeln imstande sind. Eine Dynamik, die auch mir nicht fremd ist. Mit kopfscheuem Herzen hatte ich zehnseitige Winsel- und Fleh-Pamphlete verfasst, bei deren Lektüre mir noch heute die Tränchen waagrecht aus den Augen schnellen. Vor Rührung und gleich danach aus purer Bestürzung, wie man sich bisweilen aus Liebe zum Oberidioten machen kann. Und zwar mit einer Rücksichtslosigkeit gegen sich selbst, die ansonsten nur Hardcore-Junkies systemimmanent ist.
Aus autotherapeutischen Gründen hatte ich mir die erschütterndsten meiner selbstredend handgeschriebenen Briefopern im Computer abgespeichert. Denn besonders in wrackwürdigen Zuständen ist Stil zwingend. Richtig tragisch finde ich eigentlich, dass Hunderte Aber-trunken-bin-ich-von-dir-Kreationen im Laufe meines kleinen Frauenlebens verloren gegangen sind. Also entschloss ich mich zu einer Rückholaktion. Um gleich einmal zu scheitern: Der Pullunder-Franzose, der im Besitz von sicherlich einem halben Meter hohem blassblauen Büttenpapier – voll meiner pubertären Für-immer-dein-Fantasien – sein musste, war in ganz Paris nicht mehr zu orten. Dann kontaktierte ich den Mann, mit dem ich in Studententagen eine Rock 'n' Roll-Beziehung unterhalten hatte. Er rührte mich, denn er besaß neben den Briefen auch jeden idiotischen Post-it-Zettel, den ich auf seinem Kühlschrank hinterlassen hatte. Inklusive den ganz banalen wie »Bin zu begabt für Mülltrennung« und »Bitte um Aufhebung des Migräne-Embargos!« – Was, unter uns, jetzt auch wieder ein bisschen übertrieben ist.

»Arrested Development«

Manchmal, wenn ich durch die Innenstadt streife, erfasst mich ein Zustand, den man am treffendsten mit Déjà-vu-Paranoia bezeichnen könnte. Denn an den »Budeln« diverser Lokale stehen dieselben Typen wie vor 20 Jahren – inzwischen etwas müde um die Hüften; ihre einstigen Wuschelmähnen erinnern an Salzburger Schnürlregen, so grau und dünn sind sie geworden. Was nicht schlimm wäre, denn man selbst hat ja auch schon einmal frischer in die Welt geschaut. Das wirklich Erstaunliche ist, dass diese Budelianer sich nach 20 Jahren noch immer die gleichen Geschichten erzählen. Zwar haben sich auch Alimente-Lamentos und Bandscheibenvorfällchen daruntergemengt, aber generell rennt noch der gleiche »bochene« Schmäh wie in jener Zeit, als das Wort Vorsorge in unserem Wortschatz höchstens mit Getränkevorräten assoziiert wurde. Arrested Development hieß einst eine Band, und der Name könnte auch über diesen Jungs flimmern. Frauen kommen bei den Budel-Herren meist in Zusammenhang von Ärger oder drastischen Körperproportionsanalysen vor. »Hearst, hast die g'sehn? Die hat ja an Oarsch wie a Leberkässemmel um 5000 Euro!« – »Voll. Aber die Prinzessin Lederstrumpf da drüben kann bald probeliegen gehen am Zentralfriedhof.«
Als ich unlängst einer solchen »AD«-Konversation lauschte, wurde ich belohnt. Ein einst stadtbekannter Schwerenöter und quasi »Last Man One-Night-Standing« erzählte von einer Spontan-Kopulation mit einer Unbekannten und dem Morgen danach: »Sag i zu ihr nach dem Duschen: ›Hearst Schatzi, was is mit du? Jetzt bist noch immer net weg! Hast ka Arbeit?‹ Dreht sie de original um und sagt: ›Na, weil i bin schon in Pension…‹ Oidaaa!«
Selten machte jenes häufig inflationär zum Einsatz gebrachte Zusatz-Substantiv so viel Sinn wie in diesem Zusammenhang.

Der It-Knacks

Die It-Psychostörung der Saison ist der Narzissmus. Wenn Frauen aus dem Woody-Allen-Bildungsmilieu zurzeit über Männer klagen, die genau dann nicht anrufen, wann sie es in Aussicht gestellt haben, ein Ego besitzen, das eine eigene Postleitzahl braucht, und mit entsprechendem Desinteresse für die Befindlichkeiten ihres Gegenübers ausgestattet sind, dann seufzen sie nur müde: »Klarer Fall von narzisstischer Persönlichkeitsstörung. Er müsste dringend in Therapie.«

Doch einem Narzissten zu erklären, dass er im Eiltempo mit seelischen Umbauarbeiten beginnen solle, ist in etwa so Erfolg versprechend, wie Gloria Swanson Mitteilung zu machen, dass der Stummfilm mausetot ist. Ihr Weltbild ist beratungsresistent. Außerdem verspüren anständige Narzissten keinen Leidensdruck, sondern überlassen das emotionale Elend lieber ihrem Umfeld. Und das sind in meiner Wahrnehmung meistens Frauen. Denn der Narzisst ist oft eine Charmebombe, charismatisch und versteht's, auf der weiblichen Bedürfnisklaviatur auf Teufel komm raus zu orgeln, will sich aber nicht festlegen. Mit dem Ergebnis, dass die, auf die er sich nicht festlegen will, sich dann selbst mit letzter Kraft in den Therapiestuhl kippen.

Auch ich bin schon unter solchen Umständen als deprimiertes Nichts vor einem Therapeuten gesessen. Er sagte damals einen Satz, der im Nachhinein zu meiner Befreiungsoffensive geführt hat: »Ihr Leiden hält seine Maschinerie warm. Die größte Kränkung für diesen Mann ist, wenn Sie aufhören zu leiden.«

Eine meiner verstorbenen Tanten hätte für gelebtes Nichtleiden eine sehr simple Rezeptur gehabt: »Färb dir die Haare rot und schlaf mit dem Tennislehrer.« – Nur: Ich spiele nicht Tennis, und Rot bekommt meinem Teint nicht.

Irgendwann hat es trotzdem funktioniert. Und es war ein verdammt gutes Gefühl.

Musen-Stau

Der Malerfürst steht unter zwischengeschlechtlichem Hochdruck, rein organisationstechnisch betrachtet. Ansonsten geht es ihm blendend. Der Energie-Level ist hoch, die Bilder purzeln nur so aus ihm heraus, er fühlt sich geliebt. Nein, noch viel besser: begehrt. Denn vier sicher verheiratete Frauen veranstalten in seinem Schlafzimmer einen Staffellauf, ohne dass sie voneinander wissen. »Ehe ist offensichtlich komplett überschätzt«, grinst der Malerfürst zufrieden, der so viel Farbe in die Leben seiner Musen-Mäuse zu bringen scheint. Er schüttelt den Kopf: »Was für ein Geschenk! Alle vier lieben ihre Männer, aber bei mir geht dann eben die Post ab.« Ein Prinzip, das auch seine ökonomischen Vorteile hat: »Man erspart sich diese öden Gemma-schön-essen?-Veranstaltungen, muss nicht Ruderbootfahren gehen … Ein paar Champagner-Piccolos im Kühlschrank, Abschminkpads im Allibert, und die Sache läuft!« Stolz zeigt er mir die SMS einer Immobilienhändlerin aus Hietzing, die komplett aus dem Höschen war: »Du Hauptmieter meines Herzens: Ich habe eine affenartige Sehnsucht nach dir; nie wieder sexuelle Bastlerhits, nur mehr dich!« Solche mehr oder minder poetischen Nachtkritiken häuften sich auf all seinen Kommunikationskanälen.

Doch irgendwann kam dann doch Katerstimmung auf: »Ich glaube, ich krieg ein Sexobjekt-Burn-out. Schließlich ist man nicht nur Mann, sondern auch Mensch.« Das Schicksal stand ihm bei und sprengte das Prinzip Mätressen-Marathon. Plötzlich tauchte die Immobilien-Händlerin mit ihrem Köfferchen im Malerfürsten-Atelier auf und hauchte: »Ich habe meinen Mann verlassen. Jetzt gehöre ich ganz dir!«

Da winkte unser Malerfürst nur erschöpft ab: »Das darfst du mir nicht antun! Realismus ist nämlich so ganz und gar nicht mein Stil!«

Kecke Knödelchen an Kerlen

Wann war eigentlich der Moment, als Männer begannen, sich diese Nikolo-Wolle mitten im Gesicht wachsen zu lassen? In Kombination mit diesen kecken Knödelchen auf dem Haupt? Und was zum Henker wollen sie uns mit diesem Look, der irgendwo zwischen viktorianischen Wanderpredigern und Amish-Dorf-Beaus anzusiedeln ist, signalisieren? Und warum unterstreichen sie diese haarige Entscheidung mit sperrigen Holzfällerhemden und keinen Socken? Ein Zeichen für die Wiedereroberung einer verlorenen archaischen Männlichkeit? Oder so was wie Trauerarbeit gegen eine Hightech-Zivilisation, die die Nabelschnur zu Mutter Natur in unvorsichtiger Hybris gekappt hatte?

»Du sollst nicht so viel denken«, wies mich mein gleichgeschlechtlich orientierter Stilberater zurecht. »Es ist eine Mode, ohne Ideologie dahinter. So wie die Martin-Margiela-Wollhauben vor zwei Jahren«.

Oh Gott, die! Es war ja zu komisch gewesen, dass erwachsene Männer in Spitzenpositionen mit Strickmützchen in überheizten Räumen saßen und so ein Post-Grunge-ich-kenne-die-Konventionen-aber-ich-verachte-sie-Weltschmerz-Glitzern in ihrem Blick kultivierten. Mit Strickmützchen um 200 Eulen das Stück, in die die Margiela-Sklaven sorgfältig Löcher hineingeschnitten hatten. Während Johnny Depp längst wieder oben ohne durch die Herzen der Frauen watete, mützten von Wanneeickel bis Gramatneusiedl IT-Berater und Versicherungsvertreter vor sich hin, die nichts von Kurt Cobain verstanden hatten.

»Mode ist die Nachahmung derer, die sich unterscheiden wollen, von denen, die sich nicht unterscheiden«, seufzte mein Stil-Polizist jetzt und blickte einem jungen Mann in einer safrangelben Cowboy-Fransenjacke resigniert hinterher: »Aber eines ist sicher: Wer so ein Teil trägt, hat die Kontrolle über sich selbst längst verloren.«

Das Bonmotscherl war geklaut: Monsieur Lagerfeld hatte es im Zusammenhang mit Jogginghosen zum Einsatz gebracht.

»Es liegt an dir«

Es gibt nur eine Abschiedsfloskel, die bei Frauen nahezu traumatisierende Kränkungszustände hervorruft. Und, nein, es sind nicht jene Entsorgungsphrasen, die Männer gerne zum Einsatz bringen, wenn sie der einstigen Geliebten so überdrüssig geworden sind wie einer sonnenarmen Jahreszeit: A) »Es liegt nicht an dir.« B) »Du hast dir was Besseres verdient.« C) »Du bist eine ganz tolle, starke Frau, aber ich bin noch nicht bereit für eine Beziehung.«

Haben eigentlich alle Mütter ihren Söhnen einmal den gleichen Zettelsatz in den Ranzen gepackt, damit sie ihre zukünftigen Rivalinnen damit piesacken können?

Wir sind dann leider nämlich auch noch so intelligente Trotteln, dass wir uns erstens grämen und zweitens genau wissen, dass A) in wahrer Wirklichkeit »Es liegt nur an dir. An wem auch sonst – dem Ozonloch, dem Yenverfall vielleicht?« heißt. Und B und C so zu übersetzen sind: B) »Du bist so sauanstrengend, die Energie hab ich nimmer« und C) »Da draußen stöckeln noch Optionen herum – eine hat mir gerade ein SMS geschickt.«

All diese höflichen Perfidien sind nur mit einer Abkoppelungs-Binse zu toppen: »Lass uns doch einfach Freunde bleiben!« Abgesehen davon, dass jeder Mensch im Besitz seines Verstands ohnehin weiß, dass postkoitale Freundschaft zwischen Männern und Frauen kaum existiert, ist diese Ansage zusätzlich noch die Bankrotterklärung des erotischen Verkehrswerts der Adressierten.

Also, meine Herren, bitte einfach immer nur die Lavendelmaschine anwerfen – à la: »Ich weiß bereits jetzt, dass ich mich noch in meinem Sterbebett nach dir sehnen werde.« Frauen lieben die Wahrheit eben nur dann, wenn sie das Leben »larger than life« erscheinen lässt.

Die Tränen des Putzmanns

Der im Mietpreis inkludierte Pariser Putzmann machte eine Erschöpfungspause. Ich reichte ihm eine Apfel-Tarte.

Er: »Ich kann nicht.«

»Warum?«

»Die Frauen, Madame, die Frauen…« Begleitet von matten Wischbewegungen goss er sein Leid vor mir aus. Das Internet sei das Killervirus für die Liebe. Wenn endlich eine nach dem »Schreibtheater« Herd- und Bettbereitschaft zeige, braucht es nur eine winzige Irritation, und schon schicken sie einen nach »Tataouine«. Wie ich später herausfand, war das eine Militärkolonie im finstersten Tunesien, die für ihre grausamen Sitten berüchtigt war. »Man ist wie ein technisches Gerät im Supermarkt«, seufzte er. »Funktioniert man nicht, machen sie sich auf zum nächsten Regal.«

Nachdem der Putzmann mir nicht nur sein letztes Drama, sondern auch das seines Freundes, den Schlaganfall seiner Mutter und seine Gastritisproblematik geschildert hatte, war die Wohnung nicht sauberer, aber mein Wortschatz reicher. Eine Art Berlitz des Herzens, und viel billiger: einfühlsame Gespräche mit einem Einheimischen. Am Ende meines Monats kannte ich alle Haustiere der Putzerei-Chefin mit Vornamen, wusste, dass der Bäcker an Schlafstörungen litt, die Schokolade-Königin des Viertels ihren Mann in die Wüste schicken wollte – und hatte es sogar geschafft, der mürrischen Greißlerin im Haus ein paar Sätze zu entlocken. Wahrscheinlich auch deswegen, weil ich ihr die Kaffeevorräte aus der Zwischenkriegszeit abgenommen hatte.

Als ich abreiste, umarmte mich der Putzmann, als ob wir glücklich miteinander verwandt wären. Er verweigerte sogar jegliches Trinkgeld: »Danke, danke, danke. Seit Jahren hat mir niemand so aufmerksam zugehört. Dank Ihnen fühle ich mich jetzt stark genug, den Frauen die Zähne zu zeigen.« – Ob das sein marodes romantisches Leben aufpeppte, konnte ich bis dato nicht überprüfen. Tant pis!

»Complicated single«

»Ich bin sprachlos!«, schrie F. »Er hat seinen Facebook-Status einfach von ›It's complicated‹ auf ›Single‹ geändert und sonst eigentlich null Erklärungsbedarf verspürt.«

Willkommen im multikommunikativen Zeitalter, Römerinnen! Endlich kann man nicht nur im guten alten direkten Gespräch zurückgewiesen werden; sondern auch im Gesichtsbuch, per SMS, Elektro-Post oder – was für Avantgardisten – auf YouTube in einem Filmchen signalisiert bekommen, dass man die Signale der voranschreitenden Entfremdung einfach nicht und nicht geschnallt hat. Das ist einem Londoner Freund von mir passiert, dessen in Rage geratene Neo-Ex auf YouTube der staunenden Weltöffentlichkeit erklärt hat, was für ein emotionaler Supergau von einem Mann er nicht gewesen sei. – Mit dem – für sie – tröstenden Zusatz, dass es angesichts seiner wachsenden Erektionsproblematik wahrscheinlich ohnehin besser wäre, dass der Mann sich vom Acker gemacht hat.

Ich sag's ja immer: Eine verletzte Frau ist gefährlicher als jeder durch Pamplona gehetzte Stier. Das solltet ihr Jungs euch einmal hinter die Löffel schreiben. Denn ich für meinen Teil wurde immer nur dann zur Rabiat-perle, wenn Feigheit im Spiel war. Also, liebe Kerls: Ich weiß, dass so ein kultiviertes Trennungsgespräch für euch in etwa so sexy ist wie eine Wurzelbehandlung. Aber geht mit den Frauen, die ihr mit der Delete-Taste aus eurem Leben löschen wollt, auf etwas übertreuerten Wein und erklärt ihnen dabei, dass sie großartig, einzigartig und eigentlich ein Lottogewinn sind, aber ihr idiotischerweise momentan euch gerade selbst finden oder ganz viel nachdenken müsst. So viel Zeit muss sein. Denn: »Der Mut kennt keine Zuflucht, die Feigheit tausende.« – Das ist eine hübsche Binse von Waldemar Bonsels, der die Weltliteratur mit »Biene Maja« bereichert hat. Alles klar, ihr faulen Willis?!

Kastrationsakte

Unlängst ging ich mit einem Mann, dessen Augen gefährliche Reminiszenzen an den Nougat aufkommen ließen, dinieren. Es war ein Abend, den man nicht glas-, sondern flaschenweise begrüßen sollte.

»Such aus«, sagte er und hielt mir die Weinkarte hin. Als der Ober das Probierballett veranstaltete, reichte der nicht ihm, sondern mir das Glas zum Verkosten. Oiwee! Da ich nach 20.15 Uhr gerne manchmal wie eine Frau behandelt werde und das nur gelingt, wenn man Männern auch wie Männern und nicht wie verhaltensoriginellen Kindern entgegentritt, deutete ich ihm, den Testschluck dem Herrn zu reichen. Ich hatte keine Lust, dass dessen Laune nach dem Kastrationsakt seitens des Servierpersonals in den Keller absackte. Der Herr rächte sich, indem er die Flasche zurückschickte und nach einem unblumigeren Modell verlangte. Das gefiel mir.

Ich dachte an meine Freundin Zelda Fitzgerald, die Frauen ermahnt hatte, ihre »rosarote Hilflosigkeit« zum Einsatz zu bringen. Die Autorin Katja Kullmann erzählte mir, dass in den Jahren, in denen sie auf Hartz IV über Tage an einer Packung Toastbrot herumkauen musste, um mit ihrem Haushaltsbudget über die Runden zu kommen, ihre Anbaggerquote in den Himmel schnellte. Männer rochen diese Chance zur Überlegenheit einfach. Das Arme-Hascherl-Syndrom machte sie richtig heiß.

Im Toilettenspiegel übte ich den Bambi-hat-seine-Mutti-verloren-Blick. Selbst bei den Pradler Ritterspielen wäre ich mit der Nummer hochkantig rausgeflogen. Inzwischen hatte er mir ein Glas Champagner und ein Dessert kommen lassen. Er hatte nicht viel Geld, und genau deswegen fand ich diesen Akt der Fremdbestimmung besonders hinreißend. Ich errötete Lady-Di-würdig und hatte völligen Pointen-Block. Möglicherweise war das so ein Moment rosaroter Hilflosigkeit und er fühlte sich gar nicht einmal so schlecht an. Danke, Zelda!

Puff-Papas Abgang

»Mein Vater ist gestorben«, sagte P in einem der Tragik des Geschehens unangemessen fröhlichen Tonfall.

»Bist du gar nicht traurig?«

»Er hatte einen schönen Tod. Er ist im Puff gestorben.«

»Oh, der Klassiker. Kaum wurde gekommen, ist er gegangen. Aus den Armen des kleinen direkt in die des großen Tods.«

»Tut leid«, entschuldigte sie sich jetzt kichernd, »es war nicht ganz so romantisch. Er starb vor Schreck.«

»Wieso das? Hatte sich die Dame nach dem Entblättern als Herr entpuppt?« Solche Storys hörte man ja immer wieder – vor allem aus dem fernöstlichen Raum.

»Nein«, konnte sie sich jetzt nicht mehr vor Lachen einkriegen, »die Puffmutter hat einen Löwen als Haustier, den ihr einmal ein zahlungsunfähiger Zirkusdirektor hinterlassen hatte. Der Löwe stand plötzlich in der Liebeskammer, und das war für das Herz meines 83-jährigen Papa dann doch zu viel.«

»Kein Löwenherz also«, kicherte auch ich jetzt, während mir P heulend in die Arme plumpste.

»Er wird mir so fehlen, aber ich bin so glücklich für ihn. Was für ein arschcooler Abgang! Papa wäre stolz auf sich gewesen. Wir hätten ihn in den nächsten Jahren sowieso verloren.«

Jetzt musste ich auch weinen, obwohl ich Puff-Papa gar nicht gekannt habe.

»Wieso verloren?«

»Beginnender Alzheimer – er wäre im Land des Vergessens verschwunden.« Allerhöchste Zeit für Alkohol. »Und wie geht's deiner Mutter?«

»Okay. Sie hat den Löwen sogar besucht – mit einer Rinderhälfte. Weil sie ihm dankbar war, dass er Papa indirekt geholfen hat, seinem dräuenden Elend zu entkommen.«

»Auch arschcool, die Mama.«

P nickte trinkend: »Kannst du laut sagen.«

»Wie hieß er eigentlich, der Löwe?«

»Viagro – nach dem Lieblingsmedikament seines früheren Herrls.«

Allerhöchste Zeit für einen Trinkspruch: »Auf Puff-Papa und Viagro, der uns wieder einmal gezeigt hat, dass Tragik und Komik oft nur eine Nanosekunde auseinanderliegen.«

Wir kennen, wir lieben ihn, viele sind seit 20 Jahren
süchtig danach. Nach dem ganz normalen Alltags-
Wahnsinn.
Angelika Hager ist eine Kolumnistin, die aus dem
vollen Leben schöpft. Eine Journalistin, die die
Kunst beherrscht, mit dem Wort spielerisch umzu-
gehen. Hager mag Menschen, die ehrlich sind,
die etwas zu sagen haben und die vor allem nicht
schmähfrei sind. Immer stehen in ihren Kolumnen,
Porträts und Reportagen Gefühle im Mittelpunkt.
In ihren Texten für »profil« beschreibt sie
die Wirklichkeit, ohne die Wahrheit zu verletzen.
Ihre kolumnistischen Betrachtungen über die
Skurrilitäten in unserem schönen, kleinen und
auch aberwitzigen Land haben sie zu einer Art
Helmut Dietl des Journalismus gemacht.

Michael Horowitz
Gründer der »Freizeit« und Fotograf

Bootcamp Alltag

»Eine Krise kann jeder Idiot haben. Was uns wirklich fertigmacht,
ist der Alltag.«
Anton Tschechow

Sparefrohe Waldkobolde

Ich schrecke aus dem TV-Dämmerschlaf. Schon wieder ein Vorsorge-Werbe-spot. Dieser Bankbetreuer mit der Aura eines misanthropischen Wald-kobolds zerfetzt sich das Maul über einen Kunden, der sich mit 50 bereits zu alt für die pekuniäre Hamsterbacken-Strategie hält. Jetzt hat man gerade den Hausverstand in seinem rebhuhnfarbenen Cordirgendwie aus dem System gebeutelt und kann inzwischen wieder einkaufen gehen, ohne von Visionen von diesem Vernunftszwerg geplagt zu werden. Schon sorgt die Werbebranche für neue Kunstfiguren, die das schlechte Gewissen anheizen. Waldkobold, 50 ist das neue 38!

Ich schließe die Augen. Es kommen leider gar keine schönen Bilder. Ich sehe eine windschiefe Frau Polly mit ohne Zähne im pfiffigen Outfit aus dem Hause Humana im Park sitzen, die sich das Taubenfutter dann lieber doch selbst zwischen die Kinnladen schiebt. Ich denke daran, dass ich das Märchen von der emsigen Ameise, die für den Winter Nahrung zurückgelegt hat, während die hedonistisch versaute Grille sich diesbezüglich nichts scherte, schon als Kind nicht ausstehen konnte. »Sechsspännig ins Armenhaus«, nannte M immer die von uns mit Karacho gepflogene Grillen-Haltung.

»Mama, ich brauche Geld«, scheucht mich der Fortpflanz jetzt auf.

»Gerne, mein Augenstern. Wie viel in etwa?«

Jetzt wird sie stutzig. Üblicherweise gibt es auf diese Frage nämlich nur den Hinweis auf die Absenz eines dukatenlassenden Maultiers in diesem Haushalt. »Geht's dir nicht gut?«

»Doch, doch. Prächtig. Kennst du den Begriff Generationenvertrag?«

»Nööö, du.«

»Das bedeutet, wenn Mutti einmal alt und klapprig ist, wirst du für sie einen Chippendale heuern müssen, der ihr den Karottenbrei zärtlich in Suppenschlitz schiebt.«

»Den Chippendale wirst du dir leider pinseln müssen, aber über den Karottenbrei können wir reden.«

Schon morgen werde ich so einen sparfrohen Waldkobold kontaktieren.

Das Altausseer Virus

Der Mann, ansonsten ein angesehener TV-Journalist, steht in betont gebrauchten Lederhosen und oben ohne an einem Bootssteg des Altausseer Sees. Mein Versuch, mit ihm handelsübliche Höflichkeiten über das Medienwesen der Hauptstadt auszutauschen, ist zum Scheitern verurteilt. Längst hat er dem hiesigen Bootsentrepreneur das Ruder aus der Hand genommen und ist mittlerweile der festen Überzeugung, selbst diese Stellung zu bekleiden. Durch diesen Anfall pittoresker Schizophrenie ist selbstredend auch seine Sprache stark in Mitleidenschaft gezogen. »Kummst halt eini, wann'st fertig bist«, knödelt er mir bei der Übergabe eines Rudergefährts zu und erklärt seinen heute etwas getrübten Blick mit einem »Auf der Schiarßstatt hamma den Franzi sein Geburtstag g'feiert. Haftig war's!«

Noch letzte Woche lächelte ich über die Opfer des Altausseer Virus. Inzwischen bin ich sachte, aber bestimmt selbst dem Authentikwahn anheimgefallen. Ich habe mir ein volkskundlerisch einwandfreies Dirnenkleid maßfertigen lassen (auch wegen der Länge), bin mit den Fischern vom an sich feindlichen Grundlsee aus purem Saibling-Egoismus auf Du, mutierte zum enthemmten Groupie der »Ausseer Bradlmusi« und pfeife auf pasteurisierte Milch.

Auch meine Tochter spielt voll mit: Im Hardcore-Heidi-Look kugelt sie im Klüngel von »echten« Kids über die saftigen Matten und kräht »Muartter, i muaß da was verzöhn!« Das Kind ist ja so sprachbegabt.

Mit der Bewältigung ihres kleinen Rustikal-Traumas, das vom schwarzen Huhn des Nachbarhofs herrührt, werden wir – wieder in der Stadt – einen Therapeuten zu beschäftigen wissen. Trotz all der ländlichen Assimilierung goutierte sie nicht, dass das Federvieh nachts in ihrem Bett nach der rechten Nestwärme suchte. Doch damit will ich mich jetzt noch nicht belasten.

Hauptsache, es ist ansonsten alles ubbaschhaftig!

Anmerkung für Ignoranten: Das ist der Superlativ von haftig.

Archive der Melancholie

Die Trauer um die verlorene Freundin sitzt einem in den Knochen. Und noch immer hofft man so verbissen wie naiv, dass man nur in einen grausamen Traum geplumpst ist, aus dem sie einen mit einem schon etwas aufgebrachten Anruf aufweckt: »Was ist jetzt mit dir, du altes Luder! Ein Fingerhut Champagner wird doch noch möglich sein.«

Es ist die dritte Kerze, die das alte Luder um diese Jahreszeit für eine Freundin ins Fenster stellen muss. Ich wate durch das Museum der Erinnerungen in Form von zwei Ikea-Kisten, fische fünf Briefe von M, dicht mit der Schreibmaschine beschrieben, aus dem Chaos an Zetteln, Fotos, Karten, Kinderzeichnungen, Post-it-Botschaften, die sich in den letzten 35 Jahren in meinem Leben angesammelt haben. Schrullig-schöne analoge Welt, unsere Kinder werden solche emotionalen Archive schon nicht mehr haben. »Ist Paris, das alte Luder, gut zu dir«, schrieb sie, nachdem wir dort einzigartige Tage miteinander verbracht haben und sie vor mir abreisen musste.

Ich war keine besonders gute Freundin gewesen, wir hatten uns oft über Monate nicht gehört. Jede vor ihren Karren gespannt, zwischen Deadline-Druck, Kinderwahnsinn – und immer wieder gab es sogar einen Mann, der sich im Nachhinein als das Gegenteil einer Frischzellenkur erwiesen hatte. Aber bei jedem Treffen war das Eigenartige passiert, dass die verstrichene Zeit so wurscht wie das berühmte umgefallene Fahrradl in Peking war und man sich auch nach Wochen der Funkstille so vertraut war, als ob man sich erst gestern noch zum Abschied gedrückt hätte.

Als ich die Kerzen ins Fenster stelle, mischt sich Wut in meine Trauer. Ich plärre ganz unbesinnlich das Schicksal an: »Warum? Ha? Warum? Es ist einfach nicht gerecht!« Doch das Schicksal, das depperte, findet, dass Gerechtigkeit in seinem Koordinatensystem keine diskussionswürdige Kategorie ist.

»Du basic Bitch!«

»Brrrr, Mutter, bitte zieh die aus.«

»Warum bitte? Okay, Ugg Boots liegen stilistisch irgendwo zwischen Astronaut und Orthopädie, aber ich gehe ja nur einkaufen.«

Der Fortpflanz kennt kein Erbarmen: »Geht nicht, geht gar nicht.«

»Komm jetzt bitte nicht mit der Du-bist-so-pseudojugendlich-Nummer. Die ist fad.«

»Du verkennst den Ernst der Lage. Das ist alles viel zu basic-bitch-Zeug.«

»Was ist bitte eine basic bitch?«

»Basic Bitches sind Mädels, die T-Shirts mit ›Still vacant‹ oder affige Tory-Burch-Ballerinas tragen, mit der kalten Jahreszeit in Teelichter-Hysterie geraten, auf Facebook mit ihren Freundinnen, die alle die idente Frisur haben, We-ies beim Cocktailschlürfen posten, einen mit Hashtag-Banalitäten wie ›#lovemylife‹ oder ›#bestfriendsintheworld‹ nerven, Kennenlerntage mit ihren Boyfriends in Wellness-Oasen feiern und generell erschreckend wenig Individualität besitzen.«

»Ich möchte dich nicht kränken, aber segeln nicht 80 Prozent deiner Freundinnen auf so einem Ticket?«

»Ich habe jetzt einen Freund gefunden, der den Himalaya mit dem Klapprad bereiste, und eine kennengelernt, die glaubt, dass die Menschheit nur ein Versuchsexperiment von Aliens ist, das demnächst eingestellt wird.«

»Na, bravo, das ist ja schon ein Anfang, um sich von der Träume-nicht-dein-Leben-sondern-lebe-deinen-Traum-Meute abzugrenzen.«

»Hä?«

»Das sind so die Sätze, die die basic bitches in meiner Altersgruppe absondern.«

»Ach, solche Sex-and-the-City-Retro-Tanten ...«

»Am Ende des Tages bist auch du nicht annähernd so einzigartig, wie du dir erhoffen würdest.«

»Das wirst du nicht entscheiden, wie unique ich bin.«

»Jegliche Form von Anstrengung, außergewöhnlich zu sein, macht einen schon wieder verdammt gewöhnlich.«

»Du nervst! Hör mit deinem bad-bitching auf!«

Möglicherweise war das sogar ein Kompliment.

Die Geldneurotikerin

Ich habe eine Freundin, die von pathologischem Geiz getrieben ist. Sie packt zig Zuckersackerl beim Kaffeetrinken ein, sie rast von einem Rabattangebot im Supermarkt zum nächsten, sammelt manisch Probetuben an den Kosmetikschaltern im Kaufhaus und bringt bei Einladungen maximal eine Schachtel »Mon Chéri« mit, die in der Ära Kreisky in Produktion gegangen sein müssen. Im Restaurant liest sie die Speisekarte ausschließlich von rechts, rechnet einem dann alles noch in Schilling um, damit die Dreistigkeit des Preisniveaus so richtig plastisch wird, und nippt Stunden an einem Glas, diese Spaßbremse. Als sie einmal bei einer Gratis-Weinverkostung abgefüllt war, gestand sie mir, dass sie so viel geerbt habe, dass ihr Job eigentlich nur mehr unter Beschäftigungstherapie fiele. Immer wenn ich die Geldneurotikerin getroffen hatte, bekam ich Lust darauf, die Volkswirtschaft zu beatmen und wollte es so richtig krachen lassen. Ich kaufte mir burgunderfarbene Ferragamo-Lackpumps, die vom Bequemlichkeitsfaktor ausschließlich für Stehpartys geeignet waren, Pommery zur Bratwurst und andere Überflüssigkeiten. Insofern ging diese Freundschaft indirekt so richtig ins Geld, und irgendwann beendete ich sie dann auch. Zu langweilig. Menschen, die nicht in der Lage sind, mit dem Leben zu schmusen, sind mir einfach zu grau. Und das hat nichts mit Geld zu tun, sondern mit Stil. Ich kenne Krisenopfer, die sind finanziell so zerzaust wie Courtney Loves Frisur, aber besitzen Grandezza. Und würden knallhart mit einem Lampenschirm auf dem Kopf in Ascot überzeugen.
Prinzipiell muss man auch an dieser Stelle den Lieblingsschriftsteller F. Scott Fitzgerald bemühen, der reichlich abgerockt am Ende seines Lebens seufzte: »Gewiss, der Pokal ist zerbrochen, aber er war wenigstens aus Gold.«

So schön analog!

Als ich neulich im Burgtheater saß, dachte ich: Wie anachronistisch!
Herrlich! Erwachsene Menschen stellen sich auf Bretter und simulieren
erfundenes Leben. Vor einer überschaubaren Schar Leutchen. Ohne
Weltvertriebsrechte und Merchandising-Stände. Der Staat und die Gesellschaft haben sich darauf geeinigt, sich diesen analogen Luxus zu leisten.
Vor ein paar tausend Jahren hat sich irgendeine Xenia genauso wie heute
extra schnittige Sandalen angeschnallt und nachmittags die Locken
mit getrockneten Schweineschwänzchen hochgebrezelt, um sich abends
in der Arena den letzten Schwank von Aristophanes reinzuziehen.
»Wir müssen sehr glücklich sein«, sagte ein Freund, mit dem ich über
die Wiesen stampfte, »dass wir die Welt noch ganz analog erlebt haben.«
Der Mann ist fast ein Jahrzehnt jünger als ich und alles andere als
ein engstirniger Kulturpessimist. Er hat bestürzend Recht. Den Rest des
Nachmittags verbrachten wir damit, die herrlichen Seiten des analogen
Lebens zu preisen. Wie zum Beispiel: Wenige Freunde zu haben, die man
aber besser, als je befürchtet, kennt. In von wilden Emotionen gelenkter
Handschrift Briefe zu verfassen. Jemand zu entdecken, anstelle ihn platt
zu googeln. Echte Vollzeitaufmerksamkeits-Gespräche ohne Neben-
kommunikationsbaustellen zu füllen. Nicht in ständiger Versäumnispanik
leben, dass einem vielleicht was Wichtiges wie das Angebot einer Penis-
verlängerung entgangen ist oder dass man wieder einmal Zillionen von
einem toten Nigerianer ohne Erben auf seinem Konto zwischengeparkt
hätte kriegen können. Überhaupt: Nicht ständig seine Zeit auf einem Smartphone in den Orkus wischen.
Ich beschloss, mein Leben wieder verstärkt auf die Old-School-Spur zu
bringen. Erster Schritt: Bestellen von Büttenpapier mit Jane-Austen-
würdigem Briefkopf. Online natürlich. Ich bin ja nicht blöd und sattle
dafür einen Gaul, um in die Innenstadt zu stechen.

Nachhaltig freudlos

Wann genau ist Essen zu so einer Art Kampfsport ausgeartet?
Neulich im Supermarkt. Ein Pärchen, jung, verstrubbelt und mit tief
ins Gesicht gezogenen Wollmützchen getarnt, steht vor dem Kühlregal.
Er: »Bist du wahnsinnig! Das ist Käse aus Kuhmilch. Welchen Teil
von Ich-habe-eine-Lactose-Intoleranz verstehst du eigentlich genau
nicht?«
Sie: »Immer denkst du nur an dich. Soll ich dir einmal vorrechnen,
wie viele Foodmiles diese Ananas schon hinter sich gebracht hat?
Umweltschmutzfink…«
Jetzt gerät das männliche Wollmützchen in Rage und fischt ein Tässchen
mit blassen Paradeisern aus dem Korb: »Hässliche Glashausprodukte
im widernatürlichen Treibgasambiente von manchesterliberalen Groß-
grünkapitalisten hochgezogen. Bravo, gratuliere!«
Ich musste an einen Cartoon im »New Yorker« denken, in dem Hänsel
und Gretel vor dem Lebkuchenhäuschen verharren und sie ihm die Frage
stellt: »Hänsel, do you think this is glutenfree?« Und stellte mir beim
Protestverzehr einer Packung Gummibärchen, deren Zutatenverzeichnis
wie eine Rezeptur für die Herstellung von chemischen Waffen anmutete,
die Frage, wann gesund leben eigentlich zu so einer Art Kampfsport
ausgeartet ist. Okay, natürlich isst man gerne Hühnchen, die Eltern, Freunde
und auch schon einmal die Sonne angeblinzelt hatten, aber diese militante
Verbohrtheit macht doch erst wirklich nachhaltig freudlos.
»Ich lasse inzwischen jeden meiner Gäste im Vorfeld per Mail einen
Unverträglichkeitsfragebogen ausfüllen!«, seufzte meine Freundin F,
vormals eine quietschfidele Dinnerpartywerfin, »aber in Wahrheit
könnt' ich sie alle erschlagen, diese Low-carb-Hysteriker, Blattsalat-
einspeichler und Aquakulturparanoiker. Spaßbremsen, allesamt,
hedonismusbefreite!«
Eines ist sicher: In der Liebe, beim Essen und in der Kunst ist Verbissenheit
immer ungesund.

Beklemmende Tauschgeschäfte

Der junge Mann erhob sich plötzlich von der Bank in der U-Bahn, die Richtung Times Square ratterte. »Hello«, sagte er, »mein Name ist Andy. Es tut mir sehr leid, dass ich Sie belästigen muss. Sie hatten sicher alle einen schweren Tag, aber glauben Sie mir bitte, ich hatte in letzter Zeit einfach zu viele schwere Tage am Stück ...«

Die meisten im Waggon gaben jetzt vor, an ihren Smart-Nabelschnüren dringend herumwischen zu müssen.

»Ich habe in den letzten zwei Wochen jede Nacht an einem anderen Ort verbracht, und es war jedes Mal kein Sterne-Etablissement, sondern ein Zug, ein Obdachlosen-Shelter oder ein Hauseingang ...«

Andy hatte nichts von einem Sandler, er sah eigentlich erschreckend adrett aus. Der Fortpflanz und ich zückten ein paar grüne Scheine, denn verarmen mussten wir in New York ohnehin schon, also konnten wir es auch mit Anstand tun. Neben mir saß eine schon recht verdörrte Lady, die den Kampf gegen die Vergänglichkeit mit lautem Make-up und sehr falschen Wimpern sehr vergeblich zu schlagen versuchte. Sie klopfte mit ihren korallenrot lackierten Rheumafingern auf den leeren Platz neben sich: »Setzen Sie sich, Andy, right?«

Der junge Mann gehorchte.

Sie sagte, sich die Lippen dabei leckend: »Ich lebe allein, seit der alte Löwenzahn, Gott hab ihn selig ... Und ich bin einsam. Ich habe, was du brauchst, und du hast ...«

Andy war von dem Angebot, das er eigentlich nicht abschlagen konnte, nun doch etwas irritiert.

»Aber, M'm, nun ja ...«

»Nein, nein«, kicherte sie jetzt, »ich brauche keinen Gigolo, ich brauche nur Nähe. Nähe ist der Sex der Greisinnen ...«

»Und wie sieht Nähe aus?«

»Darüber sollten wir bei einer Matzo-Ball-Suppe reden ...«

Manchmal konnte sie dann doch noch ein bisschen zwinkern, diese Stadt, die ansonsten so brutal geworden war.

»Chill dein Leben, du Opfer!«

Von den vielen Fragen, die mir das Universum bislang nicht beantworten
konnte, brennt mir eine besonders im Zentralnervensystem: Warum in
aller Welt müssen Halbwüchsige ständig chillen? Ich meine, die sind doch
freiberuflich, also frei von Beruf, auf der Höhe ihrer Kräfte, in der Regel
verschont von jeglichen Existenzkämpfen und so groß auch wieder nicht,
dass man Wachstumsschübe für diese Begeisterung, dauerflachgelegt
der Dinge zu harren, als Ausrede gelten lassen könnte. Möglicherweise sind
sie allein durch ihre konsequente Entscheidungsschwäche so ur-ur-
erschöpft, dass man ihnen dringend halbe Zahnstocher unter die Lider
klemmen sollte, damit sie die Augen überhaupt offenhalten können.
Wenn es einen Satz gibt, der mich auf allerhöchste Palmenstufe bringt,
wenn ich vom Fortpflanz schwerwiegende Entscheidungen wie »Isst
du heute zu Hause?« oder »Bunt- oder Schwarzwäsche in die Maschine?«
verlange, dann ist es »Ich weiß nicht«, knapp gefolgt von »Muss ich mich
jetzt stante pede entscheiden?« oder »Nicht jetzt, später.«
Sie wissen wirklich alles nicht, diese 22-Somethings – nicht, was sie
wählen, studieren werden, ob sie ausziehen, wem sie in die Fresse hauen
oder welche Eissorte sie in ihr Stanitzel wollen. Und irgendwann werden
diese Fratzen durchgechillt bis zum Anschlag auf einer Parkbank mit
prächtigem Blick auf den Friedhof ihrer versäumten Möglichkeiten sitzen
und ihrer Melancholie mit der Erkenntnis »Wir hätten früher aufhören
sollen, später zu sagen« einen Kickstart verleihen.
Der Fortpflanz knallte mir unlängst den Link der grandiosen Band
AnnenMayKantereit (alle um die 20) und ihrer Versäumnisballade
»21, 22, 23« auf den iKnochen. Ich konnte den Text sehr bald sehr
auswendig, besonders die Refrain-Zeilen: »Und du hältst deine Träume
absichtlich klein. Um am Ende nicht enttäuscht zu sein.«
Das Kind hassliebte mich dafür.

Mein Bullerbü

Das Elektroboot tomatenrot und wie aus einem Peter-Alexander-Film gepurzelt, der See tiefgrün, hinten glitzerte der schneebedeckte Dachstein. Nach langer Zeit war ich wieder einmal nach Altaussee gekommen. 15 Jahre lang hatte ich hier die Sommer verbracht, und jeder Fleck rund um den See erzählte mir eine Geschichte. Dort, beim Lechstein hatte ich gewettet, dass ich schwanger war, wenn sich dieser umherflatternde Schmetterling auf mich setzte. Was er auch schnurstracks tat. Denn der Fortpflanz hatte sich bereits auf den Weg gemacht. Da drüben, beim alten Schiffsanlageplatz, war ich bei hohen Wogen in Seenot geraten und musste vom kopfschüttelnden Pauli, dem Seewiesen-Bären, abgeschleppt werden. Genau gegenüber hatte ich eine Schiffsschraube schrottreif gefahren. Als ich in die »Seewiese« purzelte, stand die Eva wie all die Jahre in der Küche und sagte: »Guart, dass'd da bist, heute gibt's nämlich g'füllte Paprika.« Die hatte sie mir immer zur Seite gelegt.

Die ganzen drei Tage waren ein einziges Nach-Hause-Kommen. Selbst der ansonsten so strenge Herr Kalss, der Bootsvermieter, dem ich nicht immer nur Freude bereitet hatte, zeigte sich gerührt: »Wo warst denn bitte die ganze Zeit?«

»Net da«, antwortete man bekümmert.

Da schüttelte er nur den Kopf, denn der Altausseer kann sich einfach nicht vorstellen, dass jemand an einem anderen Ort auf dieser Welt freiwillig seine Zeit vergeudet.

Die Erinnerungen an die Sommer in Novemberkälte, das nervende Wiener Bürgertum, das aufgebrezelt wie Almabtriebs-Kühe den Ort überschwemmte – all das wie weggeblasen. Ich war diesem Dorf nur so dankbar, dass es sich dem Fortpflanz und mir eine ganze Kindheit lang als Spielwiese ohne Verbotstafeln zur Verfügung gestellt hatte.

»Jeder Mensch findet irgendwann sein Bullerbü«, hat Astrid Lindgren einmal geschrieben. Diesen Posten auf der Erledigungsliste kann ich abhaken.

Koma-Freundschaften

Da wir beide zu zügellosem Hedonismus neigen, diesmal ein affiger grüner Tee um fünf in einer Bobo-Hütte. Es stand ja gerade Regeneration auf dem Kalender. Als die Servier-Elfe einen Roman zu dessen Ernteverfahren runterbeten wollte, unterbrach mein Freund K: »Ich will nicht wissen, ob die Plantagenarbeiter fair entlohnt wurden, bringen Sie einfach den Tee.«

»Was ist los mit dir?«

»Ich muss heute einen Freund treffen. Das ist mir bereits jetzt so fad, dass ich abartig grantig bin.«

»Warum triffst du ihn dann?«

»Wir kennen uns schon so lange ...«

»Sehr öder Grund ...«

»Es gibt Freunde, die schleppt man einfach durchs Leben ...«

»Verbindet euch irgendwas?«

»Null! Er zeigt mir ununterbrochen Fotos von seinem Pferd und seiner diesem Tier nicht unähnlichen Frau.«

»Du bist grausam.«

»Nein, Realist.«

»Sag ab.«

»Ich hab dieses Treffen schon drei Mal verschoben.«

»Da Zeit unser größtes Kapital ist, sag ihm die Wahrheit.«

»Wie jetzt? Alter, du bist so beigegrau, dass ich es berauschender fände, meine Steuer vorzubereiten, als hier deinen Pferde-Anekdoten zu lauschen?«

»Nicht so drastisch. Sag einfach, was du bei einem Beziehungsfinale so von dir gibst ...«

»›Es war eine irrsinnig tolle Zeit, du bist ein ganz wichtiger Mensch ... ich war gerade nicht so gut drauf und niemandem zumutbar ... aber du hast immer einen Platz in meinem Herzen.‹ Diese Nummer?«

»In der Art. Allerdings ohne den Klassiker: ›Lass uns Freunde bleiben‹.«

»Das wäre ja in diesem Fall echt kontraproduktiv.« Nach einem Biss in was Glutenfreies sagte er: »Theoretisch ein teuflisch guter Plan, aber praktisch mir nicht zumutbar. Verlogenheit ist einfach ein so verdammt brauchbares soziales Gleitmittel.«

»Aber auch ein solcher Zeitfresser.«

Fashion-Detox

Die mit mir befreundete Ausdruckskünstlerin startet einen Selbstversuch:
Sie will ein Jahr ohne den Erwerb von Stoffteilen und Hufen über
die Runden kommen. Nicht einmal eine erbärmliche Socke darf über den
Ladentisch zu ihr wandern. Fashion-Detox sozusagen. Arme, geschändete
Volkswirtschaft!

Ich denke, ich werde auch ohne diesen wertvollen Erfahrungsschatz zu
heben einfach ganz normal pleite sein. Wie auch viele meiner Freunde.
Reiche Leute sind meistens ohnehin langweilig, weil kein Leidensdruck
denkträge macht.

Der wahre Luxus ist es sowieso, in diesem Land selbstständig erwerbstätig
zu sein. Aber wir brennen ja für einen guten Zweck: die SVA, die so viel
mehr verdient, als sie zu geben bereit ist, die Steuerbehörde, die sich ja
wirklich nicht nur um die auf Volumen und Fülle geföhnten Liechtenstein-
Pendler unseres lieben Österreichs kümmern kann.

Wie beruhigend auch, dass es trotz allem Krisengekränkel vielen Menschen
in unserem schönen Land so richtig gut geht. Mit den ersten Sonnenstrahlen behübschen sie auch schon die Marktplätze und Parkanlagen – die
(von den winterlichen Teneriffa-Aufenthalten) maximal pigmentierten,
prächtig gelaunten Frühinvaliden und »hacklergeregelten« Pensionisten,
die sich über uns im Hamsterrad des Kapitalismus rotierenden Zombies
einen Ast lachen.

Egal. Es gibt Trost in Form von so vielen schönen Dingen, die man sich
für Geld nicht kaufen kann: innere Zufriedenheit, eine gute Verdauung, ein
schlechtes Gedächtnis, Adrenalinkitzel durch Schwarzfahren. Meine
Freundin K lebt gerade in einem seelischen Hollywood mit einem Millionär.
Auch das bringt Probleme: Der Mann findet Bargeld schrecklich unelegant
und hat deswegen nie welches dabei. Er lebt auch in ständiger Paranoia, dass
er nur wegen seines Vermögens geliebt wird.

Geschenkt!

Der Herbst der kreuzfidelen Patriarchin

Der Fortpflanz wurde jüngst 22. In dem Alter hatte Rockefeller schon seine erste Million verdient, Thomas Mann steckte mitten in den »Buddenbrooks« und die Beatles in ihrem ersten Burn-out. Und wir streiten uns noch immer auf Strindberg-Niveau darum, wer Joseph Beuys die Honneurs macht und die feuchte Wäsche aufhängt. Den Scherz würde das Kind aber leider nicht verstehen, denn Herr Beuys fiele bei ihr sofort in die Kategorie »Voll-sinnlos-und-Irgendwas.

Ihr Hey-Welt-hier-bin-ich-Jubiläum fällt auch in jene Jahreszeit, in der man sich als fortgepflanzter Achtel-Promi anlässlich des drohenden Weltmuttertags in diversen Medien über seine Muttergefühle äußern soll. Da fallen immer wieder Worte wie die »höchste Erfüllung«, »Geburt als der wichtigste Tag in Ihrem Leben«, »Krönung eines Frauendaseins«. Liebe Medien-Mademoiselles, tut leid, bei mir war alles viel weniger Laura Ashley, sondern mehr Simpsons. Bereits in den Wehen stand ich, weil Sitzen war nicht mehr möglich, am Tisch und verfasste eine cunnilinguistische Abhandlung für ein schlüpfriges Männermagazin, in dem ich unter einem meiner zahlreichen Pseudonyme ordinierte und dreckige Geschichten schrieb.

Es war ein ziemlicher Woody-Allen-trifft-Bridget-Jones-Moment, mit dem alles begann, und eigentlich hat er bis heute angedauert. Und, nein, ich werde mich nicht entleiben, wenn das Kind irgendwann seinen Ranzen packt (vielleicht schon mit 27?) und ich ihr Audienzzimmer zu einer Bastelstube/Bibliothek oder einem Aufenthaltsraum für gut aussehende Freiheitskämpfer exotischer Herkunft ummodele. Und dann freue ich mich darauf, dass sie Gremlins in die Welt setzen wird, die einem (nämlich mir) so viel zurückgeben und die man abends auch wieder, dieser Punkt ist sehr wesentlich, zurückgeben kann.

Diese Gremlins dürfen mich natürlich dann nie »Oma« nennen, sonst spielt's Ramona und keine Apfeltaschen. Und der Arbeitstitel dieses Lebensabschnitts heißt bereits jetzt: »Der Herbst der kreuzfidelen Patriarchin.«

Rimini-Protokolle

Kafkaeske Erlebnisse in der Plastikkarten-Welt. »Ihre Karte wurde abgelehnt.« Der strenge Blick der Kassadame signalisierte: »Bitte ersparen Sie mir diese nervtötende Das-muss-ein-Irrtum-sein-Kiste.«

Ich piepse in der Schlange nur: »Ei der Daus!« Danach rufe ich die Kreditkarten-Mischpoche an. Nach tausend Umdrehungen in der Warteschleife (»Wenn Sie Fragen zu…, drücken Sie die Taste 1, 2 oder 3, haben Sie Fragen zu…«) erklärt mir eine Stimme, dass mein Einkauf in einem Computershop in Rimini in der Höhe von 2800 Euro den Rahmen gesprengt hat. »Rimini« brülle ich, »kenne ich nur aus Fellini-Filmen. Das letzte Mal war ich im Alter von acht Jahren in Grado und das ist nur in der Nähe von Rimini…«

»Nun gut«, antwortet Frau Plastikkarte, »Sie haben also keinen Computer in Rimini gekauft. Haben Sie andere elektronische Geräte in Rimini erworben?«

»Welcher Teil von Ich-war-noch-nie-in-Rimini ist eigentlich so schwer zu verstehen. Hier handelt es sich eindeutig um Netzganoven.«

»Das wird noch zu überprüfen sein«, spult die Stimme jetzt ihre NLP-geschulte Rhetoriknummer ab, »aber ich verstehe Ihren Ärger.«

»Ärger?« japse ich, »es ist ein Skandal, dass irgendwelche Cyber-Schlawiner Tausende Euro von meiner Karte beheben können…«

»Natürlich ist das für Sie und mich ein hoher Betrag, aber für manche Menschen…«

»Sie wollen mir jetzt erklären, dass Sie ansonsten nur mit Oligarchenbräuten verkehren, die 2800 Euro keine gehobene Augenbraue kostet?«

»Das wird zu überprüfen sein«, schnarrte die NLP-Streberin. »Sie waren also wirklich noch nie in Rimini?«

Ein kafkaeskes Erlebnis. Irgendwann nach drei, vier Stunden würde ich mit Sicherheit kapitulieren und winseln: »Okay, ich war in Rimini, aber ich werde es nie wieder tun. Es tut mir so unendlich leid.«

Und um das zu verhindern, legte ich jetzt einfach auf.

Das Teufelsgerät

Der große Zeiger deutete schon sehr in Richtung Morgen, als man aus der
Schenke des Vertrauens, dem Anzengruber, nach Hause stöckelte. Der
Abend war unter die Rubrik »Unfug der Güteklasse eins« gefallen, denn
man hatte mit zwei verhaltensoriginellen Buben über Stunden nahezu
durchgelacht. Doch dann daheim die totale Schockstarre!
Bei einem letzten Blick auf das Handy bemerkte ich florierende SMS-Ein-
gänge zu dieser absurden Zeit. Und zwar von honorigen Persönlichkeiten
aus Kultur, Wirtschaft und dem Showgeschäft. Ein kirchlicher Würdenträger
ließ mich um 3.45 Uhr wissen, dass auch er fände, dass der Teufel einen
verdammt langen Schwanz habe.
Wie ich herausfand: Ein Handy-Kidnapper hatte ihm zuvor die entsprechende
Frage gestellt. Mein Chef fragte mich, wo das Gerüst stünde, von dem
ich offensichtlich gefallen sei. Und ein Burgmime gratulierte mir dazu, dass
ich meine Sexualität neu entdeckt habe, ihm das aber eigentlich und vor
allem um die Uhrzeit mehr als wurscht ist.
Während ich versuchte, der Königin des Anzengruber das Geheimnis ihres
Gulaschs zu entlocken, hatten die fiesen Jungs mein iPhone geknackt.
Und Botschaften verschickt, die mir noch immer die Schamesröte ins Gesicht
peitschen. Die Sache mit dem Teufelsgerät fiel da noch unter ziemlich
harmlos.
Jetzt blieb nur noch die Flucht ins Exil oder der Sturz in die Erdspalte. Den
Vormittag verbrachte ich mit einer telefonischen Entschuldigungs-Tournee,
das Kind fächerte mir dabei frische Luft zu und seufzte nur: »Tastensperre,
hallo! Und Mama: Reloade dein soziales Umfeld! Ich war ja auch einmal
jung, aber so jung war ich nicht einmal mehr mit 14!«

Theaterdonner

Die Platanen des Vöslauer Bads haben schon viel gesehen. Doch die Tonprobe, die der große Theatermacher vor seinem Auftritt bei unserem Festival hingelegt hatte, brachte ihre Äste dann doch zum Zittern.

»Nee, nee ... könnte man die Bühne vielleicht doch 30 Zentimeter nach links setzen?«

»Schwierig. Sie ist fix im Wasser verankert.«

»Der Teppich da drauf muss in jedem Fall weg. Böck, machen Sie doch bitte das alles hier weg. Ich sagte: alles!«

Die buddhistische Kampfmaschine von Assistent fetzt den Teppichbelag los. Im Wasser stehen Menschen, die das Spektakel »Claus Peymann bereitet sich auf seinen Auftritt vor« mit ihren Handys mitfilmen. Man möchte kurz etwas einwerfen.

»Jetzt mal ruhig hier. Ich muss schließlich ein Gefühl für den Raum kriegen. Wie sieht es mit dem Licht aus?«

»Die Sonne geht erst um 20.58 Uhr unter.«

»Aha. Dagegen kann man wohl leider nichts machen. Na ja. Vielleicht werde ich nachher noch etwas über Bernhard erzählen.«

»Großartig. Bitte erzählen Sie doch die Geschichte, als Sie bei Bernhard in Ohlsdorf auf der Luftmatratze am Gang schlafen mussten.«

»Also, wenn Sie mir jetzt ansagen, welche Geschichten ich zu erzählen habe, werde ich genau diese Geschichten nicht erzählen. Ich bin nämlich aufsässig.«

»Okay, dann erzählen Sie die fade Luftmatratzen-Geschichte nicht.«

»Dann erzähle ich sie vielleicht doch, weil ich Mitleid mit Ihnen habe.«

»Okay, Sie sind nervös.«

»Ich bin nicht nervös! Nur angestrengt!«

Mir ging die Munition aus.

Und dann sagte der große Theatermacher: »Sie müssen eines wissen: Wir beim Theater, wir sind nicht nett. Nett sind vielleicht die von der Bank oder der Versicherungsanstalt, aber wir, wir nicht.«

Aber wie die vom Theater nicht nett sind, zahlt sich am Ende des Tages dann aus.

In der Flusenfilter-Hölle

Die Waschmaschine gibt Geräusche von sich, die wenig Anlass zu Optimismus bieten. Die Tür ist zappendicht. Ich winke meiner Wäsche wehmütig zu.

Vor meinem inneren Auge spielt sich ein Horrorfilm ab: 20 Minuten in der Warteschleife des Kundendienstes. Musikalische Untermalung: Celine Dion. Nach dem lustigen Spiel »Wenn Sie ein Wartungsproblem haben, drücken Sie die Taste 4 ... Ihre Eingabe wurde nicht erkannt« fliege ich aus der Leitung. Nach dem zweiten Durchgang (diesmal nach nur 15 Minuten) wird einem ein Monteur in zehn Tagen in Aussicht gestellt, in einem Zeitfenster von 8 bis 13 Uhr. Dieser Monteur ist mürrisch. Er macht zwei Zwergenhandgriffe und zerrt aus dem Flusenfilter (das Wort gibt es wirklich) mit Todesverachtung ein 20-Cent-Stück. Das Zehn-Minuten-Spektakel kostet 220 Euro, denn es sind irrwitzige Anreisekosten angefallen.

Ich entschließe mich zu einem Zweikampf mit dem Flusenfilter, dem Saug-deckelpumpverschluss, dem Abflussschlauch. Das klingt für Sie jetzt nicht besonders mutig, aber Sie haben es hier mit einer Frau zu tun, die früher der Wechsel eines Schreibmaschinen-Farbbands in eine prä-traumatische Verbitterungsstörung warf. Es kommt zu einer klitzekleinen Überschwemmung, aber am Ende ziehe ich ein 50-Cent-Stück aus dem Flusenfilter. Die Tür öffnet sich geschmeidig. Ich werde von einem Glücks-tsunami überwältigt. Ein kleiner Schritt für die Menschheit, eine Mount-Everest-Besteigung für mich!

Das Kind kommt nach Hause. Es sieht seine Mutter verzückt vor einer wohlig surrenden Waschmaschine sitzen, die ihrer Wäsche mit einem Glas Champagner zuprostet. »Geht's noch, Mama?« fragt es, »oder soll ich einen psychosozialen Kundendienst kontaktieren?«

Ich antworte: »Ich bitte um Ruhe, denn ich feiere gerade meine Autonomie!«

Fuck Happiness

Von den 387 000 Neuerscheinungen des Buchherbstes ist ein Titel mein Oberliebling und zwar Otto Schenks »Warum mir so fad ist«. Letztes Jahr lieferten sich »Frauen verstehen in sechzig Minuten« und »Die Leber wächst mit ihren Aufgaben« ein knallhartes Kopf-an-Kopf-Rennen; in der Rubrik »Crazy Book Titles« balgten sich »The Big Book of Lesbian Horse Stories« und »Oral Sadism and the Vegetarian Personality« um das englischsprachige Siegerpodest.

Die so fantastisch unaufgeregte Feststellung »Warum mir so fad ist« hat noch dazu das Zeug, zum Fundament einer neuen philosophischen Richtung zu wachsen, als deren erste Cheerleaderin ich mich schon jetzt bewerben möchte: Lakonischer Nihilismus. Potenzielle Mitglieder müssen allerdings eine gewisse Grundgrantigkeit als Eintritts-Obolus mitbringen. Wienern wird das leichter fallen.

Als Schutzheilige dieser jungen, aber umso notwendigeren Bewegung schlage ich die Hollywoodlegende Katharine Hepburn vor, die den Wunsch geäußert hatte, auf ihren Grabstein ein schlichtes »Go away« meißeln zu lassen. Andere illustre »menschenunfreundliche Mitbürger«, so die politisch-korrekte Bezeichnung für Misanthropen, wären der Philosoph Arthur Schopenhauer, der die menschliche Existenz generell als »eine Art Fehler« betrachtete, oder Sigmund Freud, der in »Das Unbehagen in der Kultur« anmerkte, dass des Menschen Glück »im Plan der Schöpfung nicht enthalten ist«.

In diesem Zusammenhang darf ich auch den Silbermedaillen-Gewinner für den Titelliebling der heurigen Lesesaison zur Vorstellung bringen: Es ist »Fuck Happiness!« von der jungen Anti-Positiv-Denkerin Sonia Laszlo. Denn eines ist sicher: Solange man vom Schlimmsten ausgeht, wird man auch nicht mehr so furchtbar enttäuscht werden. Und wenn einem dabei auch noch ordentlich fad ist, chillt man sein Leben obendrein.

Wie-man-leben-soll-Gouvernanten

Ich entwickle zunehmend eine Bobo-Intoleranz. Früher fand ich diese
»Bohemian Bourgeoisen« mit ihrem Nachhaltigkeitsgestreber, den Nerd-
Brillen und ihren lustigen Recycle-Taschen als eine drollige Bereicherung
des Typenzoos. Sie kamen einem soziologischen Händedruck aus Hippies
und Struktur-Junkies, auch Spießer genannt, gleich und waren nach
den konsumvertrottelten Leistungsneurotikern, früher Yuppies, irgendwie
erfrischend. Meine Unverträglichkeit hat vor allem damit zu tun, dass
dieser Menschenschlag es zur Weltmeisterschaft im Dauerklugscheißen
gebracht hat. Ständig erklären einem diese Mangalitza-Futterer, wie
man zu essen, denken, Kinder zu erziehen und wen man zu defrienden und
liken hat. Welche Singer/Songwriter mit (oft) Frisuren, die noch trauriger
als die dazugehörigen Lieder sind, man sich reinpfeifen muss. Warum man
unter allen Umständen den Glutenfreiheitskampf zu führen hat. Wieso
Stricken plötzlich so geil ist wie früher Tischtänze an satt Kokain. Warum
Kinder, die mit Vornamen wie Gretchen und Rufus geschlagen sind,
ein Nein traumatisieren könnte und man seine Entscheidungen mit ihnen
beim Fingerfarbenweitwerfen spielerisch diskutieren sollte.
Diese selbstgerechte Geschmacksdiktatur geht mir dermaßen auf den Keks,
dass mein neuestes Hobby Bobos-auf-die-Palme-bringen heißt. Das
geht ganz einfach: Gehen Sie in so eine Sojamilch-Boutique oder Karotten-
suppe-an-Ingwer-Ausspeisung und erklären Sie Ihrem Gegenüber laut,
dass Bonnie Tylers »Total Eclipse of the Heart« Sie noch jedes Mal zum
Weinen bringt, Ihr Traumauto ein Golf GTI ist, Jazzbrunches wieder
voll grooven und Menschen, die die Mülltrennung ernst nehmen, die neuen
Beckenrandschwimmer sind. Das finden die nachhaltig nicht komisch.
Und ich find das super.

Salut, innere Franzosen!

Französische Emailtöpfe sind meine neuen Schuhe. Ich gebe horrendes Geld für diese Dinger aus. Ich bilde mir ein, dass ich dann so französisch wirke wie diese für Tötungsdelikte sicherlich bestens geeigneten Teile. Dieses Faible hat seine Wurzel in einer Konsumüberdosis an französischen Tragikomödien – seit immer schon: Dort thronen solche Töpfe, gefüllt mit geschmorten Kaninchen oder Thymian-Zitronen-Kapaunen, häufig auf Freilufttafeln in der Bretagne oder der Provence, um die sich eine hochneurotische, reichlich promiske und durch und durch hedonistisch versaute Mischpoche zu fünfstündigen Fressgelagen an Schreiduellen und reichlich Alkohol rottet. Unter dem Tischtuch macht sich dann noch ein wunderschöner, aber extrem introvertierter Cousin an den Strumpf-bändern der Verweigerungs-Zickerei simulierenden Hausfrau zu schaffen, während Papa sich noch ein drittes Mal von der Erdbeer-Pavlova nimmt, um dann sturzbetrunken auf den Tisch zu kippen.

So habe ich mir echtes, pralles und erstrebenswertes Leben immer vor-gestellt. Und tue es bis heute. Deswegen koche ich so gerne für viele, viele Menschen. Das artet dann natürlich in furchtbarem Chaos aus, weil ich zwar ambitioniert, aber nicht organisiert bin. Die Gäste kommen, und ich habe noch die Heizwickler in den Haaren, muss Kräuterbouquets zur Aromatisierung des Bratens flechten und das Mürbteig-Desaster minimieren. Ich frage mich, wie diese Facebook-Streberinnen, die ihre perfekt gedeckten Tische und adretten Gerichte vor der Invasion der Besucher auch noch in aller Ruhe posten, ihr Zeitmanagement gebacken kriegen.

Andererseits – gab es je charmantere und französischere Momente in meinem Leben, als in der Küche unter Begleitung von Kochachterln im Kollektiv zu hacken, schmoren und sich über Gewürzkombinationen in die Haare zu kriegen? Denn Pünktlichen gehört nämlich vielleicht die Welt, aber sicherlich nicht das Vergnügen.

Santé! Und herzen Sie mir Ihren inneren Franzosen!

Im Koch-Leo

»Ich koche heute!«, simste ich in das iPhone-Nirwana. »Wer kommt, ist da.« Zögerlich kamen die Rückmeldungen der »CVON« (Clique Verhaltens-origineller Neurotiker). »Geht's dir nicht gut?«, »Gibt es einen Anlass?« oder »Brauchst du Hilfe?«

Nein, es ging mir nicht gut. In meinem Herzen war ein großes, schwarzes Trauerloch. Der Anlass war mit einer Textzeile aus einem Wir-sind-Helden-Lied schnell erklärt: »Guten Tag, ich will mein Leben zurück.« Und ja, ich brauchte Hilfe in Form von ein paar Verrückten, die sich um dampfende Teller zusammenrotteten, soffen, Regression im Dienste des Ichs betrieben, also an der Schmerzgrenze kindisch waren und auf den Damast kleckerten. Ich sollte sie auch bekommen, tutti completti.

Davor düste ich mit Blaulicht auf den Markt und ließ mir kleinkindgroße Fische, Kräuterbüsche, Würste, Muschelnetze und Nusskuchen einpacken. Den ganzen Tag hackte, brutzelte und schmorte ich. Es war eine Art hedonistische Meditation, ein Mega-Aspirin in Festmahl-Form. Am Abend war ich noch immer kein glücklicher Mensch, aber das schwarze Loch war kleiner geworden.

»Mutterin, du kannst ruhig öfter traurig sein«, grinste der Fortpflanz. »Es blüht die Wurst nur kurze Zeit, aber Freundschaft blüht in Ewigkeit!«, seufzte ich. Über den lausigen Reim müssen Sie sich bei Wilhelm Busch beschweren. Da draußen war die Welt noch immer streng und mühsam – in Form eines Saturns im Quadrat, Konzernen, die »Anpassungsmaßnahmen« (das p. c.-Wort für Massenkündigungen) setzen mussten, Exekutions-beamte, die mir ein Strafmandat aus der Steinzeit aus dem Leib schneiden wollen, und weiß der Geier, was der Bauchladen der Widrigkeiten noch auf Lager hatte.

Aber hier drinnen war alles gut, alles im Leo. Zumindest bis morgen früh. Und das muss manchmal genügen.

Bravo, Omschi!

Ich stand am Sarg meiner Großmutter. Durch meine Trauer zog ein Lächeln einen Kondensstreifen. »Bravo, Omschi«, flüsterte ich ihr zu, »du hast einen echten First-Class-Tod hingelegt.«

Meine Großmutter war in ihrem 96. Lebensjahr beim Kochen umgefallen. Nichts anderes hatte sie sich sehnlicher gewünscht. Als mein Onkel sie fand, stieg bereits schwarzer Rauch aus dem Reindl.

Wahrscheinlich hatte sie sich noch im Abgang darüber leise Vorwürfe gemacht, dass ihr geliebtes, fast 70-jähriges »Burschi« jetzt um seine Mahlzeit umfiel und sie obendrein einen ganzen Topf voller Erdäpfel verschwendet hatte. Meine Großmutter war ein Kind zweier Weltkriege. Hunderte Male hatte sie uns die Geschichten erzählt, wie sie sich mit zwei winzigen Kindern und 16 Stück Gepäck im Schlepptau quer durch das Trümmerdeutschland 1945 den Weg zurück nach Wien gebahnt hatte; und sie dann damit umgehen lernen musste, dass Menschen, denen sie vor ihrer Abreise Unterschlupf gewährt hatte, sich weigerten, ihre Wiener Wohnung zu verlassen.

Während die Pastorin tröstliche Worte fand, dass es meiner Großmutter an nichts mangeln wird und sie jetzt eine neue Wohnung gefunden hat, fetzte mir meine Kindheit durch den Kopf: Ich sah sie in der Küche Schneenockerl in Vanillesauce zaubern, bei ihrer täglichen Morgengymnastik, die sie bis zum Schluss durchgezogen hat. Ich versuchte, mich an die Geschichten zu erinnern, die ich ihr als Kind unter der Prämisse »Es muss ein bisserl grauslich sein, aber gut ausgehen« entlockt hatte. Und ich versprach in diesem Moment meinen zukünftigen Enkeln, schon jetzt die First-Class-Oma-Schulbank zu drücken, denn nichts ist ein besserer Treibstoff im Leben als dieses Gefühl, bedingungslos geliebt zu werden.

Riesenspaß im »acqua alta«

Mein venezianischer Vermieter simst »Attenzione, acqua alta!!!« Wir
haben ein Zeitloch von genau 1 Stunde 20, um die Wohnung zu betreten.
Davor und danach steht dort nämlich Wasser in 1,10 Meter Höhe im
Entrée. Macht nichts. Bei schönem Wetter kann ja jeder Trottel nach
Venedig fahren.

Aus dem Fenster der an sich prächtigen Wohnung, die man für den Rest
des Tages nur mit hüfthohen Fischerstiefeln verlassen kann, sieht man
eine schwarze Perlenschnur, die sich ihren Weg durch den großen Kanal
bahnt. Es sind Dutzende dicht aneinander gereihte Gondeln, in denen
Hunderte Japaner sitzen. Viele von ihnen tragen Mundschutzvorrichtungen.
Auch wenn sie sich gegenseitig fotografieren, was sie bekanntlich
ständig tun, nehmen sie die nicht ab und heben ihre Daumen nach oben.
Ein gespenstischer Menschenschlag. Als das Wasser endlich sinkt,
springt man in die nächste Kirche und spendet drei Kerzen, weil sich eine
monumentale Dankbarkeit einstellt, dass man kein Japaner ist. Es
wundert einen, dass nicht ab und zu ein Venezianer durchdreht und ohne
viel Vorwarnung ein paar Touristen, vorzugsweise Japaner, zu schlagen
beginnt. Einfach so. Aber die Bewohner dieses Morbidezza-Disneylands
verlieren viel poetischer den Verstand.

Der alte Mann, der mit seinem leuchtend roten Gehwagen in die Osteria
seines Vertrauens rollt, grüßt imaginäre Menschenspaliere mit huldvollen
Gesten und den Worten »Hallo, ihr Schönsten« und »Was für eine Freude,
euch Blumen hier zu haben!«

»Hören Sie, ich bin eine Prinzessin«, raunt mir eine Frau verschwörerisch
zu. Sie trägt ein schwarzes Spitzencape bis zum Boden und verkauft in
ihrem kleinen Laden Devotionalien. »Sie müssen wissen, einmal Prinzessin,
immer Prinzessin.«

Und wer hätte den Mut und das Herz, ihr zu widersprechen.
Durchdrehen auf allerschönstem Niveau!

Ein Affentheater

Jede Nacht das gleiche Spektakel: Gegen elf Uhr klopft die alte Frau, die im Ayurveda-Camp auf Sri Lanka mir gegenüber wohnt, mit vollem Karacho an meine Tür und brüllt strafverschärfend in Schwyzerdütsch: »Hilfe! Ich bin ausg'raubt worde! Es hat keine Fränkli mehr in meinem Safe.« Da »Grundgüte« manchmal mein zweiter Vorname ist, folge ich ihr an den Ort des Verbrechens. Etwas, wovon ich schon längst Abstand genommen habe, ist der 82-jährigen Magda nämlich enorm wichtig: Sie will ernst genommen werden. Also durchkämmen wir das Zimmer, und wie immer hat sie ihre Geldbündel in den Bettlaken und diversen Handtüchern versteckt. Und wie jedes Mal kommentiert sie die Funde empört: »Solche Luder, raffinierte! Da verstöcken sie ihr Diebesgut!«

Magda vergisst ständig alles: ihre Badeschlapfen, die Schlüssel, ihre Handtasche. Im Dorf nennen sie sie nur »the crazy old lady«. Ich kampftrainiere Geduld und hämmre mir ein: »Sie könnte auch deine Mutter oder Großmutter sein.«

Als sie mich zum siebenten Mal nach dem Verbleib ihres Handys fragt, reißt mir der Faden: »Magda, vielleicht musst du einfach akzeptieren, dass dein Hirn ermüdet ist und du viel vergisst.«

Jetzt sieht sie mich sehr streng an und tippt sich an die Stirn: »Bei dir sind wohl ein paar Schräubli locker.«

Da begreife ich, dass manche Menschen in ihren Paralleluniversen einfach nicht gestört werden wollen. Über uns fetzt ein Flugaffe in den Palmen. Ich sagte: »Wahrscheinlich sind es die Affen, die alles verschleppen.«

Sie antwortet froh: »Ganz meine Meinung!«

Kein anständiger Popstar

Als ich ihn unlängst wieder hörte, den längsten Song der Pop-Geschichte, dachte ich, dass so ein Hirn eine fantastische Assoziationsmaschine ist. Denn in der Sekunde, als Herr Dylan seinem Weltschmerzmonopol Stimme gab (»How does it feel? To be on your own, with no direction home«), hatte ich folgende Bilder im Kopf: »Like A Rolling Stone«, heiße 14, orangener Plattenspieler mit Münzen auf dem hüpfenden Tonarm, der Vater brüllte »Kann man endlich das Gejeiere von diesem Ziegenhirten abschalten?« Nein, konnte man nicht. Ich hatte gerade in Liebesangelegenheiten zu hoch gepokert und war mit zwei Jungs in denselben Eissalon gestochen. Dieses Amateurverhalten hatten die als schweres Charakterdefizit ausgelegt und mich beide verhandlungsfrei fallen gelassen. Überhaupt lassen sich die besten, schlimmsten, merk- und denkwürdigsten Momente so einer Biografie am einprägsamsten an Liedgut festzurren. Wenn ich »Why« von Annie Lennox höre, muss ich an Herrn Hölzel denken. Er hatte der damals führerscheinlosen Reporterin eine Mitfahrgelegenheit von Gars nach Wien in Aussicht gestellt, war aber dann so müde von der Jause, dass er sich in einem Stammwirtshaus in zehnminütiger Distanz von seiner Villa einmal auf der Stubenbank hinlegen musste. Im Auto drehte sich damals in der Endlosschleife Frau Lennox' Frage nach dem Warum. Wann immer diese Nummer aus einem Lautsprecher dröhnt, habe ich das Bild des pennenden Künstlers vor Augen, der sich meinen Tadel »Oida, a anständiger Popstar hat einfach einen Chauffeur« später dann doch zu Herzen nehmen sollte. Leider nicht in der DomRep.
Was mir sonst noch zu den Talking Heads, Otis Redding, Les Négresses Vertes, den Babyshambles, Stereo Total und Nouvelle Vague einfällt, muss ich Ihnen leider ein anderes Mal erzählen.

Fruchtlose Geschwätzigkeiten

Nach dem Ayurveda-Detox ließ ich mir in einem Tempel in Colombo von einem in Orange gekleideten Herrn mit wenig Frisur das buddhistische Sündenregister erklären. »Fruitless talkativeness« führe zu einem sicheren »downfall«, so der reizende Mönch. Er führte mich zu einer alten Zeichnung, auf der Menschen mit großspurigen Gesten sich dieser fruchtlosen Geschwätzigkeit widmeten. »Lots of wasted energy«, kommentierte er lachend, weil er ja zu der Spezies der konstruktiven Schweiger zählte. Stammte das Bild aus der Gegenwart, würden die Abgebildeten zusätzlich zum Brabbeln ihre iKnochen umklammern und ihre Gegenüber teilzeitignorieren. Der Fortschritt ermöglicht eben, dass man einander heute auf unzähligen Kanälen nichts zu sagen weiß.

Ich habe das goldene Geschenk einer Freundestruppe, in der viele Oscar-Wilde-Aphorismen aus dem Ärmel zu schütteln in der Lage sind, und das Schmäh-Pingpong läuft wie geschmiert. Dementsprechend schwer tue ich mir, wenn ich zum Abendessen bei besser entfernten Bekannten eingeladen bin, die so nervenzerfetzende Themen wie anständige Preis-Leistungs-Verhältnisse in der Gastronomie, neue Automodelle und den Einfluss der Erderwärmung auf das Wetter beplaudern.

»Haben Sie gerade jemanden verloren?«, fragte mich bei einem solchen Fadesse-Dinner kürzlich mein Tischherr, denn aus purer Langeweile rannen mir Tränen über die Wangen. Eine höchst seltsame Eigenart, gegen die es keine Waffe gibt.

»Ja«, schluchzte ich leise, »meine Lebensfreude. Sie war ein so erfrischender Mensch…«

Der befremdete Tischherr, ein Mann von beiger Psyche, suchte sich sofort ein neues Opfer, das er mit seinen pointenfreien Anekdoten zutextete. Das war die goldene Gelegenheit, um einen französischen Abgang zu machen. Als ich in die Wiener Nacht stürmte, dachte ich an meinen Mönch und fühlte mich so frei wie schon lange nicht.

Selberschämen

Warum nur Fremdschämen, wenn man sich auch selbst schämen kann? Ja, es gibt sie, die Momente, in denen ich gerne über mich sagen würde: »Die da? Nein, diese Frau kenn ich nicht.«

Es sind jene Augenblicke, wo auf »Superfly« »Le Freak« gespielt wird, ich das Autoradio volle Kanone aufdrehe und gesetzten Ausdruckstanz betreibe. Und das mitten im Stau. Ich finde leider auch Clint Eastwood in den frühen Sergio-Leone-Filmen richtig heiß, besonders, wenn er die Ganoven mit dem Satz »Mein Esel will, dass ihr euch bei ihm entschuldigt« zur Räson pfeift. Ursupervollpeinlich auch, wenn ich bei diesem Supermarkt-Spot bereits in Minute 2 zu flennen beginne – wenn der Opa alleine unter dem Weihnachtsbaum sitzt, weil seine Fortpflänze sich nicht mehr um ihn scheren. Erdspalten-Versink-Momente auch jene, in denen ich eine Packung Gummibärchen verdrücke, obwohl ich bereits beim fünften Tier weiß, dass die wie Zement in mir liegen werden und mein Selbsthass die Angelegenheit zusätzlich erschweren wird. Und niemand, aber wirklich niemand soll mich sehen, wenn ich Sturzlawinen in die handgeschriebene Rezeptmappe meiner schon lange abwesenden Oma heule und ich es auch heuer nicht fertigbringen werde, ihre Anisplätzchen nachzubacken.

Damit wir aber jetzt nicht alle losheulen, noch was für Sie zum Fremdschämen: Ich glaube manchmal minutenlang an Tarot-Prognosen, tagelang an die erderschütternde Liebe mit dem Wir-sind-füreinander-bestimmt-Kram, und, wenn es um was geht, stecke ich mir den kleinen schwarzen Lackschuh meiner damals vierjährigen Tochter als Glücksbringer in die Handtasche. Und ja, ich stehe zu den Rosamunde-Pilcher-Anteilen in meiner peinlichkeitsbereiten Seele.

Es ist ein schmutziger Job, aber es findet sich sonst keiner dafür.

Aszendent Checkerin

Ich beglückwünsche Sie, wenn Sie nicht zum Sternzeichen Fisch gehören. Da sind Sie im kommenden Jahr nämlich fesch vorne dabei. Ich ordere schon jetzt einmal einen Stahlhelm von einem Designer meines dräuenden Budget-Radius, denn die Sternefeen prognostizieren mir dramatische Merkur-Turbulenzen (ehrlich gesagt: Mein blonder Zugang zu Finanzsachen ist ohnehin nichts Neues unter der Sonne), einen derben Rückenwind durch Mars und generell einen Prüfungs-Dauerlauf. Denn dieser Fun-Blocker von Saturn soll unserer Astro-Fraktion jede Menge Prügel vor die Beine werfen. Da fällt es auch nicht weiter ins Gewicht, dass Jupiter mir sowieso den Mittelfinger zeigt und meine Venus im künstlichen Tiefschlaf liegt. Die ansonsten mir so lieb gewordene Frau H veredelte meine Horrorskop-Vorhersage mit der Fußnote: »Freuen Sie sich schon einmal auf 2017.« Mit welcher Konsequenz? Schließlich habe ich keine Delete-Taste für 2016 und kann mein Leben auch nicht fristlos kündigen. Und, nein: Ich werde deswegen nicht positiv denken, solche Idiotien sind Motivations-Zuchtmeistern von Selbsthilfegruppen und Engelsflüsterinnen vorbehalten. Und erspart mir bitte sehr vielmals auch Dalai-Lama-Gesülze à la »Der Schmerz ist ein großer Lehrer des Menschen« oder »Nur an unseren Niederlagen wachsen wir«.
Ich werde einfach prophylaktisch mies drauf sein. Außerdem: Wer mit einem IQ über der Raumtemperatur glaubt überhaupt an solchen esohysterischen Hausfrauenkram? Mein großer Lehrer ist bestenfalls der Scherz. 2017 bin ich natürlich wieder für alles offen. Dann hat sich nämlich dieses Ekelpaket Saturn aus meinem lieben Zeichen vertschüsst. Bis dahin werde ich mich mit meinem Aszendenten (Anm. Checkerin) über Wasser halten. Und eine kreuzfidele Trotz-Selbsthilfegruppe für alle anderen Saturn-Opfer gründen.

Stillstand ist Schwäche

Nun ja, man kann es sich wirklich nicht mehr schönreden, aber ich befinde mich nicht mehr im letzten Achtel der Jugend, sondern im ersten Fünftel des Alters. Jetzt bestünde die Möglichkeit, sich dagegen mit dramatischen Gesichtsverzurrungen, zu Schlauchbooten aufgepumpten Lippen und Luftgitarrenexzessen bei Fünf-Uhr-Tees zur Wehr zu setzen. Nur: Je heftiger man diese Schlacht zu schlagen versucht, desto lächerlichere Figur macht man dabei. Man kennt bereits jede Menge Menschen, die sich schon mit Seniorenausweisen zu satten Rabatten im Nahverkehr verhelfen. Ihre Freizeit mit Arztterminen vollkleckern. In Panik leben, sich zu verkühlen. Nach 18 Uhr keinen Salat mehr essen wegen Blähgefahr.

Aber man kennt auch wahre Ikonen in der Disziplin Power-Aging wie den Journalisten Ari Rath, 90, dessen Terminkalender sich zwischen New York, Jerusalem und Buenos Aires abspielt und der, Kinderle nichts für ungut, wirklich nie Zeit hat. Als ich mit der 84-jährigen Sextherapeutin Ruth Westheimer einmal einen Nachmittag in Wien verbrachte, hing mir die Zunge wie ein roter Wollschal aus der Pappalatur. Sie war nur durch Kuchentanken im Demel kurz in den Ruhemodus zu bringen, kicherte aber auch dabei wie ein Waldfaun. Als ich unlängst einen mit Bänderrissen bettlägrigen Lausbuben (81) fragte, ob er sich seine Verletzung beim Spazierengehen zugezogen hatte, brüllte der ins Telefon: »Willst du mich beleidigen? Ich war natürlich betrunken.«

All diese Power-Methusalems leben nach dem Motto »Stillstand ist Schwäche.« Und je weniger sie sich um ihre Gesundheit kümmern, desto weniger sind sie krank. Ganz im Sinne von Keith Richards, 72, der in seinen Memoiren konstatierte: »Ein paar Ärzte sagten mir, ich hätte nur mehr sechs Monate zu leben. Ich stand bei ihren Beerdigungen in der ersten Reihe.«

Dunkelgrünes Licht für Blödsinn

Die Schauspielerin, um deren Gunst sich die Sendeanstalten balgen, saß neben mir und sah hinreißend aus mit ihren 77. Ihre makellose Figur erzählte von Blattsalatbergen, so hoch wie das Ritz, Wasser, Wasser und nichts als Wasser, Tonnen von Schlaf vor Mitternacht, Pilates nach dem Morgengrauen und einem Leben, in dem Entgleisungen höchstens im Schienenverkehr stattfinden durften. Gegen Ende unseres Gesprächs stellte ich ihr die Frage: »Haben Sie eigentlich noch nie einen Blödsinn gemacht?«

Sie sah mich fragend an.

»Na ja, haben Sie irgendwann auf einem Tisch getanzt und sind dann mit einem richtigen Damenspitzerl und dem falschen Mann nach Hause gegangen?«

»In meinen Rollen ja, im Leben nein«, antwortete sie und seufzte dann: »Möglicherweise werde ich auf meinem Sterbebett verfluchen, dass ich immer so eine tüchtige Person war und sicherlich einiges versäumt habe.«

Ich werde auf meinem Sterbebett mit Sicherheit fluchen wie ein obersibirischer Bierkutscher, aber nicht aus Blödsinn-Unterlassungsreue, sondern weil ich jetzt leider und unverzüglich das Schmähbankerl zusammenklappen muss, ich nie wieder von einem Mann nicht angerufen werden werde, Fleischlaberln mit Erdäpfelpüree dann auf ewig aus sind, der Fortpflanz es auch ohne mich recht lustig haben wird, ich mit E und M nicht mehr so laut lachen kann, dass die Tischnachbarn nach einem neuen Speisesaal verlangen, ich nie wieder über der Alten Donau den Mond fett wie eine Gen-Orange hängen sehe und ganz überhaupt sich der Satz des verstorbenen Theatermenschen Christoph Schlingensief »So schön wie hier kann's im Himmel gar nicht sein« als Aussage von hohem Wahrheits-gehalt entpuppen wird. Doch wie blödsinnig, sich jetzt darüber den Kopf zu zerbrechen!

Kommunikations-FKK

Ich hatte mich in ein Hotel in der Steiermark verdrückt, weil ich den Kopf freikriegen wollte. Das Handy hatte ich vor dem Einchecken weit von mir geworfen. Am Anfang köpfelte ich noch immer wieder in die Handtasche, wenn an einem der Nachbartische im Restaurant das sattsam bekannte Tonsignal »Zauberklingel« ertönte. Man musste sich erst einmal an dieses Kommunikations-FKK gewöhnen, schließlich war man darauf konditioniert, 24/7 erreichbar zu sein. Und im Zehn-Minuten-Takt seine Mails, Facebook-Likes, Twitter-Responses und Instagram-Followers zu überprüfen. Sollte ich zur Beruhigung Zöpfchen in meine Wimpern flechten oder mir ein Mandala-Malbuch besorgen, um das Trauma, ohne digitale Nabelschnur auf diesem Erdrund durchhalten zu müssen, überwinden zu können?

Die härteste Entzugsphase dauerte ungefähr einen Tag, dann machte ich Dinge, die ich schon lang nicht mehr getan hatte. Ich starrte Stunden auf den See und hatte dabei null Bedürfnis, die neuesten Strand-, See- und Schlachtplatten-Ansichten jener Menschen unter die Lupe zu nehmen, mit denen ich schon auf Facebook nichts und im Leben noch weniger zu tun hatte. Ich beobachtete Paare, die beim Frühstücksbuffet mit Selfie-Sticks Usies produzierten, um diese Lebensdokumente im Schweinsgalopp zu posten. Danach setzten sie sich, jeder mit seinem vertrottelten Smartphone, an den Tisch, um ausgiebig nicht miteinander zu reden. Und ihre weltbewegenden Nachrichten zu durchforsten. Wahrscheinlich werden sie im Laufe des Tages noch Herzchenzierleisten rausjagen. »Ich habe niemanden besonders lieb«, schrieb Joseph Roth. Und in diesem Speisesaal, in dem das Debakel digitalen Lebensstils auf dem Silbertablett zu beobachten war, musste ich dem großen Meister der Misanthropie leider recht geben.

Süßlupinen-Kürbiskernmischungen

Überall Verkündigungsbedarf, wie man leben soll. Vor allem auf der Befindlichkeits-Bassena Facebook. Da prahlen frische Extrem-Nichtraucher, wie viele Fantastillionen Zigaretten sie seit ihrem Unabhängigkeitstag schon ausgelassen haben. Da knallen einem Yoga-Bräute um die Ohren, wie spitzenmäßig ihre Verdauungstrakte funktionieren, seitdem sie ihre Ernährung auf Eichhörnchen-Modus umgestellt haben. Unlängst landete in meinem Spam-Ordner das Angebot eines Vegan-Versands, der mir Tofu-Ribs, Chili con Leinsamen, aber auch die richtige Süßlupinen-Kürbiskernmischung für Wüstenrennmäuse, an denen einem etwas liegt, verklickern wollte. Meine zukünftigen Ex-Kumpels nippen nach der Hacke in Smoothie-Höllen Holunderblüten-Granatapfel-Bionaden, statt ihre Hirne mit einem menschenwürdigen Gin Tonic in Spelunken gleitfähig zu halten. Man ist umzingelt von Gesundheitspolizisten, die Menschen wie mich (also Teilzeit-Raucher, Lusttrinker und Leberkäs-Liebhaber) rundum als primitives Versagermodell empfinden.

Ich bewerbe mich sofort als Schirmherrin der hedonistischen Partei Österreichs. Und danke meiner Mutter, dass sie mich einst zu Au-pair-Diensten nach Frankreich und Italien verschickt hat. Dort habe ich essen und kochen gelernt.

In Wahrheit muss man Balzac nacheifern: Er verschwand immer wieder in der Entsagung, um nach einem vollendeten Roman erneut volles Kanonenprogramm zu völlern. Ganze Armeen von Kapaunen und Rotwein-Fässern mussten dann her. Und er schrieb viele Romane. Und eines noch, ihr Nikotin-Zuchtmeister, Nüsschenfresser und Genuss-Allergiker: Lebt doch gesundheitsbewusst, bis der Arzt kommt, aber breitet darüber bitte den Mantel des Schweigens. Denn ich habe eine hochwertige Zwangsbekehrungs-Intoleranz.

Weißt-du-noch?-Alarm

Himmel! Man ist in einem Alter angekommen, in dem man Sätze sagt wie »Damals, in den frühen Neunzigern, weißt du noch?« oder »Wie lange kennen wir uns jetzt schon? 30 Jahre?« Man trifft Menschen wieder, mit denen man auf Interrail in Bahnhofshallen übernachtet hat – geduscht wurde man damals vom Putzpersonal, das in aller Frühe den Boden sauber gespritzt hatte. Aber mithilfe der vielen lustigen Zigaretten fand man auch das lustig. Diese Menschen sehen heute meist sehr seriös aus. Mehr Dioptrien als Haare. Einige Womanizer von früher stehen noch immer an der Bar des Lieblingscafés. Manche sitzen auch – wegen der Bandscheiben. Früher haben sie hier Pfauenräder geschlagen und Trophäen-Rezensionen abgegeben. Jetzt erzählen sie sich Witze mit Geheimratsecken, bejammern ihre Reflux-Problematik und die Unterhaltsforderungen ihrer Ex-Frauen und Ex-Kinder. Sie erwecken den Eindruck, dass sie ihre Zukunft bereits weit hinter sich gelassen haben. Wenn man ihnen länger beim Sein zuschaut, ist das wie Botox für die Seele. Man fühlt sich plötzlich so verdammt jung.

Nicht, dass einem der Traktor namens Leben nicht auch schon über das Gesicht gerattert wäre, aber man hat zumindest Satteltaschen voller Pläne. An denen man natürlich auch mit Karacho scheitern wird, aber egal. Alter ist definitiv keine Altersfrage. Ich kenne Endvierziger, die es sich schon in der vorzeitigen Altersteilzeit gemütlich machen und sich ganz ihren Haustieren widmen. Ich kenne aber auch multitaskende Miles-&-More-90-Jährige, die mit der Neugierde verhaltensorigineller Kleinkinder durchs Leben toben. »Schatzerle, ich habe doch überhaupt gar keine Zeit zum Kranksein«, trompetete mir einer von denen neulich am Telefon zu, als ich mich nach seinem Befinden erkundigte, »ich muss doch schöne Tage sammeln.«

»Durchlaucht, es gibt Perverse«

Die 80-plus-Fürstin lustwandelte nachts gerne in ihrem Park. Das bereitete ihrem Kammerdiener Sorgen. »Durchlaucht«, warnte er, »bleiben Sie doch bitte im Schloss. Es wird hier in der Gegend immer wieder von Vergewaltigungen berichtet.«

Da seufzte die Fürstin: »Sie Grundgütiger, aber in meinem Alter?«

Die treuherzige Antwort lautete: »Aber Durchlaucht, es gibt doch auch Perverse.«

An diese Aristo-Schnurre musste ich denken, als vergangene Woche die Feuilletonisten Häme und Empörung in ihre Tasten gossen. Das neue Bond-»Girl« 50?! Was kommt als Nächstes? Wird 007 statt seinem Martini-Cocktail ein Detox-Smoothie ordern? Als Folter-Variante zu Kuhkäse-Konsum gezwungen werden, damit er durch seine Laktoseunverträglichkeit von der Spur kommt? Muss der Mann, wenn er die greise Frau Bellucci wider jeden besseren Geschmacks flachlegt, ihr erst einmal fürsorglich eine Rheumadecke aufbreiten?

Während die liebe Gesellschaft sich längst daran gewöhnt zu haben scheint, dass Tattergreise mit Frauen, die (manchmal bestenfalls) in deren Enkelinnen-Altersgruppe fallen, paradieren, können wir Weiber uns das Wort Gerechtigkeit an die Wand pinseln. Daniel Craig wurde vergangene Woche 47, ist also definitiv auch kein Frühlings-Adonis mehr. Und die wunderschöne Monica Bellucci, deren Botox-Eingriffe, im Gegensatz zu denen der Damen Thurman und Zellweger, sich durchaus im grünen Bereich bewegen, ist also gerade einmal drei Jahre älter. Doch dass der Mann nicht ganz koscher ist, hätte uns eigentlich schon längst auffallen müssen. Schließlich hatte sich Craig vor seinem Amtsantritt in Schwimmweste auf einem Motorboot der Presse vorführen lassen. Und jetzt noch ein Bond-Girl, das knapp vor der Einweisung ins betreute Wohnen steht? Ein Quantum Trostlosigkeit!

Der Harry-Potter-Hut

Das Kind trug so einen eigenartigen Quadrathut mit Quaste, war aber unter der Kutte so gestylt, als ob es demnächst auf Flittchenwochen zu gehen gedenke oder den Partyhelikopter einer kreuzfidelen Oligarchen-Sippe zu besteigen plane. »Ich bin nicht auf die Welt gekommen, um nicht aufzufallen«, merkte es an, als die zur »Graduation«-Zeremonie angereiste Adler-Mischpoche einen Rügen-Tsunami loslassen wollte.

Natürlich war ich dem Fortpflanz dann noch einmal megapeinlich, denn selbstredend gingen Tränen auf Reisen. War aber auch schwierig, trocken zu bleiben: ergreifende Streichmusikklänge, ebensolche Reden seitens des Lehrkörpers, in denen vom neuen Lebensweg, dem ollen Erwachsenwerden und einer anstrengenden Zukunft die Rede war. Ich betrachtete all die Prachtmädchen mit ihren glänzenden Mähnen unter den Harry-Potter-Hüten und ihrer Hoffnung im Blick.

»Bist du ein bisschen stolz auf mich, du Heulsuse?«, fragte das Kind mit zufriedenem Blick, denn es hatte gerade von der lieben Verwandtschaft die entsprechenden Kuverts entgegengenommen, im Restaurant.

Schon wieder zitterten die Lippen.

»Ja, flenn nur«, sagte das gnadenlose Kind, »so wie ich geflennt habe, als du bei meinem Volksschulabschluss-Fest bei irgendeiner sinnlosen Hochzeit in Israel warst.«

Man kann davon ausgehen, dass ich dieses Versäumnis noch auf meinem Sterbebett um die Ohren gefetzt kriegen werde. Auf meinem schlechten Gewissen war das Kind schon immer genussvoll Trampolin gesprungen.

»Es waren acht Tanten, zwei Omas, eine Uroma und ein Vater als Ersatz-claqueure da.«

»Mutter kann durch nichts ersetzt werden«, schnulzte sie jetzt so perfide, dass mir so gar nicht mehr zum Heulen zumute war.

»Du Schlange!«

»Na, endlich bist du wieder normal!«

Schrecklich beruhigend

Es war ein »Weißt du noch«-Urlaub. »Weißt du noch, als du dir die Haare
hellgrün gefärbt hast?« »Weißt du noch, als wir in Südfrankreich
Kuchen beim Bäcker aus der Auslage gefladert haben, weil wir komplett
flach waren?« »Weißt du noch, als du 180 Fehlstunden hattest und
sie dich beinahe aus der Schule geworfen hätten?« »Weißt du noch, als
du beim Autostoppen an eine hemmungslose Lesbe geraten bist?«
»Weißt du noch, als ich auf einer Messe bekifft in einem roten Aerobicanzug
herumlief und Ärzte an mir neues Leichtgipsmaterial ausprobierten?«
Meine Freundin M., die auf Mallorca lebt, und ich, wir kennen einander nun
ja … seit unserem zwölften Lebensjahr. Bei meinem Besuch vorige Woche
wateten wir durch unsere Jugend in einer Kleinstadt. Auch Männerbilanzen
wurden gezogen. Wir hatten beide kein goldenes Händchen bei der Wahl
jener besessen, an die wir später unser Herz verschleuderten. »Bereust du
etwas?«, fragte sie mich, als wir im Café Espagnol den lokalen Männern
beim lauten Nicht-Zuhausesein zusahen.
Ich dachte nach: »Abgesehen von einer ziemlich afrikanischen Kindsauf-
zucht, die der Fortpflanz erdulden musste, in Paris verprassten Lebens-
versicherungen sowie dem Konsum von Hunderttausenden Zigaretten und
viel zu vielen Gin Tonics, viel zu wenig Schlaf vor Mitternacht, viel zu
vielen Kühlschrankbesuchen nach Mitternacht, einigen großen Lieben zu
sehr kleingeistigen Menschen, einigen kleinen Lieben zu Menschen,
deren wahre Größe man erst viel später kapieren sollte, und einem grund-
naiven, unerschütterlichen Glauben, dass die Karmapolizei manchmal
doch nicht schläft – eigentlich nein!«
»Na ja«, lachte M., »so gesehen hast du alles richtig gemacht, was man
falsch machen kann. Besser als umgekehrt!«
Wie schrecklich beruhigend!

#luckyme

Babys, Obst, Blumen, Katzen, kalter Aufschnitt an Ziergemüse, atompilzgrüne Drinks mit und ohne Sonnenuntergang, Hotelzimmer mit Wasser-Blickkontakt, bretterharte Taftfrisuren an ausgehfertigen späten Mädchen, Esstischdekos, die wie ein Fiebertraum der Putzstreberin Bree Van de Kamp anmuten: Facebook sei Dank haben wir kapiert, dass der Mensch gerne gut leben möchte und dem schlechten Geschmack dabei keine Grenzen gesetzt sind. Unter dieser Weisheit liegt aber noch eine andere: Die größte Lebensfreude bezieht er aus dem Neid der anderen. Deswegen übernimmt das Event-Selfie gerade die Weltherrschaft: Leer grinsende Menschen mit deutlicher Nackenstarre im Massengewusel von Schlagerparaden, Ballspielen, Go-Kart-Rennen und dem dazugehörigen GeVIPe, die dem Rest der Welt signalisieren wollen: »Während wir hier am Puls des Glamours unseren Hauptwohnsitz haben, lebt ihr wohl noch immer euer erbärmliches Zwergerlleben!«
Auch im eventfreien Facebook-Alltag will der ofenfrische Obstkuchen mit Mopswelpe an Fächerschirmchen auf Kind einfach nicht mehr ausreichen, um in der mörderischen Schlacht um das glücklichste Leben die Nase weit vorne zu haben. Deswegen betonieren einen die Facebook-Streber jetzt noch mit ihrem Hashtag-Irrsinn zu. Ich wünsche mir einen Damencolt, wenn möglich mit Totenkopf-Intarsien auf dem Perlmuttgriff, angesichts dieses Superlativ-Terrors: #luckyme #bestbabyintheworld #lovemywonderfullife #happyhappy #mostawesomesmileonbesthusbandontheplanet …
Glauben diese Fröhlichkeitsfanatiker, dass sie in einem Merci-Werbespot leben? Oder hashtagen sie einfach nur ihren schlechten Geschmack?
Oder leide ich nur an einer Positivismus-Allergie?
#lousymood #whatthefuckingfuck #smileysodbrennen.

No problem, M'm!

Hier im entturboisierten Teil von Indien, dem Süden, ist alles so
»No problem, M'm«, dass man vor lauter Relaxtheit Schwindelgefühle
beim bloßen Gedanken an regelmäßige Erwerbstätigkeit bekommt.
»Oh, Sie haben ein Abflussproblem im Bad? No problem, M'm. Der
Installateur wird noch heute kommen.« »Wie entsetzlich, der Mann
lässt sich so sehr entschuldigen. Er ist krank.« »Seine Tochter feiert
Verlobung.« »Seinem Bruder wurde die Lieblingsziege gestohlen.«
So verging die Woche. »Aber ich schwöre Ihnen, morgen werde ich ihn
einfach zwingen, diesen Halunken von einem Installateur, no problem,
M'm, at all.« Ich habe mich inzwischen an diese gurgelnden Nonstop-
Geräusche im Bad, die in mir die schlimmsten Stellen von Stephen Kings
»Es« heraufbeschwören, gewöhnt. Um fünf Uhr morgens höre ich
sie dann einfach nicht mehr, weil dann geht der Glaubenskrach los und
der Muezzin verkündet per Megafon in einer Lautstärke, in der einst
Marchfelder Pampa-Discos mit Namen wie »Malibu« zu wummern pflegten,
von der Größe und Stärke Allahs. Ich bin ihm grenzenlos dankbar, denn
jetzt höre ich das Geblubber endlich nicht mehr. Wenn er fertig ist, tritt die
Konkurrenzreligion auf den Plan und es ertönen hoch verstärkte Krishna-
und Shiva-Lobgesänge aus allen Hindu-Tempeln im Umfeld.
Das ganze Hotel nimmt inzwischen regen Anteil an meiner Klempner-
Psychose. »How is your bathroom, M'm?«, fragt mich der Gärtner. »Has
the plumber arrived?«, will sogar der Lifeguard am Strand wissen, der
immer sehr besorgt aussieht, wenn ich alleine schwimmen gehe. Er hat drei
Zähne im Mund und ein schweres Hüftleiden, der David Hasselhoff
von Kerala. Wenn er so gut schwimmt, wie er schlecht geht, kann also im
Ernstfall eine Lebensrettung einfach nichts anderes als so was von
»No problem, M'm« sein. So geht Indien.

Supercalifragilistisch

Da flog Mary Poppins mit ihrem Regenschirm aus dem Theater. Ich konnte mich nur knapp davor bewahren, ihr traurig nachzuwinken. Wir waren mit den Patenkindern unterwegs, der Fortpflanz und ich. Während die Kids die Sache ziemlich cool nahmen, tropften bei der Familie Adler die Tränen. Ich wartete auf das obligate »Mama, hör auf zu heulen. Das ist peinlich!« Doch der Fortpflanz flüsterte nur: »Ist ja auch herzzerreißend.«

Ich dachte an P. L. Travers, die Schöpferin des Fremdbetreuungs-Märchens, der durch den Tod des Vaters im Alter von sieben Jahren ihre Kindheit unter den Füßen weggezogen worden war. 1923 hatte sie sich als junges Mädchen allein und mit gerade zehn Pfund in der Tasche von Australien nach England aufgemacht. Dort publizierte sie unter dem Namen ihres Vaters und tingelte als Schauspielerin durch schäbige Bühnen. Das Märchen von der supermagischen Nanny hatte sie auch erfunden, um sich vor ihren eigenen Schmerzen zu schützen.

»Glück«, lässt sie die Fantasie-Anarchistin Poppins sagen, »Glück hab ich doch gar nicht nötig.« Das war auch schon der Satz, den ich mir mit nach Hause nahm. Glück ist nämlich kein Zufall, der sich aus Planetenlaunen ableitet, sondern Gestaltungswille. Ich dachte an jene Menschen, die in die Kategorie Dauer-Jammerpepis fielen: Sie nörgelten über die Gemeinheiten des Schicksals und bewegten sich dabei keinen Zentimeter von ihrem Trampelpfad. Lähmend passiv. Manche von ihnen erhofften sich durch Glücksindustrielle wie den Dalai-Lama und Paulo Coelho Erlösung. Manche schrieben Briefe an das Universum, in denen sie ihre geheimsten Wünsche offenbarten. Dann beschwerten sie sich darüber, dass das unerzogene Universum nicht einmal Mucks gemacht hatte.

Merke: Briefe an das Universum sollte man einfach nicht nötig haben. Ist viel zu wenig supercalifragilistisch.

Fremde, seltsame Welt

Bevor ich die Anstalt verlasse, bekomme ich jedes Mal Fracksausen. Ich will nicht in diese »fremde, seltsame Welt«, wie David Lynch die Realität nannte, in der unbezahlte Strafmandate, langsam nervöse Deadline-Wächter, Abgaben, Gebühren und Zillionen einzelne Socken, denen ihr Wirkwaren-Partner verloren gegangen ist, auf mich lauern.

In der Anstalt hat man keine Probleme. Höchstens, welche Art von Fleisch man auf den Grill knallt oder wo sich der Gartenschlauch schon wieder verkrochen hat. Das Leben ist dort überschaubar, dementsprechend beruhigend und von einem Gemeinschaftsgeist getragen, den man jenseits der Anstalt vermisst. Wenn wo was fehlt oder hakt, laufen alle zusammen. Wie es eben früher in den Dörfern war.

Die Anstalt liegt an der Alten Donau. In der Früh landet ein Graureiher auf dem Steg und schaut blöd. Ich finde ihn eigentlich schön bis zum Antrag. Dann schau ich doch nur blöd zurück. Ich durchpflüge nachts das Wasser. Der »Quotenclown«, wie sich meine Anstalts-Mitinsassin und Kabarett-Freundin nennt, verspricht mir, dass ich demnächst eine blinkende Disco-Boje bekomme, damit ich nicht von mondsüchtigen Sportruderern wegrasiert werde. Sie braucht mich noch – als Schreibsklavin.

Die Anstalt ist auch gut für materielles Detoxing: Man braucht drei Bücher von Tolstoi, Flaubert und Fitzgerald, keine Outfits, sondern maximal Bedeckungsmaterial, Wurstwaren und ein paar Flaschen ehrlichen Weins. Mit so geringfügigen Mitteln dümpelt man auf Temperatur Zufriedenheit. Mein Anstaltsnachbar ist der liebe E, ein Mann mit großem Talent für die kleine Philosophie. Wenn er seine Nase in die Sonne reckt und beim Blick auf das glitzernde Wasser anmerkt: »I seh einfach kan Fehler«, kann man nur (und das ist auch schon sein zweiter Lieblingssatz) »Is so« hinzufügen.

»Hurenviecher, bloßhaperte!«

»Sauschädel, depperte, Hurenviecher, bloßhaperte …« Eruptionen von
Fluchsalven mitten am Tag. Der U-Bahn-Mitfahrer dürfte an einem
Tourette-Syndrom leiden.

Eine Frau versucht Tourette-Karli zu beruhigen: »Schauen S', das ist doch
sicher alles nicht so schlimm. Sie müssen das Leben einfach nur positiv
sehen.«

Mehr hat sie nicht gebraucht. »Halt den Suppenschlitz, Ang'schüttete!
Auf dein positives Leben scheiß ich einen Krapfen!«

Ich bin ein bisschen bei ihm in der Causa. Dieses ständige Positiv-denken-
schlechte-Energien-Abbauen-neurotische-Loslassen-lernen-Gelaber
kann einen richtig aggressiv machen. Ich habe eine Dalai-Lama-Unver-
träglichkeit und eine Paulo-Coelho-Allergie. Manchmal braucht es
nur ganz wenig, um richtig unzufrieden zu sein. Ein kleines Glasstück
zum Beispiel, das in meiner Sohle steckt. Ich hatte aus Wut eine
Lampe zertrümmert und nicht sorgfältig genug aufgekehrt. Ich hüpfe
auf einem Bein die Taborstraße hinauf zum nächsten Arzt. Der
Tourette-Mann verfolgt mich: »Was wird denn des, wenn's fertig ist,
Depperte? Bist du a von wo?«

»Na, was wohl? Ich habe einen Storchen-Komplex, Hirnamputierter!
Und wenn du noch Fragen hast, red mir's in a Sackl und stell mir's vor
die Tür.«

Der Tourette-Mann kriegt es mit der Angst zu tun. Ich hüpfe in das
vollgepackte Wartezimmer.

»Sie müssen mit zwei Stunden rechnen«, erklärt mir die Sprechstundenhilfe,
»nur Akutfälle kommen früher dran.«

»Und was sind für Sie Akutfälle – Axt im Kopf, Bauchstich,
herausbaumelnde Eingeweide?«

Die Sprechstundenhilfe revidiert ihre Definition von Akutfällen angesichts
meines flackernden Blicks. Nach einer Not-OP (ohne Vereisung) humple
ich aus dem Etablissement und bin plötzlich der glücklichste Mensch in der
Leopoldstadt. Umarmungsbereit für die Welt, inklusive Paulo Coelho.

Mithilfe eines kleinen Glasstücks! Verrückt, oder?

Branzino-Gate

»Einen Branzino? Bist du von allen guten Geistern verlassen?« Meine
Freundin K klammerte sich an den Telefonhörer wie eine Ertrinkende.
Sie telefonierte gerade mit ihrer Schwester. Sie war blass um die Nase,
atmete dann aber tief durch, um sich für die nächste Runde fit zu machen.
»Es wird auch dieses Jahr einen Kalbsnierenbraten am Dreikönigstag
geben wie schon die letzten 15 Jahre. Und zwar einen von mir mit Liebe
und Hinwendung zubereiteten Kalbsnierenbraten mit einem ehrlichen
Püree und Kohlsprossen, den deine armen Kinder und dein unnötiger Mann
unter Ach- und Oh-Geächze verzehren werden. Punktum. Und das ist für
mich nicht mehr df.« – Das familieninterne Kürzel für »nicht diskussionsfähig«, wie ich dann erfahre. »Scheiß Handys!«, konstatierte sie nach
dem Ende des Gesprächs. »In guten alten Festnetzzeiten hätte man nach
einem solchen Eklat wenigstens noch malerisch den Hörer auf die
Gabel krachen lassen können.«
Warum sie die Branzino-Proposition in eine Art familiären Nahostkonflikt
stürzte, erklärte sie mir später. Nach dem Tod der ersten Kalbsnierenbraten-
Göttin, ihrer Großmutter, habe sie die letzten Jahre mit Bravour deren
monumentale Fußstapfen ausgefüllt. Der wahnwitzige Fisch-Vorschlag
wäre doch nichts als ein Indikator für den blanken Empathie-Mangel
der Schwester. Abgesehen davon, dass die Schwester vor Neid zerfressen
ist, weil sie, die Nieren-Halbgöttin, so viele Komplimente bekommt und
im Mittelpunkt steht.
Pfuhh! Weihnachten, inklusive der letzten Festtagszuckungen, sind
wirklich Vollmond-x-Menstruationsbeschwerden, hoch Föhneinbruch,
was das Empfindlichkeitsniveau betrifft. Allerhöchste Zeit, dass die
Tage länger werden. Und man seine inneren Kinder wieder einmal für ein
Zeitelchen in den Keller des Unbewussten verbannt. Bis Ostern zumindest.

Ich saubornierte Tussi

Aufeinanderscheuernde Blechteile machen keine schönen Geräusche. Der Mann zum Blechteil kläffte wie ein Bullterrier auf mich ein. »Führerschein in der Lotterie gewonnen, Fisch am Aug, depperte F**« – das ganze Programm.

Ich hatte eigentlich auch kurz Lust auf Gewalt und schälte mich aus dem Wagen. Ich trug ziemlich beste hohe Schuhe und war ungefähr eine Kleinkindlänge größer als er. Kurzfristig war ich versucht, im astfeinen Schönbrunner-Deutsch so etwas zu sagen wie »Hat Sie Ihre Mutti zu heiß gewaschen, Sie Schrumpf-Pülcher, oder warum sind Sie eigentlich so wahnsinnig aufgeregt?« Möglicherweise wäre das aber der richtige Holzweg gewesen, und so beschloss ich, ihn erst einmal mit einem King-size-Vorweihnachts-Lächeln plattzumachen.

Es hatte in etwa die gleiche Wirkung wie ein Benzin-Tröpfchenregen auf eine Feuersglut; der Rabiat-Gnom fühlte sich verarscht, er hüpfte wie ein Jojo-Bällchen auf und ab, Schaumaufkommen in der Mundgegend.

Ich nahm, ganz kampfbuddhistisch, seine Hand und flötete: »Ich versteh Ihre Wut so gut. Sie sind völlig im Recht. Diese saubornierte Tussi hat Ihren kleinen Liebling ramponiert. Wollen wir schnell einen Punsch zugunsten unseres, aber auch des Weltfriedens süffeln, und wir erledigen die Sache in bar? Dieser Tag ist doch eigentlich viel zu schön, um ihn sich mit Papierkram zu versauen?«

Jetzt wurde er stutzig. Sein Blick, prinzipiell nicht von schwerwiegenden Gedanken überbürdet, signalisierte: »Achtung! Diese Frau ist verrückt und wahrscheinlich genauso gefährlich.« Er knurrte kurz: »Schleich dich, aber schnell!«

Zu schade, dass Menschen mit Zuwendung und Empathie heutzutage so gar nicht mehr umgehen können. Aber so soll es mir auch recht sein.

Familienstand: erledigt

Unlängst wurde mir die Ehre zuteil, zu einer Diskussion zur Singlekrise an der Uni Graz eingeladen zu werden. Der Untertitel der Veranstaltung lautete: »Restposten oder Einzelstücke«. Klar wurde man auch nach seinem persönlichen Status quo befragt, und ich gab meine Standardantwort: »Familienstand: erledigt«.

Der Demograf und der Parship-Psychologe nährten die Hoffnungslosigkeit, dass Frauen meiner Altersgruppe, noch dazu ausgestattet mit rotem Karriere-Animo, in der zwischengeschlechtlichen Marktwirtschaft eher schwierig vermittelbar sind. Ein Koordinaten-Gau, der bei den Männern nur noch von angstbesetzten Arbeitslosen mit Hang zum Alkohol übertroffen wird.

Was sind die Alternativen? Exzessive Seidenmalerei, Tai-Chi, die Gründung eines Chansonzirkels? Oder gar, sich als teilalphabetisierte Minderleisterin zu camouflieren, um den Mann nicht unnötig zu vergraulen? Nur über meinen erkalteten Leichnam, Leute!

Die grandiose ORF-Dokumentaristin Toni Spira, ebenfalls dort diskutierend, war nach 700 Besuchen bei paarungswilligen Solisten für ihren TV-Liebesmarkt zu einer noch deprimierenderen Erkenntnis gekommen: »Männer wollen vor allem Muttis.« Denn die Damen, die in ihren Verkaufsargumenten vor der Kamera Passionsgeist für Gugelhupfbacken, Atzfreudigkeit und Pflegefähigkeiten einfließen ließen, kamen immer an den Mann, da konnten sie noch so breit wie hoch sein und ein nach dem Zahnarzt schreiendes Gebiss besitzen.

Wie immer sind alle Fragen so was von scheunentorweit offen. Man kann sich eigentlich nur dem Lamento der großen amerikanischen Philosophin Pamela Anderson anschließen, das wie folgt lautet: »Mit Männern hat man's schwer, aber ohne sie funktionieren leider viele Stellungen nicht.«

Tschechows Dachschäden

Sie knallte auf den Boden und rief: »Ich sterbe vor Langeweile!« Jelena Andrejewna (alias die großartige Burgschauspielerin Caroline Peters) streckt alle viere in die Luft, um ihrem Lebensekel Nachdruck zu verleihen. Der Burg-»Onkel Wanja« ist ein Spitzenabend. Wo sonst noch – außer am Theater – kann man Menschen auf so hohem Niveau beim langsamen Verrücktwerden zusehen? Eigentlich nur noch in den eigenen vier Wänden.

Der Typenreigen des Herrn Tschechow ist auch fast 120 Jahre danach von glasklarer Modernität: Gattinnen, die eigentlich einen Lebensstandard geheiratet haben und den klapprigen Ehemann dazu wohl oder übel in Kauf nehmen müssen. An der Kippe zu den schlechteren Jahren brauchen sie dann aber doch dringend die Bestätigung ihres erotischen Verkehrswerts. Grundgütige Mauerblümchen, deren inneren Werten es niemand so recht besorgen will. Seelenwracks, denen der Alkohol und all die versäumten Gelegenheiten alle Lebensenergie weggefressen haben. Öko-Schrullen, deren obsessive Beschäftigung mit Wald und Klima nur dazu dient, sie von ihrem eigenen Elend abzulenken. Alternde Narzissten, deren Erfindungskraft immer neue Krankheiten hervorzaubert, um die Pole-Position der Aufmerksamkeit ja nicht zu verlieren. Irgendwann sagt der Burn-out-Arzt Astrow: »Früher habe ich jeden Sonderling für krank und unnormal gehalten. Heute bin ich der Überzeugung, dass es der Normalzustand ist, sonderbar zu sein.« Das war 1896. Und Tschechow kannte uns alle noch gar nicht.

Inzwischen sollte man ohne einen kleinen Dachschaden besser gar nicht mehr außer Haus gehen. Denn nichts ermüdet so sehr wie das Normale, wie mir K unlängst flüsterte. Sie liebte kurz einen mountainbikenden Versicherungskaufmann: »Er war so vorhersehbar, dass mir das jede Lebensenergie raubte.«

In den Tiefen des Jammertals

Oh Leben, oh Jammertal! Raunzen ist der neue Kampfsport der Generation
»Die fetten Jahre sind vorbei«. Wohin das Auge blickt, hängen an
den Tresen der Stadt Opfer im Dauer-Lamento. Ständig wird geächzt und
gestöhnt, wie sehr man sich nicht vom Fleck bewegt und überhaupt
zu kurz kommt. Wie knallhart die Krise zuschlägt. Wie einem die Steuer,
die SVA und die Ungerechtigkeit des Schicksals das Wasser abgraben.
Klar doch: Auch meine Kaufkraft leidet seit geraumer Zeit an einem schier
unüberwindlichen Schwächeanfall, was mich auch ziemlich wütend
macht. In einem Alter, von dem ich mir eigentlich erträumt hätte, mich in
heiterer Ruhelage auf meinen Lorbeeren zu befinden, renne ich um die
Marie wie ein Frühlingshühnchen. Das Kind, das sich beharrlich weigert,
erwachsen zu werden, will sich partout nicht von der Überzeugung
abbringen lassen, dass das Geld aus der Wand, der Strom aus der Steckdose
und das Essen aus dem Kühlschrank kommt.
Rein finanziell betrachtet ist also null Happy End in Sicht. Doch ich habe
beschlossen, aus meiner pekuniären Impotenz einen Kult zu machen.
Geht eigentlich ganz leicht: Schmeißt die Thunfischsteaks an Wasabipüree
über Bord, esst ehrliche Fleischlaberln, dreht euch eure Zigaretten
selbst, gründet einen Buchklub, entdeckt die saure Schönheit von Schank-
perlen und findet bei Humana großartige Vintage-Fetzen. Irgendwann
wird aus denen auch der Naftalin-Geruch verfliegen. Meine Freundin E sieht
auch in Caritas-Couture aus wie eine Göttin.
Wenig Geld zu haben, mobilisiert Verstand und Fantasie. Und das heißeste
Kapital ist noch immer gute Laune. Frischzellenkur Flexibilität. Der
wahre Energieräuber ist der Stillstand. Man sieht zwar nicht mehr aus wie
eine Studentin, aber man fühlt sich wenigstens so.

Die Aufgabe annehmen

Wo ist eigentlich genau dieses Loch, in dem die ganze gewonnene Zeit verschwindet? Wahrscheinlich genau neben dem, in dem nach jedem Waschgang die zweiten Socken verschluckt werden.

Mein Leben sah vor 20 Jahren so aus, dass ich stundenlang in verstaubten Archiven zwischen Kartons herumturnte, um zu recherchieren; heute logge ich mich frech in eine Datenbank – das müsste allein jährlich Hunderte Stunden bringen. Man hetzt nicht mehr panikkaufend durch die Innenstadt, sondern cruist online durch irgendwelche Super-Sale-Designer-Plattformen und hat in wenigen Minuten erledigt, wofür man früher Tage veranschlagt hat. Wenn das Zeug nicht passt, mailt man sich einfach einen Boten für den Retourversand herbei. Der Fernmeldeverkehr reduziert sich statt dieser endlosen Wie-geht's-dir-wie-geht's-mir-Labermarathons auf knackige Kurzbotschaften. Rein rechnerisch müsste ich also jedes Jahr mindestens einen Bonus von einem Vierteljahr an frei verfügbarer Lebenszeit geschenkt bekommen. Nur: Ich finde ihn nirgends.

»Du musst dich entschleunigen«, erklärt mir F, die eben ein »Müßiggang, aber richtig«-Seminar im Waldviertel gebucht hat, »dir die Zeit nehmen, Zeit zu haben.«

Das klingt verdammt nach Paulo Coelho oder der Lebensweisheit einer esoterisch verseuchten Handarbeitslehrerin. Aber ich werfe einmal meinen Zynismus über Bord und beginne, »die Aufgabe anzunehmen«, wie das die Psycho-Coaches nennen. Erstens: Entrümpelung des Terminkalenders. Alles, was unter die Rubrik »Attacke auf die Lebenszeit« fällt, wird ausgemistet. Zweitens: die Lektüre langatmiger Weltliteratur von den Herren Tolstoi und Flaubert sowie Frau Austen. Drittens: häuslicher und sozialer Großputz.

Es funktioniert. Sogar stressfrei. Das Leben ist definitiv zu kurz, um keine Zeit zu haben.

Steuerfahnder, volle Kraft voraus!

Die Daumenschrauben der EU machen sich bemerkbar – zum Beispiel in Form von Adrenalin-Tsunamis auf der sonst sehr verschlafenen griechischen Insel. Ein Schreckensschrei fegte über das Eiland:»Steuerfahnder aus Athen sind unterwegs!«

Der Papierladen: leergefegt! Alle Rechnungsblöcke, die dort Jahrzehnte vor sich hinrotteten, ausverkauft! Plötzlich wird man von jedem Liegestuhl-Tycoon und fahrenden Wassermelonen-Entrepreneur mit Zahlungsbelegen eingewickelt wie der Reichstag von Christo. Merkt man schüchtern an, dass man gar keinen Beleg brauche, weil Melonen ohnehin recht schlecht von der Steuer absetzbar sind, folgen mit Zischlauten angereicherte Tadel-Tiraden. Die Pedikeuse geht sogar so weit, dass sie einem statt der üblichen Klatschzeitschriften aus der Frühantike unaufgefordert ihre Rechnungsbücher zur Lektüre vorlegt.

Es gilt im gesamten Eiland-Einzelhandel jetzt vor allem, Buchhaltung zu bewahren. Inselhäuser-Vermieter, die bislang ihr Saläre ohne bürokratischen Aufwand in die flache Hand gelegt bekommen haben, kratzen ihr gebrochenes Englisch zusammen, um ihren Untermietern zu erklären, dass sie eigentlich liebe Freunde sind. – Liebe Freunde, die hier seit Jahren kostenlos Unterschlupf finden, und dass man nie Geld und schon gar nicht auf ein britisches Konto überwiesen hat. Frei nach der berüchtigten Richard-Nixon-Rechtfertigung:»Es gibt keine Watergate-Tonbänder, und außerdem weiß ich nicht, wo ich sie hingelegt habe.« Wir memorieren wie verrückt Vor-, Spitz- und Nachnamen unserer Neo-Gönner und recherchieren auch noch ihre Kinder- und Haustierkonstellationen, um vor den »Taxi Lakis« wie bei einer »Green Card«-Bewerbung in den USA eine gemeinsame Biografie glaubhaft rüberzubringen.

All das macht müde. Als ich unter meinem Rettungssonnenschirm aufwache, döst auf der Nachbarliege, begraben unter Aktenmappen, ein korpulenter Mann. Wie mir geflüstert wird, handelt es sich bei dem Aktenmappenberg um den Finanz-Dimitri! Seine Fahndungs-Verve gleicht einer Nacktschnecke unter dem Sonnenzenit. All das schöne Adrenalin war also umsonst geflossen. Verbuchen wir's einfach unter Trockentraining. Aber bitte nicht der EU-Troika petzen!

Fin-de-siècle-Rasselbande

Der Morgen begann nicht mit einer Schusswunde wie bei Jerry Cotton, sondern mit einem Lachkrampf. Er war die Konsequenz meines kleinen Vorschlags gewesen, den ich T zum ersten Kaffee gereicht hatte. »Was hältst du davon, wenn wir einmal zwei, drei Tage nichts trinken?«

Nonstop-Gepruste über Minuten. Dann: »Geh, Schatzerl, man muss doch ein bisserl realistisch bleiben.«

Der Sommer war in vollem Swing und dementsprechend dauerlustig waren wir alle in unserer lustigen kleinen Vöslauer Ferienkolonie. Sozial hatte man sich von Wien längst abgekoppelt. Wenn einen Gerade-noch-Freunde vereinzelt anriefen und Treffen in festem Schuhwerk in Scha-Gagas (schattige Gastgärten) vorschlugen, hauchte man nur erschöpft von der bloßen Vorstellung: »Im September ist meine Tanzkarte wieder blütenweiß.«

Quer durch die Kabanen in unserer Waldbad-Siedlung entwickelte sich ein richtiger WG-Geist. Man half sich gegenseitig mit Essiggurken aus. Wusch manchmal die Wäsche für die entzückende Schauspieler-familie nebenan mit, dafür bekam man auf der Pariser Clown-Akademie einstudiertes Stolpern und jede Menge Bühnenschnurren kredenzt. Die Fortpflänze strahlten; vor allem meiner, weil Muttchen seit 14 Tagen die Wiener Wohnung nicht mehr betreten hatte und sie »Sturminger« hatte, so das Kürzel des Kindes für ein von Autoritätspersonen gesäubertes Areal. Wenn ich abends nach Badeschluss meine Längen zog und mir die süße Ilse, Kellnerin in unserer Kantine »Kabane 21« zuwinkte, dachte ich daran, dass es die Fin-de-siècle-Rasselbande der Altenbergs, Zuckerkandls und Schnitzlers wahrscheinlich hier genauso lustig gehabt hatte. Schließlich waren die alle Pioniere in jenem Club, der unter dem Arbeitstitel »Es ist nie zu spät, um eine glückliche Kindheit zu haben« läuft. Ich versprach mir, in dieser Institution Ehrenmitglied auf Lebenszeit zu werden.

Hundstage in Kaisermühlen

Mein Nachbar, der Fritz, seufzt morgens nach dem dritten Telefonat in unserem Freiluftbüro an der Alten Donau: »Wenn des so weitergeht, reiß ich gleich an Riesen-Burn-out auf.«

Hinter dem Tor der Anstalt, unserer Kabanensiedlung an der Alten Donau, nimmt das Kommunen-Leben seinen friedlichen Verlauf. Schreckensnachrichten sind höchstens solche, dass der Heinzi sich beim Freikörper-Grillen den Bauch verbrannt hat, Pepi, die freche Knäkente, abgängig ist und im Eissalon die Sorte Waldbeere fantastisch, aber leider aus ist.

Nur da draußen vor der Tür tobt, da tobt allmorgendlich der Krieg. Da schlagen die Gänsehäufel-Besucher die Mutter aller Schlachten um einen legalen Parkplatz. »Hearst, g'schissener Mödlinger, bist du wo ang'rennt, der Parkinger g'hört mir!«, wettert eine Grellblondierte in einem extrem engen Kleid, das für den Körper gemacht ist, den sie sich wünscht, aber leider nicht für den, den sie hat.

»Gehen S' weiter, Sie Kaisermühlner Prolo-Kampfschnepfe«, kommt es aus dem Audi zurück.

»G'schissener Mödlinger«, »Kaisermühlner Kampfschnepfe« – Regional-Rassismus dürfte zu einer neuen Kampfsportart eskaliert sein.

»Da drüben noch Platz ist«, deuten zwei türkische Knaben auf eine Lücke ein paar Reihen weiter.

Jetzt flammt es hoch am Krisenherd. »Mischt's euch net ein«, plärrt die Grellblonde. »Geht's ham zu eure Verschleierten, Bloßhaperte!«

Von solchen gibt es viele. Meine Freundin A, ungarisch-jüdischer Abstammung und ebenfalls im schönen Kaisermühlen beheimatet, erzählte mir, dass ihre langjährige Nachbarin ihr unlängst ein beklemmendes Kompliment gemacht hat: »Eines muss man dir lassen – für so eine Jüdin bist du irrsinnig liab. Wirklich. So liab und herzlich.«

Und ich konnte Thomas Bernhard immer besser verstehen, der keine Stadt so sehr liebte wie dieses Wien, aber keine auch so sehr hasste.

Bitte ein Sauerstoffzelt!

»Nach Familienfeiern bin ich immer so geschlaucht, dass ich am liebsten zwei Tage in einem von der Umwelt total abgeriegelten Sauerstoffzelt verbringen möchte«, sagte F und knallte sich auf den Liegestuhl. Dabei umfasste sie eine Serviette, auf der pseudo-originell das Wort »Heimathafen« gedruckt stand, wie ein Kleinkind sein erstes Kuscheltier. Irgendwie fühlt sich mein kleines Kabäuschen an der Alten Donau auch so an: ein Leo in einem ansonsten sehr anstrengenden Universum.

F ließ sich von mir mit einem bunten Getränk verarzten: »Ich stelle mir immer die Frage, warum unter Menschen, die sich eigentlich am nächsten sein sollten, das Feingefühl auf Pause-Taste gestellt wird und die Kränkungen und Vorwürfe hin und her schwirren wie Moskitos an einem trägschwülen Spätsommerabend. Und das, obwohl sie sich nur alle paar Wochen sehen – ohne Not und aus purem Prinzip.«

Ich kenne diese Form des »friendly fires«, diese Vorwurfssalven mit Satzpartikeln wie »Mich geht es ja nichts an, aber…« oder »Das haben wir auch nicht gehabt« oder »Zu meiner Zeit…« oder »Du hättest schon viel früher…« Hätte, wäre, wollte – das besonders perfide Konjunktiv-Geschwader. Und plötzlich wird man wieder vier und ist auch genauso hilflos, sieht aber leider dabei nicht mehr so gut aus. Dabei wollte man nur entspannt miteinander essen und vielleicht, wäre eine riesige Nebenwirkung, auch ein bisschen ablachen. Aber aus irgendwelchen mysteriösen Gründen funktioniert das in der Regel nicht. In aller Drastik und wie zum Trost nachzulesen bei den Herren Sophokles, Euripides, Strindberg, Ibsen, Tschechow, O'Neill, Williams und dem so entsetzlich weisen Herrn Schnitzler, der für unseren Erklärungsbedarf natürlich einen Aphorismus in petto hat: »Wahrhaft ungütig sind wir nur gegen Menschen, von denen wir wissen, daß sie uns niemals verloren gehen können.«

Die formidable Missis Apfel

»Die Leute sagten zu mir: ›Du bist nicht hübsch, wirst es nie sein. Aber das macht nichts: Denn du hast Stil.‹«
That's my girl! Iris Apfel, freche 94, tourt neuerdings durch einen Autospot. Was ist ihr Geheimnis? Ganz einfach: Sie will nicht jünger wirken, als sie ist. Weil sie diese Form des Wettbewerbs gar nicht notwendig hat. Das ist nämlich Tussi-Gebiet. Ihr Botox hingegen ist die Gelassenheit. Sie ist Iris Apfel – unverwechselbar. Eine Marke auf zwei Beinen, niemand, der irgendwelchen Moden folgen muss, sondern einfach welche begründet, wenn ihr gerade der Sinn danach steht.
Unlängst war ich auf der Geburtstagssause einer 75-jährigen Freundin. Prachtvolles Essen, prachtvolle Leute quer durch alle Altersgruppen und mittendrinnen die Jubilarin, ungeschminkt, wie auch sonst völlig naturbelassen, schön und quietschfidel. Voller Pläne. Sie wurde kürzlich von einem Hollywood-Agenten unter Vertrag genommen. Mit 75! Sie ist die beste Kostümbildnerin dieses Landes. Aber ohne Beweisnotstand. Falco beschrieb knapp vor seinem Exit jenes Gefühl so: »Lass es mich so sagen: Ich habe meine Hausaufgaben gemacht, beweisen sollen sich jetzt andere.«
Beim Älterwerden braucht man vor allem eines, sagen die Forscher: Pläne. Ohne Pläne stirbt die Seele an Sauerstoffmangel. Und diese Pläne sollten ein bisschen mehr Pep haben als eine Zahnsteinentfernung oder ein Pediküretermin. Und meine geliebte Dorothy Parker gab für den Reifungsprozess noch das Kommando aus, es in der Kunst der Konversation auf Weltklasseniveau zu bringen. Also immer ein paar gepflegte One-Liner auf Oscar-Wilde-Niveau im Köcher haben – so sieht man nie alt aus. »Jeden Morgen putze ich mir die Zähne und schärfe meine Zunge«, sagte Missis Parker. Und bei jedem Anruf meldete sie sich statt mit ihrem Namen mit den schönen Worten: »What fresh hell is this?« Ein Spruch von zeitloser Schönheit. Doppel-That's-my-girl!

Ackerschollen satt

Ich pfeife auf die Erfüllung des weiblichen Multitasking-Mythos. Schließlich muss ich kein Kind mehr säugen, dabei die Ackerschollen bestellen und Beerenteller für einen von der Mammut-Jagd erschöpften Neandertaler drapieren. Die Männer sind klug, zumindest klüger als wir, weil sie nicht solche Leistungsstreber sind. Sie hängen dem weitaus weniger aufreibenden Eins-nach-dem-anderen-System an. Denn sie wissen, dass nirgendwo ein Komitee für die Verleihung des kleinen Ehrenmanns für Multitasking-Verdienste sitzt. Während wir Gedulds-Monopolisten bei den irrwitzigsten Anforderungen willfährig hauchen: »Kein Problem, ich schaffe das schon.« Die Männer sind zu clever, als dass sie bei der Bewältigung aller Unwegsamkeiten ihres Seins einen Theaterdonner veranstalten. Merken wir uns ein für alle Mal: So ein Nervenkostüm bleibt ja weniger anfällig für Laufmaschen ohne Stress. Stress zerstört die Eleganz der Gedanken.

Ich habe einen neuen Lieblingssport: Ich setze mich an die schönsten Stellen der Stadt und starre in die Luft. Denn ich habe kapiert, Arbeit macht einen nicht reicher. Im Gegenteil: Ich habe mir unlängst von meinem Steuerberater ausrechnen lassen, dass ich weniger Geld verdiene, wenn ich mich mehr ins Zeug haue. Denn dann schlittere ich in das Proletariat der oberen Einkommensklasse und hechle im Hamsterrad, damit ich die Frau Mitzi (Anm.: Maria Fekter, damalige Finanzministerin) und die SVA füttere. Rund um mich sehe ich quietschfidele Vorzeitig-Invalide und Burn-out-Simulanten, die sich über solche wie mich einen Ast lachen. Nein danke! Meine einzige Großbaustelle ist jetzt die Entwicklung eines »schwebenden Gemüts«, wie Herr Heller das einmal nannte. Und die neue Mailboxansage lautet: »Ich bin wegen seelischer Umbauarbeiten mehr als beschäftigt und werde Sie solange wie möglich nicht zurückrufen…«

One-Woman-Show

Unlängst spielte ich mit meinem Tischnachbarn bei einem etwas lähmenden Abendessen das Spiel »Jetzt mal ehrlich: Was war der demütigendste Moment in Ihrem Leben?«

Ich erzählte ihm von einer Lesung, die mein Verlag in der Shopping City Süd vereinbart hatte. Es gab genau einen Gast, der auch der Moderator der Veranstaltung war. Gleich einem verzweifelten Liliom versuchte der Mann des Deutschen unmächtige Einkaufspassanten, die eigentlich auf Turnschuhjagd in unsere Heimat gekommen waren, in die Koje zu treiben. Nicht genug, dass die mich mit Blicken bedachten, die man üblicherweise nicht mehr vermittelbaren Zoo-Restposten zukommen ließ, der Moderator setzte noch eins drauf, indem er in einen Ghettoblaster eine Kassette einlegte, die die Leere des Ambientes mit tosendem Applaus umspülte. Auf meinem Sterbebett wird dieser Moment noch immer die Peinlichkeiten-Parade meines Lebens als strahlender Sieger anführen, knapp gefolgt von meinem Felgenaufschwungversagen vor einer Kommission.

Mein Tischnachbar konnte die SCS-Geschichte sogar noch toppen. Er war nach Belgrad eingeladen worden, um dort einen historischen Vortrag über die Leidensgeschichte der jüdischen Bevölkerung zu halten. Er referierte vor einer einzigen Frau, die bereits im ersten Drittel laut entschlummerte. Dass er seine »One-Woman-Show« dennoch fortsetzte, hing damit zusammen, dass das Honorar bereits überwiesen worden war und er von Beginn an wusste, dass der Zwischenfall »erstrangiges Anekdoten-Material« präsentierte. »Think a little jewish«, sagte er zu seiner Tisch-Goi. »In jeder Tragödie schlummert eine Komödie... Man muss nur ein bisserle Zeit vergehen lassen.«

Jetzt begriff ich, warum es »Tränen lachen« heißt, und beschloss, mich auf meinem zweiten Bildungsweg ganz auf das Fach »Jewish by heart« zu konzentrieren.

Amnesty International für Vornamen

F hatte eine ihrer Mir-geht-heute-alles-auf-den-Sack-Launen, erste Sonnenstrahlen hin oder her. Wir saßen auf dem Karmelitermarkt, der Bobo-Hölle schlechthin. Rund um uns wuselten Kleinfamilien in nachhaltigen Designer-Klamotten, die Eselsalami und Käse von austherapierten Bergziegen einmarkteten.

»Man sollte ein Komitee gründen!«, fauchte F.

»Wofür? Mehr Blumenschmuck in Wien 2?«

»Nein, ein Komitee zum Schutz von Kindern gegen die Vornamensoriginalität ihrer Eltern. Diese affigen Namen! Cosima, Allegra, Pipilotta, Elektra, Damian... Unlängst bin ich sogar über einen Hektor gestolpert, der hoch wie eine Tageszeitung war. Auch vor Orpheus hatte jemand keine Angst. Da kannst du schon jetzt einen psychoanalytischen Fonds gründen. Würde ich noch einmal werfen, würde ich meine Brut Fritzi, Gustl, Evi oder so nennen. Erfrischend gewöhnlich müsste es sein.«

»In Deutschland ist unlängst beim Amt Pepsi Cola für ein Mädchen durchgegangen.«

»Vielleicht haben die ja bei der Zeugung bereits einen Werbevertrag abgeschlossen.«

»Alles für Don Hugo!«

»Hein?«

»So heißt das Produkt von Franzi Almsick. Der hat aber vergleichsweise zu Jermajesty von Herrn Jermaine Jackson, Heavenly Hiraani Tiger Lily (Danke, Paula Yates), Ireland (Kim Basinger) und Henry Günther Ademola Dashtu noch Glück gehabt!«

»Wessen Wahnsinn entsprang Letzterer?«

»Heidi Klum.«

»Als ob Heidi als Mutti nicht schlimm genug ist.«

Jetzt drang ein Schrei zu uns, der aus der Kehle einer Dame mit einer Menge Ringe an der Nase stammte. »Preschi, du Oarschloch, kumm her!« Sie japste ihrem Kind hinterher.

»Preschi«, flötete E ihr zu, »das ist aber ein schöner Name.«

»Sie haßt eigentlich Precious, aber die Zeit hab i net«, keuchte Mutti Nasenring. Womit klar war, dass die Wahl der Vornamen quer durch alle Schichten einem Tretminenfeld gleichkommt.

Paris küssen

Ich küsste Paris, die Stadt, in der ich einen Monat lang Unterschlupf
gefunden hatte, ein letztes Mal auf die Stirn und flüsterte: »Adieu, meine
Teuerste – es war schön mit dir!«

Als ich in die Droschke stieg, winkte mir der Kellner mit dem Gesicht
eines jungen Wolfs aus dem »No-Stress-Café« noch einmal zu und rief:
»Madame! Wie schade! Bessern Sie sich bloß nicht!«

Ich radebrechte zurück: »Keine Angst! Ich würde mich ohnehin nur dabei
verletzen!«

Während das Taxi beim Palais Royal an der früheren Wohnung der
Schriftstellerin Colette vorbeirauschte und der Himmel sich zu einem
dramatischen Pink verfärbte, musste ich an ihr poetisch-bitteres
Alters-Resümee denken: »Ich hatte ein so schönes Leben, nur bin ich
leider viel zu spät draufgekommen.« Diesen Satz werde ich an einem
Ehrenplatz mit Warnblinkanlage aufbewahren, denn in Wien wird man
mit Sicherheit wieder in das große Jammertal geschubst werden.
Lamento an allen Fronten – das Sauwetter, die Krise unserer, eigentlich
aller Branchen, die aktuellen, ehemaligen und auch die Leider-nein-
Lebensabschnittspartner, die matten Spritzer, die blöde Lactose, die Sinn-
losigkeit des Daseins an und für sich.

Danke, nicht mit mir. Ich habe beschlossen, für den Rest meines Lebens
gute Laune zu haben. Das kommt nicht überall gut an. Als ich vor unserem
Wohnhaus aufschlage, grantelt mir der Fortpflanz bereits entgegen:
»Mutter! Sei bitte nicht so fröhlich! Das nervt. Und wie siehst du überhaupt
aus? Ist das die Ja-ich-möchte-meine-Midlifekrise-mit-euch-allen-teilen-
Frisur? Und wieso trägst du in deinem Alter Ringelshirts?«

Ich nahm die kleine Miesepetra ganz fest in die Arme und sagte nur:
»Schatzi, es ist schön, wenn nicht sogar fantastisch, dich so lange nicht
gesehen zu haben!«

Vertagung eines Nervenzusammenbruchs

Ich öffne den Brief. Lese ihn. Schließe die Augen, weil ich mir nicht ganz nachvollziehbar einbilde, damit dessen Inhalt ungeschehen zu machen. Es ist ein Brief jener Anstalt, die sich Sozialversicherung nennt. Man teilt mir mit, dass meine Nacheinstufungen 2017 in etwa drei meiner Bruttomonatsgehälter ausmachen, wobei ich bitte nicht vergessen möge, dass natürlich die normalen Quartalszahlungen davon unberücksichtigt bleiben. Ich werde also im kommenden Jahr ungefähr sechs Monate ausschließlich für die SVA arbeiten. Das trifft sich insofern gut, als dass ich ab 1. Juli sowieso anfangen muss, für das Finanzamt mit all seinen Vor-, Rück- und Versäumnis-Raten in die Tasten zu klopfen.

Ich beschließe, meinen Nervenzusammenbruch auf morgen zu vertagen, und suche den Gastgarten meines Vertrauens auf. Nur: Der Gastgarten ist nicht da. Vielleicht hat er ja auch so einen Brief bekommen und leckt gerade irgendwo seine Wunden. Der Vater des verschwundenen Gastgartens erzählt mir in der dunklen Wirtsstube, dass irgendein Formular für einen Antrag, der deswegen noch nicht berücksichtigt werden konnte, in einem kafkaesken Magistrat verschwunden ist. Und der zuständige Beamte wegen etwas Affigem wie einer Gaumenzäpfchenprellung seit längerer Zeit nicht ans Rohr zu kriegen ist.

Die neue Wein-Käsebar können wir, um uns zu trösten, dann auch noch nicht besuchen. Irgendeine Ab- oder Entlüftung entspräche nicht den Vorstellungen einer höheren, finsteren Macht (Voldemort?!) – Eröffnung auf unbestimmte Zeit vertagt.

Bleibt die Frage an das Universum, warum solche Micky-Mouse-Unternehmer wie wir dermaßen vom Staat gepiesackt werden. Und jegliche Form von Leistung und Eigeninitiative so nachhaltig bestraft wird. Die quietschfidelen Frührentner, die einem besonders in der warmen Jahreszeit überall entgegenpurzeln, haben offensichtlich rechtzeitig die richtigen Formulare ausgefüllt.

Alles Jurte!

»Hey!«, sagte K, »komm mit zum Jurtenchanneling – Kontaktaufnahme mit Wesen, die dich zu einem leuchtenden Stern machen wollen, der keine Ab- und Ausgrenzung kennt!« Sie wedelte mit einem gelben Folder, auf dem ein in bedrohliches UFO-Licht getauchtes mongolisches Reiterzelt zu sehen war. K war das, was man eine esohysterische Sinnhopperin nennt – im Wochenrhythmus entdeckte sie neuen Irrsinn, an den sie sich mit missionarischem Feuereifer klammerte.

Der Prospekt versprach, dass Frau Regina in schamanischer Ritualkleidung ihre Kanalarbeiten verrichten würde. Was für eine Erleichterung aber auch. Der Schriftsteller Gore Vidal hatte nach dem Credo gelebt, dass »man alles ausprobieren soll im Leben – außer Inzest und Volkstanz«. Ich würde diese Liste gnadenlos erweitern: Phantomchirurgie, Leben rund um Energiebilder und Erdungsmatten, geistige Wirbelsäulenaufrichtungen, Chakren-Beschwörungstänzchen, Entdeckungsreisen zu seinem inneren Einhorn, Engelsflüstern, Rückführungsmarathons (Ich meine, was tun, wenn man in seinem früheren Leben im alten Ägypten seine Fladen mit empathiefreier Sklaventreiberei verdient hat? Scheidung??), Ausdruckstrommelseminare, Urschrei-Kränzchen in bequemer Freizeitkleidung im Kreise anderer lieber Sinnsucher-Terroristen. Ich will mich auch langsam gegen die Annahme zur Wehr setzen, dass die Winkel, in denen die Planeten zueinander stehen, bestimmen, wie es mit mir und dem Finanzamt, den Jungs, meiner Frisur und meiner langen Reise zu mir selbst läuft. Echt nicht. Ich gelobe hiermit feierlich, dass ich keinen Mann mehr nach seinem Sternzeichen frage. Und schon gar nicht nach seinem Aszendenten.

»Wo wirst du aber Halt finden«, fragte K jetzt etwas spitz, »wenn deine Welt in Trümmern liegt?«

Gute Frage. Die Antwort war aber irgendwo sehr weit draußen.

Wal-Verhalten

Die Mutprobe war bestanden: In einem VW-Golf, der noch vor dem Ende der Apartheid in Produktion gegangen sein musste, war die miserabelste Autofahrerin der westlichen Kapregion, die noch dazu den Orientierungssinn einer Tripel-Blondine und eine kleine Höhenpanikproblematik besaß, über eine Passstraße im Linksverkehr im Wallfahrtsort Hermanus angekommen. In Angstschweiß gebadet, aber glücklich. Es gibt doch keine befriedigendere Sportart, als über seinen eigenen Schatten zu springen.

Südafrika gehörte mir – zumindest drei Herzschläge lang. Ich bezog das »Ocean Eleven«, ein Guesthouse direkt an den schroffen Klippen, unter denen der Atlantik tobte; das Hotel wirkte wie eine Fieberfantasie aus »Out of Africa« – nur nirgends ein Denys Finch Hatton in Sicht, der einem ganz dringend die Haare waschen wollte. Und auch keine Wale, deretwegen dieser Ort zu einem Mekka für »Universum«-Freaks geworden war.

Man konnte sich bei keiner Wal-Behörde beschweren, schließlich war die Paarungs- und Gebärsaison mit Ende November zu Ende.

In dem Moment, als ich beschloss, mit dem Angebot an Aussicht und edwardianischem Flair zufrieden zu sein, regte sich im Wasser etwas.

Eine V-förmige Fontäne stieg hoch auf, dann erhob sich eine schwarze Schwanzflosse über der Oberfläche und 80 Tonnen geballte archaische Urgewalt schossen in die Höhe, um sich in der Luft zu drehen. Ein paar Sekunden später übte sich der Wal-Fortpflanz im gleichen Showact.

Ich war perplex. Und dachte mir, dass ich dieses Erlebnis als Gleichnis für mein zukünftiges Leben adoptieren werde. In dem Moment, in dem man nicht klammert, sich keinen Kopf und sich frei macht, springen die Wale/Kinder/Herren/Projekte höher, als man je zu hoffen gewagt hat. Beschämend einfach. Klingt ein bisschen nach Esoterik für Kleinkinder, ich weiß. Macht aber nichts.

Vor Schuhen scheuende Pferde

Die Volkswirtschaft müsste mich so was von herzen, denn ich habe sie jahrelang heftig am Pulsieren gehalten. Und das Geld, mit dem ich sowieso nicht umgehen kann, stets mit vollen Händen rausgeworfen. Vorsorge, Bausparverträge – alles Beckenrandschwimmer-Tand und meiner unwürdig. Jetzt sind die Zeiten für fidele Finanz-Kamikazes meines Zuschnitts definitiv humorloser geworden. Blutenden Herzens habe ich also die Altausseer Miethazienda abgegeben, der Personal-Pilates-Margit ein Adieu auf die Stirn gehaucht und bin dankbar ergriffen, dass die Schuhmode heuer so hässlich ist, dass die Pferde nahezu scheuen.

Ich habe neue Freunde gefunden: den russischen Schuster in der Rasumofskygasse, mit dem ich in Verhandlungen trete, was die Absatzrevitalisierungsgebühr für die sehr aufgetragenen Prada-Böcke betrifft. Die türkischen Fleischhauer am Naschmarkt, denen man knapp vor Ladenschluss unter großem Ach-und-weh-Geschrei Rabatte für Lämmerhälften rausreißen kann. Und der reizende Gerichtsvollzieher, der ab und an gen Morgengrauen Sturm läutet, um mir ein Strafmandat aus dem Leib zu schneiden, zeigt mir auch schon die Fotos seiner frisch geschlüpften Enkel.

Modisch bin ich ganz auf Auto-Vintage eingestellt: Das heißt, ich durchforste meinen Kasten nach seit Langem nicht Getragenem und begrüße es so warm wie Brandneues. Funktioniert blendend, ich bekomme viele Komplimente von Herren in mobilen Wohnsituationen in der U-Bahn. Das dem öden Materialismus durchaus zugeneigte Kind begreift nicht, dass ich der Krise so viel Spaß abgewinnen kann. »Mäusefee«, zwitschere ich beim Anrühren einer tierversuchsfreien Topfenmaske, »ich fühle mich so herrlich studentisch. So billig war das Jungsein seit meiner Jugend nicht mehr.«

Die französische Patientin

Eine französische Patientin, hingegossen auf mein Sofa; ihr Körper bebte in kleinen Schluchzexplosionen. Ich tappte im Nebel. Endlich war meine Gästin zu ganzen Sätzen fähig. »Was ist das schlimmste Geständnis, das dir ein Vater machen kann?«, wimmerte sie.

Da fiel mir einiges ein: »Dass er sich auf dem zweiten Bildungsweg zum Serienkiller entschlossen hat. Oder Mitglied einer rechtsextremen Partei ist. Oder den Schein für seinen Lotto-Sechser auf Nimmerwiedersehen verlegt hat.«

»Alles Kinderkram!«, heulte sie. Und dann rückte sie mit ihrer privaten Welttragödie raus. Vor einigen Monaten hatte ihr der Vater, ein korpulenter Installateur im Pariser Banlieue, eröffnet, dass er sich demnächst zur Frau umoperieren lassen wollte. In solchen Fällen muss man dann immer ein wohlwollendes »Hauptsache, du bist glücklich« ablassen, selbst wenn man sich dabei einen Zungenbandriss holt, aber aus der Sicht einer Tochter war es natürlich nicht ganz so einfach, politisch korrekt und sperrangelweitoffen liberal zu sein. »Und?«

»Nicht nur, dass mein Vater, der inzwischen wie ein misslungenes genetisches Experiment aussieht, sich von mir Epilierungstipps und eine Farbberatung holen will, nein, er will auch noch heiraten!«

»Fantastisch, dass man als solches Nischenprodukt in der sexuellen Marktwirtschaft auch noch einen Mann findet!«

»Er ist nicht nur transsexuell, sondern steht auch auf Frauen – der Bräutigam ist eine pensionierte Lehrerin ...«

»Welche Farbe trägt man bei solchen Gelegenheiten?«

»Ich plädiere für erbrochenes Weiß oder ein couragiertes Schlamm. Und danke den höheren Mächten, dass meine Mutter diesen Irrsinn nicht mehr erleben muss.«

»Vielleicht wäre sie ja aus Liebe alterslesbisch geworden ...«

Komischerweise fand sie das null komisch.

»Casualties of war«

»Bitte, bitte, greif den Stuhl nicht an!«, sagte E mit schreckensgeweiteten Augen. Wir befanden uns im Lift ihres Hauses, und ich wollte Einkaufstaschen darauf abstellen.

Ich hob meine Arme zu einer Geste, die FBI-Profiler zur Beruhigung von durchgeknallten Serienkillern anwenden. »Schschsch, alles chillikofsky! Aber warum eigentlich nicht?«

»Dieser Stuhl ist der Gaza-Streifen des Hauses. Es gibt die Sessel-Partei, die seine Anwesenheit in unserem Aufzug als echte Bereicherung empfindet. Und die steht im Dauergefecht mit der Stuhlbeschwerden-Fraktion, die ihre Bewegungsfreiheit im Lift empfindlich eingeschränkt sieht.«

Jetzt sah ich erst die Zettel, die an den Wänden des Aufzugs klebten. »Verfluchte Sesselkleber! Wenn ihr kein Stehvermögen habt, dann bleibt doch zu Hause!«, stand da, oder »Ihr Sitz-Faschisten! Wer diesen Stuhl widerrechtlich entfernt, muss mit dem Schlimmsten rechnen!« Denn immer wieder war es laut E in den letzten Wochen zu Stuhl-Kidnapping gekommen. Dieser war schon das fünfte Exemplar im Sitz-Krieg; die vorangegangenen »casualties of war« waren nie wieder zurückgekehrt, geschweige denn, dass sie Briefe aus der Gefangenschaft geschickt hätten.

»Bomben-Hausgemeinschaft!«, sagte ich und trachtete sorgfältig danach, diese Möbel-Helena beim Verlassen des Lifts nicht zu berühren.

E flüsterte: »Ich gehöre übrigens zum linken Außenflügel der Pro-Stuhl-Partei. Denn wenn man hier nicht Position ergreift, hat man die Hölle auf Erden.«

Ich nickte äußerst verständnisvoll: »Alles völlig logisch. Aber wenn ihr das hier mit dem Sessel-Konflikt einmal klarkriegt, können sich die Hüter von weit unbedeutenderen Krisenherden wie dem Irak oder Afghanistan ein leuchtendes Beispiel nehmen. Fordert doch einfach einmal ein paar Blauhelme von der Sitzgelegenheiten-UNO an!«

Der Klingelton hieß Heidi

Ab und zu muss man »auf's Lahand«, wie die Idiomatik in der Barbour-jacken-Bourgeoisie lautet. Man packt festes Schuhwerk und von elenden Brauntönen dominierte Garderobe ein; der Gesichts-Malkasten wird zu Hause gelassen. Man hievt auch die noch nicht ganz enthusiastische, urbanneurotische Freundin ein, die für den im Asphaltdschungel verloren gegangenen Herren einspringen muss. Schließlich hat man ja schon vor sechs Wochen dieses pittoreske Weinstöckl hart an der slowenischen Grenze gebucht. Unvorsichtig, wenn nicht vermessen, so weit vorauszudenken.

Die Urbanneurotikerin wollte irgendwann auf halber Fahrt aussteigen. Denn auf der Website des Vermieters hatte sie das Unfassbare gelesen: kein Internetzugang! Ich erzählte ihr vom total trendigen Zauberwort »Digital Detox«, das Netzjunkies wieder in die Arbeit-Leben-Balance verhelfen soll. Das Argument mit dem Teint-Pimping wegen der Frischluft-Schocks zählte mehr.

Wir hatten leider nicht damit gerechnet, dass die Navigations-App so originell drauf war, dass plötzlich nur mehr die albanische Karte auf dem Handy-Display aufschien. Randtipp: Hütet euch vor eigenmächtigem Updating, Leute! Eineinhalb Säckchen Gummibären später landeten wir nach mehreren Notrufen an den Vermieter zwecks Orientierungsnirwana in der Idylle. Es hatte geschätzte zwölf Grad, der Kachelofen naturgemäß längst die Laune verloren.

Am nächsten Morgen hob meine urbanneurotische Freundin ihre Schlaf-maske mit der Aufschrift »The glamour never stops« hoch und sagte freudig erregt: »Hey, du hast ja deinen Klingelton total auf die Location abgestimmt. Finde ich riesig!«

Ich zeigte nach draußen. Der Klingelton war echt, stand vor der Tür, hieß Heidi und sah wie ein Schaf aus. »Willkommen im analogen Leben«, seufzte ich, »es ist hart, es ist rau, aber hey – es lohnt sich, ab und zu wieder reinzuschnuppern.«

München, go Home!

Wenn Sie sich einmal so richtig wie die arme Verwandte aus den ehemaligen Kronländern fühlen möchten, dann fahren Sie doch nach München.

Zum Adventshopping. Vielleicht ein Flachmann von Tiffany? Oder ein Handy-Wärmer in Barbie-Rosa von Moncler?

»Was trägt denn Ihre Idee von Hund da Hübsches«, frage ich eine bayerische Oligarchin, die Schneestiefel an den Füßen hat, auf denen Zürs, St. Moritz und Kitz zu lesen steht. Will sie Auszählreime veranstalten, zwecks der Entscheidungsfindung, wo der Zobel heuer Gassi geführt werden soll?

»D&G, die aktuelle Hundekollektion«, antwortet sie, wie aus dem Designer-Revolver geschossen – um gleich den schrecklichen Verdacht aus dem Weg zu räumen, dass der blauzüngige Chow-Chow mit einem Kaschmirponcho aus dem Vorjahr gedemütigt worden sein könnte.

Ein Bettler sitzt vor dem Escada-Laden mit dem Schild »Ich habe Hunger!« Die Frauen, die dort mit ihren LV-Shoppern ein und aus spazieren, kostet dieser PR-Slogan nur ein Taittinger-beschwingtes Kichern. Hunger zu haben, ist ihnen ein längst vertrauter Dauerzustand, Essstörungen sind ihre neue Migräne.

An der Oper baumelt ein Transparent mit der schönen Zeile »Lächle über deinen Schmerz!« Ja, mach ich! Aber dann lache ich vor allem über meine Erleichterung, wieder in Wien zu sein. Ich küsse den Boden nach der Wojtyła-Methode – »Mehr seelisch, verstehn S'«, würde der Monaco-Franzi sagen. Und umarme meine Stadt – mit ihren äußerst mäßig gelaunten Kellnern, mit ihren abstrusen Wirkwaren-Geschäften, wo oft nur ein scheußliches lila Wolljäckchen lieblos in der Auslage liegt, mit ihren trüffel-freien Wirtshäusern und den Nachbarn, die die Zuvorkommenheit von übermüdeten Pitbull-Terriern besitzen.

Und was macht Wien? Keinen Luftsprung, sondern es knurrt nur wie ein beleidigter Gespiele: »Jetzt kommst erst drauf, Depperte!«

Merry Crashmas

Haben Sie sich schon bei einem Designer Ihrer Wahl einen Stahlhelm geordert? Nein!? Dann aber hühott, denn Weihnachten ist Hochsaison für »friendly fire«. Okay, Weicheier haben sich bereits vor Monaten in Sicherheit gebracht, indem sie klimatisierte Strohhütten in Grüne-Drinks-mit-Schirmchen-Territorien gebucht haben. Aber wir bleiben an der Front, wird alles ganz chillig. Es gilt nur ein paar winzige Regeln zu beachten.

1. Schenken Sie keine Gutscheine – Gutscheine sind die Bankrotterklärung der Fantasie. Und wie ein eindeutiges I-don't-care-Paket für den Betroffenen.

2. Lassen Sie auf Betriebssausen den Entchentanz einfach aus, und versuchen Sie sich auch bei »I Need a Hero« von Bonnie Tyler ausdrucks-choreografisch im Zaum halten.

3. Verschonen Sie auch den stellvertretenden Marketingleiter, der, ja, zugegeben, sehr schöne Augen hat, mit Knutschflecken-Kontinenten in der Halsgegend, wenn Sie ihm zufällig in den Nassräumen begegnen. Auch wenn Sie plötzlich innerlich von so einem luluwarmen Sturzbach der Zuwendung überflutet werden. Der Mann hat es auch nicht leicht: Er hat Familie.

4. Ja, und Sie, Sie hatten wahrscheinlich Familie. Wenn der Knabe, dessen Vornamen Ihre zukünftigen Bypässe tragen werden, also Ihr Ex, möchte, dass Sie seine neue Sportskameradin bei einem mongolischen Feuertopf kennenlernen, dann tun Sie mir die Mini-Freude und lassen Sie das mit dem Vorglühen. Ziehen Sie halbwegs nüchtern in die Schlacht. Schließlich haben Sie noch Wuchteln à la »Bei zu viel Viagra neigt er zur Hyperventilation« in Würde ins Türl zu bringen.

5. Bei der Beschnupperungskiste mit der Neuen des Ex-Alten loben Sie ihn einfach zu Tode. Wie empathisch und im Einklang mit seinem inneren Peter Pan der Typ denn nicht wäre! Wie drollig er sich den Anforderungen der Leistungsgesellschaft verweigere! Ein solides Fundament für einen Misstrauensvorschuss ist jetzt schon einmal gelegt.

6. Sollten Sie integrativer Bestandteil einer nervös pulsierenden Kernfamilie sein, aufgepasst! Besorgen Sie sich jetzt einen ollen Christbaum-Spitz, und zwar in dreifacher Ausführung. Das ganze Jahr über purzeln einem diese Dinger vor die Füße, und ab dem 23. um circa 23 Uhr hat Scotty sie weggebeamt.

7. Risikominimierung auch bei der Wahl des Festtagsmenüs. Lassen Sie Jamie-Oliver-Hysterien wie Wirsing-Röllchen mit Wasserkastanienfarce einfach aus; konzentrieren Sie sich auf Dinge, wo nichts schiefgehen kann – ein ehrlicher fetter Karpfen oder so.
8. Sammeln Sie alle Kräfte für die Schwiegermutter. Das ist die Person, die findet, dass ihr Sohn was Besseres verdient hat. Während Sie ja nur finden, er sollte besser verdienen. Nehmen Sie ganz einfach Abstand davon, ihr das Bändchen »Hitler – ein Muttersohn« in den Schoß zu knallen. Und üben Sie sich jetzt schon einmal in Freude – über das großkarierte Schlossgespenster-Schreck-Nachthemd, das die sich schon lange für Sie überlegt hat.
9. Sind Sie gerade mitten in Trennungsturbulenzen, verweigern Sie in jedem Fall das gemeinsame Feiern. Auch wenn Kinder im Spiel sind. Die Stimmung wird sich jenseits des Gefrierpunkts befinden.
10. Kein Alkohol ist keine Lösung. Sangen schon die Toten Hosen. Trinken Sie, um zu vergessen. Und vergessen Sie nicht zu trinken.

»Sehen wir uns noch vor Weihnachten?«

Allergische Reaktionsgefahr auf die Frage »Sehen wir uns noch vor Weihnachten?«, die einem vor allem von Leuten, die man auch nicht nach Weihnachten sehen möchte, ständig gestellt wird. Man möchte glauben, dass es sich bei Weihnachten um einen Krieg handelt, bei dem sämtliche Verkehrswege lahmgelegt werden, inklusive Lebensmittel- und Alkohol-Embargo – deswegen noch schnell vor dem Ausbruch viele sinnlose Treffen an so entwürdigenden Heißgetränken.

Was glauben diese Leute? Dass man zu Hause einen Zeitscheißer in Geiselhaft genommen hat, der einem immer wieder Zehnerpackungen von Stunden zusteckt? Und nein, ich bin mir ziemlich sicher, dass meine Anwesenheit beim C-bis-D-Promiweitwerfen zugunsten panisch-depressiver Panda-Bären entbehrlich ist. Ja wirklich. Selbst wenn Leo Hillinger, Oliver Stamm und Marika Lichter schon zugesagt haben.

»Dürfen wir Ihnen nach dem Event Fotos schicken?«, will dann die PR-Elfe, schon etwas herrisch im Ton, telefonisch wissen.

Und irgendwann bricht sich der Schrei Bahn: »Bitte keine Fotos. Und schon gar nicht von einem Iiweeent und bitte vor allem nicht von montags-malenden Primar-Gattinnen und Hauben-Friseuren oder irgendwelchen anderen total tollen Super-Dodels, und schon aller gar nicht vor Weihnachten.« Uff! Tut das gut. Es ist immer noch besser, die anderen weinen, als man selbst. Und schon hat man ein Motto für das neue Jahr.

Übrigens: Ab dem 26. Dezember werde ich den besser weit entfernten Bekannten auf die »Wann sehen wir uns?«-Frage einfach antworten: »Vor Ostern schaut es verdammt eng aus.« Wenn sie sich dann noch immer wie Pitbull-Terrier in die Möglichkeit eines Treffens verbeißen, kann ich ihnen auch nicht helfen. Weder nach noch vor Weihnachten.

Friedhöfe verpasster Gelegenheiten

Der Filmschauspieler Daniel Day-Lewis stellte sich mit melancholischem Blick an die Fensterbalustrade mit Blick auf den Canale Grande und sagte: »Jaja, jeder Film ist ein Friedhof von verpassten Gelegenheiten – so wie das Leben eben auch.«

Das Interview liegt Jahre zurück, doch ich muss immer wieder an diesen Satz denken. Der Mann hat damals gerade Isabelle Adjani mit frisch geschlüpften Zwillingen sitzen lassen. Seine Intuition hatte ihm geflüstert, dass französische Superdiven generell »Problemlady« in Leuchtlettern auf ihrer Stirn tätowiert haben.

Jeden Tag stellt einen das Leben vor Entscheidungen, die sich zwischen den Preisklassen »Erd- oder Himbeereis?«, »Zwillinge mit Adjani oder besser nicht?« oder »Selbstmord durch bunte Pillen oder mit der abgesägten Schrotflinte?« bewegen. Und täglich versenkt man so ein paar Pläne. Aber sicher, man hätte einige Dinge besser auslassen sollen: Capri-Hosen, narzisstisch gestörte Herren, Club-Urlaube, Themen-Partys, Schokobrunnen, Prokrastinieren von großen Aufgaben, Verschleudern der pekuniären Reserven, aber auch die eine oder andere Pointe, die die Befeuerten direkt in der Herzgegend traf. Man wusste das und hat sie trotzdem abgeschossen. Andererseits: Ohne Unfug wäre das Leben so spannend wie ein Bingo-Abend im Pflegeheim in Limonaden-Begleitung.

Rückblickend hätte ich bei späteren Fehlritten immer meinen Instinkten trauen sollen. In den ersten sieben Sekunden bei einer Wegbiegung einfach seiner Intuition lauschen, und wenn die kläfft »Lauf, so schnell du kannst« oder »Achtung: Zielobjekt leidet an Charakterdefiziten«, rationale Argumente wie »Gib dem Unglück doch eine Chance« einfach in den Wind schlagen. Denn die wichtigsten Entscheidungen hatte ich immer in Sekundenschnelle getroffen: Kind, erste große Liebe, zweite große Liebe, dritte große Liebe, vierte große Liebe, Wohnung, Jobwechsel, Trennungen oder – manchmal eben – Befreiungsakte. Manche Verluste hatten sich später sogar als echte Gewinne entpuppt.

Boxenstopp von Guns N' Roses

»Na servas, da schaut's ja aus, als ob die Guns N' Roses einen Boxenstopp eing'legt hätten«, sagte mein Nachbar, der Kurti, als ich etwas devastiert das Leergut der letzten Nacht einsammelte.

»Wohl a bissl an Besuch g'habt, Polly«, merkte die Queen unserer Kabanensiedlung an der Alten Donau trocken an, als sie auf das Tischarrangement blickte, das man genau so zu Daniel Spoerri überführen könnte – jenem Künstler, der es mit Tableaus kriegsähnlicher Essensarrangements zu Weltruhm gebracht hatte.

»Keine Sorge«, beruhigte ich die besorgten Kopfschüttler, »ab genau morgen suche ich wieder beim Club der Vernünftigen um eine Herbst-Mitgliedschaft an.«

Mein Leben hatte tatsächlich etwas Langeweile dringend nötig. In meinem inneren Auge sah ich das enttäuschte Gesicht meines TCM-Mediziners, dem ich doch versprochen hatte, basenlastig zu leben und morgens einen Drink aus zerstoßenen Drachenkrallen und getrockneten Mimosen vor den ersten Sonnengrüßen zu nehmen. Ich machte mir eine To-do-Liste für mein neues, berauschend langweiliges Leben: Besuch der Rückenschule statt ganzen Kapaunen, Kohlsuppe auf den Speiseplan, feierliche Bestattung aller Nikotinrestbestände, die Rückrufbitten meiner Steuerberaterin ernst nehmen, temporäre Reduktion jeglicher Kontakte mit Menschen, deren Geschäftsmodell »Unfug aller Art« lautet. Stattdessen Teestunden mit Leuten, die es gerne gemütlich haben und Sätze wie »Ich habe meine Mitte gefunden« von sich geben.

Beim Erstellen der Liste schlief ich ein. Und hörte im Traum den Herrn von Doderer raunen: »Exzesse sind das Schlimmste nicht. Sie machen deutlich.« Auch der Wilde Oscar meldete sich zu Wort: »Mäßigung ist eine verhängnisvolle Sache. Nichts ist so erfolgreich wie der Exzess.«

Ich kläffte zurück: »Ihr zwei Hübschen habt's jetzt einmal Sendepause.«

Bestes seelisches Frostschutzmittel

Das große Glück in meinem – in manchen Leistungsfeldern – so voll patscherten Leben (Vollversagerin bei pekuniären Hamsterstrategien, Stufe vier einer Prokrastinismus-Neurose, To-do-Listen-Panik, ein voll blechernes Händchen beim anderen Geschlecht) ist, dass ich im Lauf der Jahre so viele Lachfreunde gefunden habe. Menschen, die einfach jenen kostbaren Stoff aus Witz, Schmäh, Selbstironie und einer gewissen Pointenbesessenheit im Handgepäck griffbereit tragen, der das Leben von einem Dasein unterscheidet.

Die oberste Regel jener Auserwählten: nicht einmal bei angesetztem Metall an der Schläfe Witze der Kategorie »Kommt-ein-Mann-zum-Arzt« zu erzählen. Da sind mir bei Partyeinladungen sogar noch die lieber, die in aller Joki-Löwesker Manier sich die Eier kraulen und die Speisereste zu Fuß aus den Zahnritzen puhlen, als die Kommt-ein-Mann-zum-Arzt-Typen.

»Zum Blödeln muss man g'scheit sein«, war das Glaubensbekenntnis von Herrn Farkas, und ich als Goi darf das sagen: Jüdische Herkunft ist sehr hilfreich, um an der vordersten Humorfront mitmischen zu können. Nachzulesen bei den Herrschaften Dorothy Parker, Woody Allen, Isaac B. Singer, Anton Kuh und und und. Der Pointen-Stunt der Tante Jolesch. Der Herr Torberg zeigt das Prinzip der lakonischen, aus der Hüfte geschossenen Pointe vor, als er seiner Heldin (auf die Frage, welche Speise sie als Henkersmahlzeit bestellen würde) »Was Fertiges« in den Mund legte. Möglicherweise hat sich die Pointe generell im Zuge der Diaspora als bestes seelisches Frostschutzmittel etabliert.

Woody Allen, der an die 48 Psychoanalytiker im Laufe seines Lebens sanatoriumsreif geredet haben soll, pflegte auf die Frage nach seinem Befinden zu antworten: »Ein Jahr gebe ich meinem Psychiater noch, dann geh ich nach Lourdes.« Und für alle Glaubensrichtungen gilt das Gebot des famosen Stand-up-Comedians Mort Sahl: »Die Leute sehen einfach besser aus, wenn sie lachen.«